名古屋大学　人類文化遺産
テクスト学研究センター　監修／岡田莊司　編
〈真福寺善本叢刊　第三期（神道篇）1〉

神道古典

臨川書店刊

本巻執筆

伊藤　聡
岡田荘司
木村大樹
塩川哲朗
大東敬明

第一巻　神道古典　目次

凡例

影印について

一、本巻所収の各書目の縮小率は、以下の通りである。
太神宮諸雑事記――56％　神祇講私記――51％　御遷宮宮餝行事――59％　天都宮事太祝詞――49％　天津祝詞――50％

一、白丁の部分も含め、原則として全ての紙面を収録した。但し、包紙などの付属品は省略した。

翻刻について

一、翻刻の担当者は以下の通りである。
太神宮諸雑事記――塩川哲朗（「第一」）、木村大樹（「第二」）　諸道勘文〔長寛勘文〕――塩川哲朗　神祇講私記――木村大樹
天都宮事太祝詞・天津祝詞――大東敬明

一、行移りは原則として原本に従ったが、版面の都合でそのままに収まらない場合には＝の記号を用い、次行に続けて記した。

一、紙継ぎは 」1紙、丁移りは 」1オ のように示した。

一、原則として、通用の漢字に改めたが、一部の文字は旧字のままとした。

一、朱筆は『 』に括って区別した。但し、符点の類は、煩瑣をさけ朱筆の区別をしていない。

一、虫損・破損および難読の箇所は、その字数分を空格で示した。

一、校勘による本文の復元、および校訂意見は（ ）で傍記した。なお、『太神宮諸雑事記』において、原本の段階で欠損していると想定される箇所は〔 〕で示し、読みやすさのため、群書類従本で該当箇所を右傍に（ ）で補った。

一、本文に付された転倒符・補入記号・見せ消ち等によって訂正されるべき箇所は、原則として訂正後の本文を記した。

一、本文に示しきれない翻刻上の処理や底本の状態は、当該箇所に「＊1」の如く番号を付し、末尾に翻字注として掲げた。

一、読みやすさのために、翻刻者の判断で句読点を付した。原本に付された区切り点には必ずしも従わなかった。

太神宮諸雑事記

影印・翻刻

太神宮諸雑事記第一
第六十七合上

太神宮諸雑事記第一

垂仁天皇 寿百卅

天皇即位廿五年丙辰、天照坐皇太神天降坐於大和國
宇陀郡之時、國造進神戸等今号宇陀神戸是也、是巳皇太
神宮始天降坐奉所也、其後奉令鎮坐伊勢國
度會郡宇治郷五十鈴川上下都磐石根御宮所也
抑皇太神宮勅宣（託）偁、我天宮御宇之時、天下四方國
橘録可天下留所放光明見定置先了、仍彼所可
行幸御之由、宣倭姫内親王奉戴（天）、先伊賀國伊賀

郡一宿御坐即國造奉其神戸次ニ伊勢國安濃郡
藤方宮御坐三年之間國造奉寄神戸六箇處也所謂
安濃一志鈴鹿河曲桑名飯高神戸是也次尾張國
中嶋郡　進造中嶋神戸次三河國渥美
郡一宿御坐國造進　次遠江國濱名郡一
宿御坐國造進濱名神戸從此國更還天伊勢
國飯高郡御坐三月之後差度會郡宇治郷五十
鈴之川頭ニ進泰来構中之此河上ニ有勝地侍
其好吾比他處早速可垂臨幸御也即奉進白
大田命祢御共ニ奉仕令臨幸早畢于時皇太神

宮託宣偁此地者於天宮所見定之宮所是也者奉
鎮坐既畢即祢代祝大中臣遠祖天兒屋根命神
孫冝荒木田遠祖天見通命神也　宇治土公遠祖
大田命神ハ當土乃土神也然而為玉串大内人即与
荒木田氏孫冝相並供奉於祭庭之例也
景行天皇　寿百卅歳
始令祀神祇定置祭官職一人
即位三年　癸酉　始令祀神祇仍定置祭官職一人
今号祭主是也
即位廿八年　戊戌　當唐章和十二年九月
斎王供奉初也
十三日差遣五百野皇女奉令戴祭伊勢天照坐
皇太宮也齋内親王供奉之始也

雄略天皇 壽百四歳
太神宮御託宣被奉遷豊受宮 即位廿一年丁巳當唐大和元年也而天皇夢伊勢太
神宮乃御託宣偁我今食津神波坐丹後國与謝郡
真井原須早奉迎彼神可奉令調備我朝夕
御饌物也と託宣賜既了仍従真井原奉迎天
伊勢國度会郡沼木郷山田原宮に奉鎮給了
今号豊受神宮是也 其後自皇太神宮重ル御託宣偁我祭奉
仕之時先可奉祭豊受神宮也然後我宮祭事
可勤仕也云々 彼宮祢宜にハ 天村雲命孫ノ神主氏平
別定置令供奉也即依勅託 豊受神宮之殿舎

造立御饌殿、毎日朝夕御饌物調備令捧貢令
参向太神宮、尓時大神宮禰宜天見通命孫神主乃
禰宜請預供奉之例也、但太神宮天降御坐之後経
四百八十四年、然後彼天皇即位廿二年戊午七月七日
豊受神宮ヲハ被奉迎也

用明天皇

聖徳太子与守屋大臣合戦事

即位二年丁未、聖徳太子与守屋大臣合戦、其故者、太子ハ
依行仏法我朝欲弘法、又大臣ハ我朝偏依為神国欲
停止仏法、天成欲誅殺太子之企、尓時年十六歳也
爰合戦之日、遂誅殺大臣畢、太子勝於彼戦畢

于時從大錦上小徳官前事奏官兼祭主中臣國子
大連公差勅使令祈申於天照坐伊勢皇太神宮給

孝徳天皇

入鹿大臣謀反之企事
大化元年蘇我入鹿已爲謀反之企仍公家爲令御
祈被進於伊勢太神宮神寳幣物等而間中大兄皇子
中臣鎌子連公誅進件入鹿大臣既畢同二年依
右大臣宣勅使進伊勢太神宮御神寳幣物等不記色目具在別文也

天武天皇

以爲皇女進御杖代
白鳳二年壬申太政大臣大伴皇子企謀反擬奉誤天皇
于時天皇之御内心仁伊勢太神宮令祈申給并合戰
之間令勝御者以皇子天皇太神宮御杖代可令

き
旨進之由御祈禱有感應彼合戦之日天皇勝御世
仍御即位二年癸酉九月十七日ニ天皇參詣於伊勢皇
太神宮志天 令申御祈給ヘリ或本云神宮參着ス
者又或本云從飯高郡遙拜皇太神宮給御之由
具也件記文未詳也 記日本記也 白鳳二年甲戌九月十三
或云朱雀二年元壬申云々
日ニ多基子内親王參入於太神宮給ヘリ
朱雀三年九月廿日依左大臣宣奉勅伊勢二所太
神宮御神寶物等差勅使被奉送畢 件月不記 宣旨
廿年一度御遷宮立爲長例
状偁二所太神宮之御遷宮事廿年一度應奉令
遷御立爲長例也云々抑朱雀三年以往之例二所

太神宮殿舎御門御垣未ハ宮司相待破損之時奉
（被造加殿舎御垣等）修補之例也、而依件宣旨定遷宮之年限又弁院
殿舎倉四面重々御垣等所被造加也
持統女帝皇
（御遷宮）即位四年庚寅 太神宮御遷宮 同六年壬辰 豊受太神宮
御遷宮
元明女天皇
（始立宮司神鉾二本）和銅二年己酉 於太神宮弁院之乾方始立宮司神鉾
五間二面萱葺屋二宇定並永例彩也 同二年太神
（豊受宮瑞垣并御門一宇為大風）宮御遷宮 同四年豊受宮御遷宮 霊亀三年
八月廿六日大風洪水仍豊受神宮之瑞垣并瓶門

洪水流損

一宇流損但件水御倉殿之許一丈際專不流寄天之

立下備入也甚希有也ゝ

養老六年癸亥三月三日大和國宇陀郡戸司進於神

祇官申文云年中四ヶ度御祭臨時奉幣勅

使丁部日夜祇候同上古時為譜第之者專也

代役ゟ以去二月廿七日為散位賤造遣宿禰吉宗被打

損了者仍上奏已畢随則以同年五月七日件吉宗

被配流隠岐國又畢

配流吉宗

仁武天皇

神亀六年正月十日御饌物儀例於豊受宮祝詞

備従迫道死亡事

備従被責來於太神宮之間宇浦田山之迫道死

荅志摩国人
当宮禰宜
野守 外宮禰宜
延暦四年
之時也

男為傷犬穢食之肉、其月分散途中、於者無依念

遁去之道、件祝饌物乎奪徹天、令闕供進已了、

爰同年二月十三日、天皇俄御薬、仍令卜食神祇

官陰陽寮勘申異云、太神依死穢不浄之咎

所崇給也者、即下賜宣旨於国司、太神宮被祓

糺之処、件御田坂死人之条、依実注申、随則同三

月十三日、依右大臣宣奉勅、下勅使、且祓謝遣件

不浄之由、且彼日御饌无貴奉、豊受宮大物忌父禰宜

神主川麿・御炊内人神主弘善及物忌子等進上㕝抜

科解却見任了、其後依宣旨卜定豊受神主新

遣立御饌殿、可令供進等太神宮朝夕御饌之由

神祇官陰陽寮共卜申既了、仍宮司千上等前判
宣旨段不日如豊受宮并院造立御饌殿一宇瑞
垣一重、自今以後於件殿供進朝夕御饌物、今号
御饌殿是也、永停止貴参之勤、于時宮司千上有
監所被勤賞之由、公卿僉議已畢、宮司重任
宣旨已了
天平元年九月二所太神宮御神宝使其不記
右中弁同九月十三日参宮、同三文任宮司従七位下
村山連豊家、件宮司ハ前司千上同母異父之弟也
而前司千上蒙重任宣旨之程、頓病、因之以件

宣旨譲与於弟豊家已了、依彼譲子孫所相承任也、
鳴足於神宮辺頓滅事
天平三年六月十六日御祭之二見郷長若石部
鳴足参入神宮之頃、霍乱退出之間、於神宮
辺頓死已了、而同天皇御時物忌頓死也、
即神祇官并陰陽寮等勘申云、異方太
神之御當有死穢事欤、仍所崇給也者、即皇
太子依不豫大坐、又仍勅使令祈申於二宮給、且
下賜宣旨、太神宮被觸乱死穢之事、爰鳴足
頓滅事、辛依冥宗須申、仍宮司上奏、国之度
會郡大領神主乙丸、少領新家連乙人丸等八科

大祓太神宮祢宜神主〻野守豊受太神宮祢宜神主乙
〔?〕丸等八科中祓天差勅使令行申於太神宮已了
皇太神宮祢宜野節守陳状云当宮祢宜等可科祓也何
者随宜穢是連日長雨之上企守六色之禁忌縦件
死人雖有御所之近辺非宮中祭庭之外祢宜内
人等何輙可口入穢気之事乎加之鳴是死去之所ハ
外宮近辺字山田川原云々須郡司洛是〻所由令取
弃死屍且令祓清也而郡司毋不申行者彼宮祢宜
并郡司等可勤仕祓事也即両宮共注此由上
奏畢也

造宮一面被始置事
天平十一年十二月廿三日太神宮改作一面被始置已畢云々
依神祇官下解所被下也自余以来太神宮司所傳来也
而太神宮下者彼宮禰宜従五位下神主石門執行之時
依本官解状賜宣旨所被下也抑文司家事之
以前代々宮司以神宮文書不交雑務之時禰宜共
執権之例也

大仏勅使被祈申天皇御願寺建立之由令示現
天平十四年壬午十一月三日右大臣橘朝臣諸兄卿参入
於伊勢大神宮其故八天皇御願寺可被建立之由儀
宣旨所被祈申也而勅使帰参之後以同十一月十一日
夜中令示現給布 天皇御前玉女坐即放金色光

天宣本朝ハ神國ナリ、以本鉄御神明給ナリ、而日輪ハ
大日如来也、大地ハ盧舎那仏ナリ、衆生ハ悟之當所依佛
法ナリ、御長學覚之後、御道心深蔵給天、件御願寺
事ヲ始令給ヘリ

下野國金
上分令
進給

天平十九年九月太神宮御遷宮、即下野國金上分令
進給ヘリ、同十二月諸別宮同奉遷、天平廿年一度御

廿年一度
御遷宮

遷宮長例宣旨了

長例宣旨

天平廿年依宮司従五位下津嶋朝臣少松件小松以去

十五年二月廿三日度會郡城田郷字石鴨村新築固

時扱

池一處既畢、依件成功叙従五位下之後、拝任宮司也

陸奥國
進官金

天平廿一年四月日従陸奥國金進官、是奉為玄家

皇寶也　仍以同年七月二日改天平勝寶元年己丑當
倍天寶八年件出来之由二所太神宮ニ令申給了
即太神宮禰宜外従八位上神主首名為叙外従五位下

高野女天帝皇

神主世真
神餅一字
焼亡事
天平勝寶元年己丑八月十一日豊受宮物忌父神主世真加
神餅一字焼亡仍宮司小松朝臣申上本官随出上巻
世真科中祓祓清供奉之間彼子未死去日之又世真
解任了

御倉御稲
盗人盗取
事
天平勝寶六年六月廿六日夜豊受宮御稲御倉之鉤
棟天盗取御稲十八束了仍当直内人未付返引来之
奈良清麻呂
處依御炊内人内人弥毛元他之私宅被申刊伴

元継ハ継橋郷券乃村作人也即元継丈姓樫共
櫛進於司廳仍宮司點同定處無同類被逼飢渇
元継一人逃散之由ヲ弁申せり　仍且令進過状且申
上本官随即上奏被下　宣旨元次科大祓解任職
畨直内人五人ハ科中祓且ヲ貢納稲ハ宮司以他稲
被清令進替既畢ヌ

大炊天皇

春宮厨於度會郡ヲ馬一疋流之斃ヌ事

天平寶字二年九月御祭使參宮之次清麿卿春宮
馬一疋流之同度會川ノ浮橋船乱解天　是郷随身之上馬一疋
自船放流斃已ヲ其上下向之間ハ路次國司差

駈義遷送調備供給逓夫之馬令從送道橋等之
例也於郡郡者偏宮司之勤也而件浮橋之勤依不
有如在勅使願身之馬ハ所驚趍也然宮司恐人不出

参宮時月
令後
宮司以騎
馬三疋奉
儀使之

之所致也者宮司為方違陳且進無状且弁返替馬
已早自今以後勅使参宮之時宮司以騎用馬
以四疋奉儀也見下三箇恒例也
天平寶字四年二月皇太后宮喜御薬御悩仍令
祈申於伊勢皇太神宮如之御平愈給了
勅使参宮也同年十二月十三日太神宮禰宜秋叙外
従五位下已了是已依御薬之祈謝天平寶字六

洪水太神宮
御河是

年九月十五日洪水五十鈴川洪岸流之而間度会郡

大橋度会郡司奉造渡、同郡司俄落入、年六十許、流下不溺死、令存命也

司依例天、太神宮御前乃御川黒木御橋一處奉造渡之間、郡司俄落入於御川天、麻海之前字砥麻渕乃木根ニ流懸天、僅存身命せり、流下之程五十余町許ニ不溺死事、是尤奇特事也、而人々同之處、郡司ニ以去八月晦食用完之故也、若故知自今以後神郡司不可食用完也、

大洪水

同年閏月廿二日依大風洪水之難、離原宮参使太神宮大内人神主世安并彼宮内人等不堪参宮天、於宇俣留万河之頭、修設御饌御参直会等之勤奉仕、所廿日参使随身御調絹等天、引率内人等参宮用正殿奉仕了也、但前例除宜之封奉付於正殿也、而

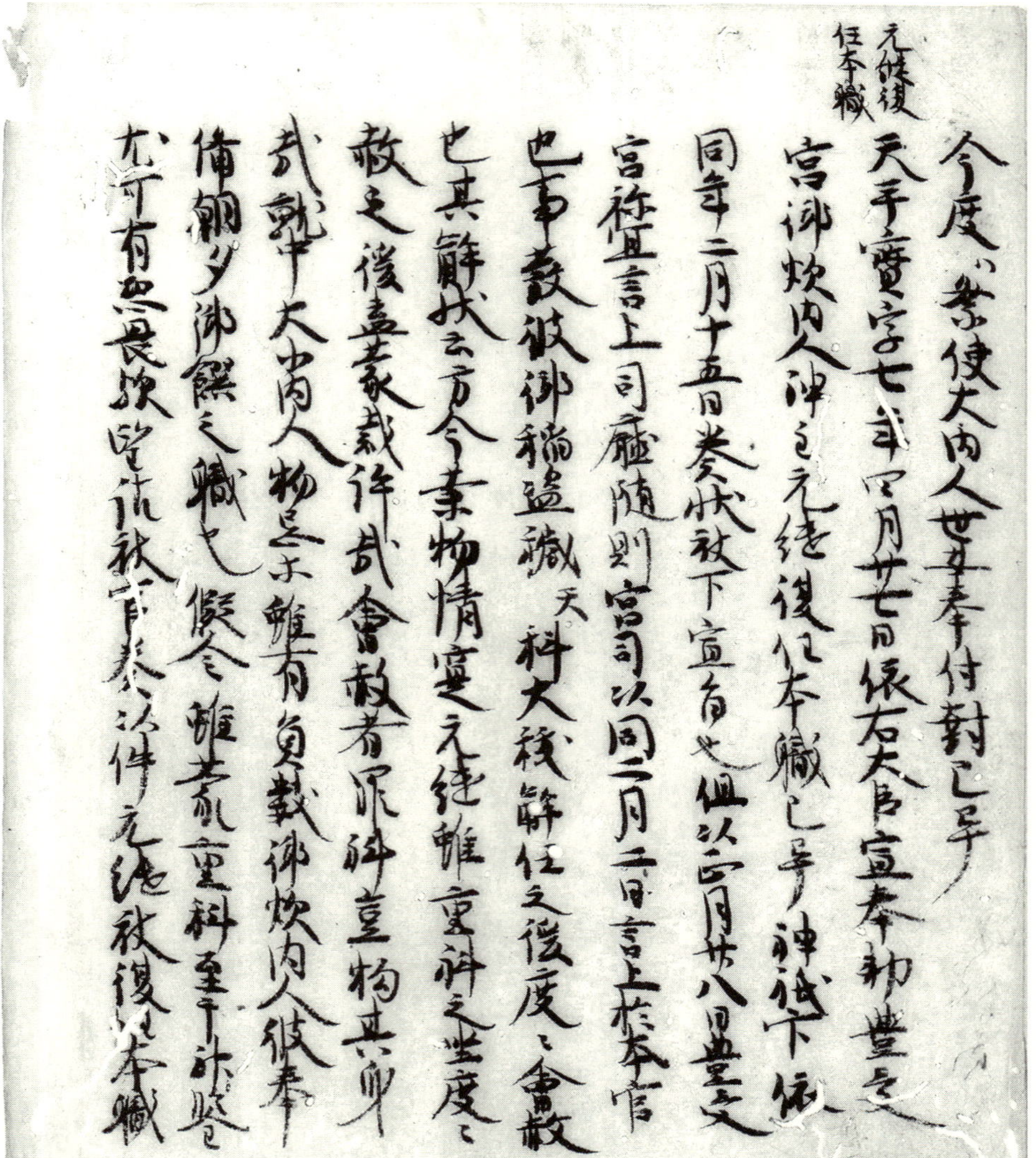

元緒復
任本職

今度ハ參使大内人世平奉付封已了
天平寶字七年四月廿七日依右大臣宣奉 勅豐受
宮御炊内人神主元緒復任本職已了神祇官依
同年二月十五日参状被下宣旨也但以四月廿八日豐受
宮祢宜言上司廳隨則宮司以同二月二日言上於本官
也事發彼御稲盗職天科大祓解任之後度々會赦
也其解状云、方今案物情寔元緒雖重科之上度々
赦之後蓋蒙裁許哉、會赦者罪科皆悉無其身
哉就中大内人物忌等雖有負數御炊内人彼奉
備朝夕御饌之職也、假令雖蒙重科至于於嘗
尤可有哀憐歟、望請被下宣旨任件元緒被復任本職

者奏聞宣奉勅廃復任國司且兼知依宣行之者
件元継以同年五月五日被清始令従事畢
高野女天皇更位
天平神護二年九月大神宮御遷宮同七月廿日格云奉下
宣奉勅天照坐伊勢皇大神宮禰宜自今以後庶令把
宮司神舘焼亡之
笏也者同年十二月十八日夜子時宮司神舘五間並倉
次神宮記文并下一面焼了
二宇ニ火飛来既以焼亡畢件焼亡間日本記二部神代
平記二巻當年以往記文及雑公文焼失畢爰神宮
禰宜夢
下一面其形不見火所曰之禰宜内人等甚歎而三ケ日之
中被告作云於件下者入地底
間且祈申太神宮且觸示司之禰宜夢中被仰云件
三尺許有也
下ハ地座三尺許入天在也早可搜求也者禰宜夢

無夕貴人
驚恐
歸依之
殿所有
件下

貴之後驚恐天文殿之所歸依以宛如渉示現有専無
破損也、具有別記文
天平神護三年丙午七月七日自午時迄于未二點ニ五色雲
立天、天照坐皇太神宮ノ鎮坐ス、即宇治五十鈴河上乃宇治
山之峯頂ニ聳タリ、即禰宜内人等注具状申於宮司、即
宮司氏道録子細言上神祇官、随即官人参仍神祇官
陰陽寮等勘申云、本為公家、又為天下甚宜嘉喜之瑞
想也者、即依彼嘉瑞之雲可被用元之由被下宣旨、以
同年八月廿日改神護慶雲元年丙午、件慶雲之由
被祈申於二所太神宮、勅使中納言従三位藤原朝臣
令奉二宮禮之神宝等給、奉幣 又禰宜等叙二上五位已畢

同年十月三日逢鹿瀬寺永可為太神宮寺之由被下

逢鹿瀬寺可為太神宮寺

宣旨既畢　同年十二月月次祭巻副別勅使以逢

鹿瀬寺永可為太神宮寺之由被祈申皇太神宮乎

宣命状具也

神護慶雲二年九月豊受太神宮遷宮

光仁天皇

寶龜元年十二月廿日瀧原宮御殿乾角色目如本数

替進既了　事趣ハ以去年九月廿六日宮司進解状

官解状傳白皇太神宮并豊解状傳別宮瀧原宮當

御祭使當宮大内人神主世嗣解状傳彼宮物忌父石

部千妙申文云開殿次奉　仍見御所御殿并御

装束未遷祢宜郷之者検故實云宮別宮如是非常遷
祢宜之時之家也奉替例多者任本数被調替進件
御装束失者爾時職掌勤申之物是又千妙陳状云竟
宮参使陳申太神宮遷宮之封奉納韓櫃物也復任封
御鎰横之例也仍内人物忌等御参昇殿之日従供奉
拝見殿内之外敢無奉開也者所陳申尤不當也何
者大風疾雨之時破其恐觸害内於太神宮神宝申
請神宮使相共可開封也而不致其用者忝奉櫃横
御装束物等既千妙之息也者千妙無音陳申進怠状
即科大祓解任了
依大雨
寛徳二年九月廿二日大風洪水仍瀧原宮参使并

伊雑宮祭使不参　内人物忌等不堪参宮天、於逢鹿瀬西小野、彼御幣祭
乃供奉御饌次第御神態直会勤奉勤ノ、同年十
二月廿三日始三箇日之間、大雪降天、往還不通、因之
伊雑宮祭使不参天、太神宮乃一殿ニシ天、彼宮供奉御
饌次第神態直会等勤依例勤仕ス干官幣者、依後
日奉納ノ、方今検旧例者、白雉二年九月依洪水之難
瀧原伊雑両宮御参不事、使ニシ天、遥拝勤仕ス干官
幣者追以進納之由、具于記文也
大風洪水　宝亀三年五月四日夜、宮司宿館焼亡之次、太神宮
宮司宿館焼亡次第并代々公文焼失　司庁并代々公文焼亡ノ、同四年十月十三日皇廟守

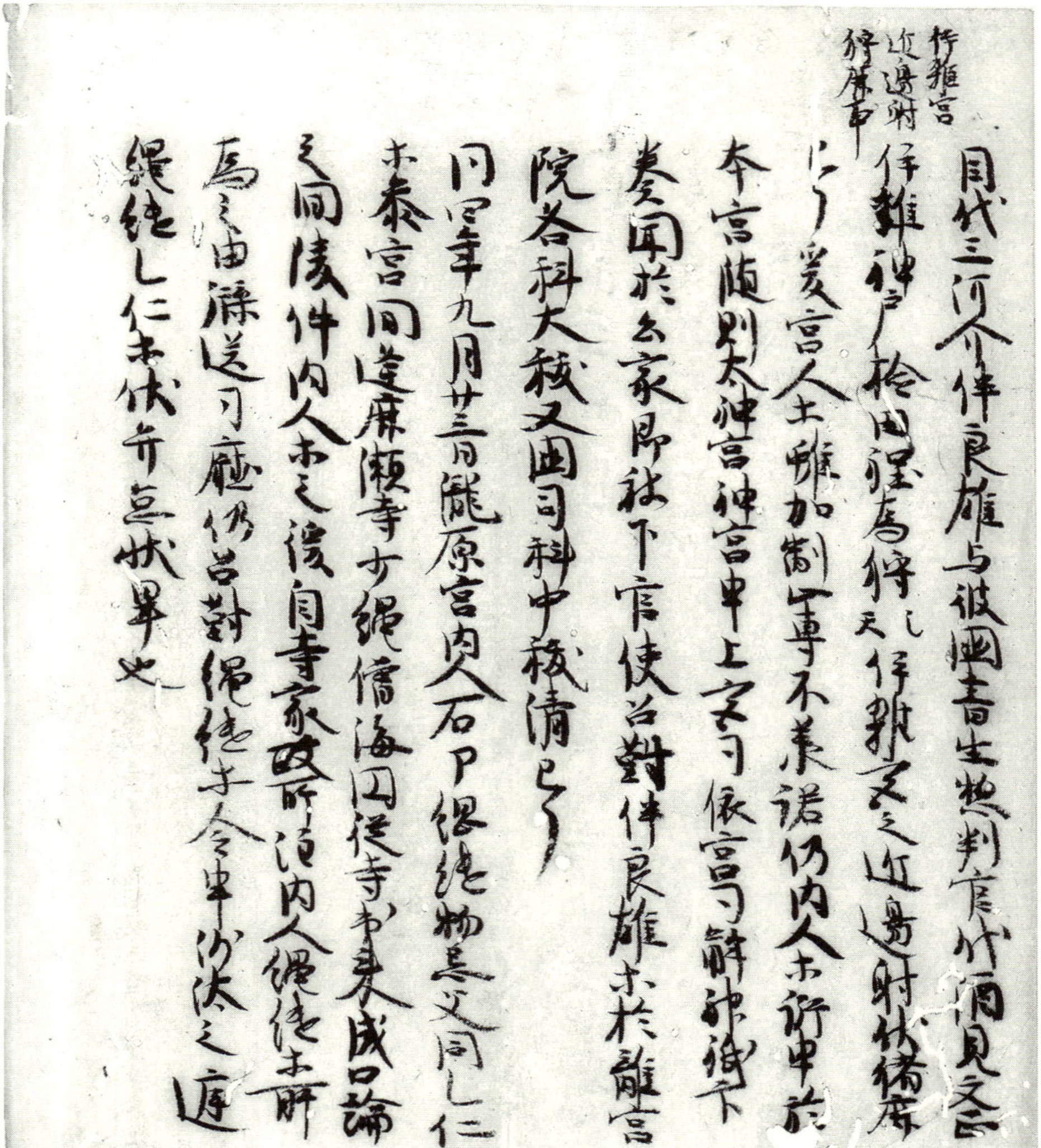
件雑宮近邊射獵事
目代三河介伴良雄与彼国書生惣判官代酒見文吉
件雑神戸ノ檢田猟為狩し天件雑宮之近邊射猪鹿
已了爰宮人等雖加制止專不承諾仍内人等行申於
本宮随則太神宮神宮申上之司依宮司解神祇官符下
参同於公家即被下官使召對件良雄等於離宮
院各科大祓又国司科中祓清已了
同四年九月廿三日瀧原宮内人石部縄継物忌父同し仁
等参宮間逢鹿瀬寺ノ縄信海回従寺家來成口論
之間彼件内人等之後自寺家政所追内人縄継等許
為之由牒送司庁仍召對縄継等令申沙汰之庭
縄継し仁等伏弁其状畢也

同六年六月五日神祇氏人石戸楯桙同吉見秘女良米
字達麻瀬之矣漁鮎之同達麻瀬寺小法師三人自寺市
来漁於陵楯桙木已了仍楯桙木許申於司廳申文云
朝夕御
新取奥二所太神宮朝夕御膳料漁之進御有例役各随身網
神祇宗
於陵祿鈎之行臨達麻瀬川為漁之强件寺法師三人并釣竿
事
達麻瀬其恭之童子三人來來且於積所取御贄且陵礫神氏
寺為祢
宮寺事者之随則以同七年二月三日許申於神祇官仍差官使於
永停止可依随則左大臣宣奉勅永可停止神宮寺飯野郡可放
飯野郡
可破却越宣旨已了使左史小野宿祢
宣旨
寶龜十年八月廿五日夜亥時太神宮之正殿東西寶殿

太外宮焼亡至之清暦後晉御考之時也清暦ハ降事放之者之時欤

及外院殿舎等皆悉焼亡畢、于時御正體并左右相殿
御躰併錦御衣之中被纏裹、御卜從猛炎中假出奉
御之御前松樹乃上懸御せり、仍先可急造假殿奉
安鎮御躰、以同七日言上、本下随則上奏、因之、同月十日
被差下勅使神祇大副・右大史及官掌等也、先御焼亡之
由来并所焼亡種々神宝殿舎装束物等色目一々勘
記天上奏畢、随宣旨下、下符於伊賀・伊勢・美濃・尾
張・三河五箇国天、件正殿・東西宝殿及重々御垣・外
院殿舎等早速可奉造之由也、且官符状偁、以当年
正税官物、應造進也、仍件五箇国司等各進奈利文
勵不日之功奉造、即以修理職大工物部連麻呂小工

長上并五百余人各參集奉造既了　抑件御焼亡之
由來以彼夜戌時許宮司廣成爲成私祈參拜諸宮
及于亥剋退出之間其炬自然落散而失火也
同十一年庚申二月廿日格云二所太神宮禰宜應叙内位也
同年九月十日依違穢之神嘗也色々御饌衆物宮司
月廿日依宣旨宮司廣成并番直大内人三人小内人七人
各科大祓解任但禰宜神主首名陳申之、自依無過科上
穢不解任也大工建麿叙從五位下少工長上皆預勅禄
已了同年十二月二日但太神宮司從七位下中臣朝臣継成
同十二年辛酉二月一日改元天應元年

依大風
洪水以
十八日
遷宮
十九日豊
明
太神宮
焼亡

桓武天皇
延暦四年九月太神宮御遷宮之處而依大風洪水難以八日
所奉遷也即斎内親王参仕件以十九日離宮豊明奉
仕即同日倭御亭　延暦七年八月五日夜子時太神宮御
正殿東西宝殿并重々御垣御門及外院殿舎等併
悉焼亡爰御正躰并左右相殿御躰同以従焼火
之中飛出御天御前乃黒山頂ニ放光明天懸御せり
飾従色々御装束并物乃二年積八合調絹千三百疋
同糸三百六十約大刀六百九十腰弓箭楯桙御鏡種々
神宝物等千万併焼亡畢仍宮司且急造假殿奉
鎮御躰且注具由言上於神祇官随則上奏仍同月
十三日被差下勅使神祇官副一人左少史等也御勘記

燒亡根元并神寶等色目一卷、言上解官物如本奉始正
殿天、內外殿舎等被令造進天、以八月十四日天、其由令祈申給布
勅使參議右大弁正四位上行左近衛中将春宮大夫大和守
紀朝臣古佐美、中臣祭主奏議神祇伯従四位下王行大
近衛少將式部大輔近江守大中臣朝臣諸魚、忌部外従五位下
行神祇少副斎部宿祢金下、卜部長上従八位上直宿祢宗
守等也、差使令祈申、兼依非常御燒亡之由給天、被差
下造宮大工外従五位下物部建麻呂、少工三百人等也、同年
九月二日官符稱偁、同使祭主諸魚卿左大史船木宿祢
數盗人參入
東寶殿同火之
一麿、右少史良峯卿卜伏比雄等副来、但宣旨稱偁
宮司祢宜度会郡司等言上、異件御燒亡之状、被仰

于時数盗人参入於東宝殿盗賜御調糸弐丈即件盗人
之炬落遺於殿内天所申来也
科祓
同年十月五日依宣旨大内人三人度会郡司等科大祓解
任並小内人五人同前科祓解任宮司禰宜中科中祓畢
科上祓清浄奉大工物部宿祢遠麿叙内階并五番
太神宮
物忌内人
大物忌父鉾
焼亡
長者勅使勅旅已畢延暦廿年十一月十三日太神宮
大物忌父礒部縣丸并内人同田丸并神鉾焼亡仍当番
直大内人三人小内人六人科上祓畢件縣丸忌二人又同前也
同年十一月廿三日格云太神宮事異於諸社雖有餘案
科上祓
非改職之限矣者
奈良天皇

牛斃

大同二年九月十七日夜中荒祭宮御前方ニ黒斑父牛
一頭倒臥斃畢仍同十八日彼宮御祭直會行事於
太神宮神司殿奉仕但宮司代以大中臣氏養令供奉了
被宣旨云宮司補任之間以氏養可令勤仕神事者爰件

科中祓

牛斃事祭主司代共申上奉下因之彼宿直内人三人
科中祓畢　同三年九月宮目大原内親王参着於斎宮
仙本院相副令下坐給故号本院云々

嵯峨天皇

御遷宮

弘仁元年九月太神宮御遷宮　同年十二月十九日夜太神

大内人小縄

宮大内人外少初位上宇治土公石部小縄御鉾一字焼亡

山向内人
乙公鉾
焼亡

又山向内人無位神主乙公鉾同焼亡畢仍祢宜従七位下

神宮司成中上宮司昂上奏之日殿下宣旨件之人科
大祓解任了也
豊受宮
御遷宮
同二年九月豊受神宮遷宮御遷宮之須参之可
参之
依当日
眠不供奉
宮司一人
供奉也
供奉也而依有眠当日眠目不供奉仍宮司一人供奉
右故左大臣一男故河波守正五位下大中臣宿奈麻呂
之三男也而彼河波守以九月十五日卒去仍不供奉
歟諸人云也
大内人真
房妻
参宿
御参詣
於玉垣下
作生
産生
弘仁三年九月十六日豊受宮大内人神主真房妻
御参天汲侍於玉垣下而間件女忽座産生畢
而仍宮司須見之由上奏之畢已了日之
非常産穢之由勅使王叙位
以同月廿九日

從五位下菅野職王中臣　主税助大中臣淵魚
其郡者件真人房妻共相大穢解任見任已畢
自今以後任貽女不参入於鳥居内之由起請被
下宣旨了
弘仁五年甲午六月御祭ニ斎宮寮依例參宮而太神宮
参宮間
寮以
与禰宜
口論
御祭夜直会三献之間寮以藤原朝臣当世与禰宜名成
依成口論発御遊之後不賜禰宜之禄物斎王令還向給
已了仍禰宜解状宮司上奏又了以同七月廿三日被下
官使祇對同寮以当世与禰宜名成之處寮頭陳申之
旨不分明也禰宜弁申之旨無過怠也因之寮頭官
人共状弁無抗了其後以同八月十五日從斎宮寮大盤所

召祢宜名成賜見言状物御衣一襲給乎為祢宜面
同在之
淳和天皇
宮司菅生道成
科大祓
解任歟
科上祓
天長三年七月十三日宮司菅生道成科大祓解任畢
歟以去六月十七日豊受太神宮朝御饌行織已畢
依遅参之状大物忌父子宮司等三人各科大祓解任也
但祢宜科上祓々清供奉同宮司以同日還任畢
太神宮
遷宮事
天長六年九月太神宮御遷宮也　同年五月三日参宮
勅使王散位従五位下信忠王中臣正六位上大中臣郷下定實
幣使参
宮間雷
電事
忌部之而件勅使参宮奉幣之間俄雷電鳴響自天
地共震雨々如渡即一時之間洪水浩岸ッ爰自同六月

五日天皇御薬卯之七、仍神祇官并陰陽寮勘申云、巽
方太神依不浄事祟給、即日天皇御示現告行穢事

示現
等之示給ヘリ、仍夢想之告聖御　天皇被下宣旨糺之處

勅使中臣
前日勅使中臣宣賓か、雖宮宿坊ニ随身駄落胎由是之

馬落
胎隠忍
而宣賓隠忍件事穢　參宮之由無事隠忍之度

離宮院
迎參宮
令郡司驛専當未進上　回之幽宮司未副件

中文上奏、但王信濃中臣　欲追下離宮院　謝遣

以同年七月十九日信濃科上被定之科大

豊受宮
御遷宮
且以同日勅使參宮被祈申行穢之由　同八年
太神宮遷宮

文徳天皇

大風洪水

仁寿元年八月三日終日大風吹洪水即国内舎屋損倒

伏人宅損亡牛馬共斃死于時件大風夜豊受宮禰宜

禰宜五重宅狼入三童喰

五重住宅狼入来生年十三才ノ童男一人食畢連家中

男女敢不知也明朝見ハ髑髏与右方足ト竈前残リ

家主禰宜五重見之天急退出住宅之後経三七日移入

於宅天即供奉神事而同以同年九月十六日件禰宜

五重之男子病死又以同月廿三日家女頓滅ノ同年十二七

大嘗会御薬

月之間頓天皇之上御薬之御悩也仍令卜食給之處

神祇官陰陽寮勘申云巽方太神ノ若触死穢事供奉

於御重所祟給也又令返問給巽方内外太神流坐何

神宮乎者勘申云外宮之祇氏欤仍下遣官使被

爲犯本宮之處去年八月三日夜付狼ノ咎横置之由
勘注上奏ノ仍同八月十九日差從五位下神之去主科大祓
解却見任ノ其下符云太政官符伊勢國并太神
宮司應科大祓豐受太神宮祢宜之五主事使中臣
蔭孫從六位下大中臣朝臣眞助卜部從八位下卜部
宿祢直忠右依度々天變恠異令卜食於神祇官
陰陽道之處豐受神宮祢宜之五之以不淨之所
供奉祢宜之由御業者就於在國宮司大令勘申
之日五主過急其旨尤重者右大臣宣奉勅科大祓
并解却見任者差件等人使差遣如件件國宮承

知依宣行之、符到奉行

参議従四位下兼行右近衛中将守右大弁藤原朝臣

右大史正六位上山口宿祢稲麻　　仁寿二年八月

十九日　　同日宣旨云、左弁官下伊勢国大神宮

司応勘取進　　宮祢宜外従五位下神主主位

記事、右依有彼宮神　　申之由被下宣旨於

伊勢国并太神宮司已了、爰去七月十日勘状云、祢宜

主己以去仁寿元年八月触穢人識進調備御饍供奉

神事、其過急遠例之由勘申、言上畢、仍科大祓可

解却見任之由早者、右大臣宣、奉勅、作彼宮付穢

使廳勘進上已注記随副大祓者移件上奏以
去義和六年九月廿七日依行穢之過負科上祓五箇
月之間停止勤務解却職掌以同七年正月廿八日被
還復本職事即其宣旨偁左弁官下伊勢太神
宮應令依例職掌供奉豊受宮禰宜五主事右
得今月十六日宮司奥仲解状云若家去九月廿七日宣
旨偁可且科上祓清彼家口并其身且停止五箇月
間職掌豊受太神宮禰宜神主行職過怠事須永
解却見任也然皇太神宮事興論祐者科上
祓且祓清家口并其身且停止五箇月間職掌

供奉追任官裁従事、国所太神宮宜承知依宣
行之者、去九月以後已及十五箇月、不令従事、有限
宮中神事供奉朝夕御饌勤、何無其憑哉、望請
官裁、随裁報、預仕神事、令国家祈禱者、左大臣
宣、奉勅、依請、令如本供奉於職掌、国宜承知、太神宮司
承知、依宣行之者、其後限十箇年之件、死穢事
出来、所大殺秋解任也、　仁寿二年九月日任豊受
宮禰宜外従五位下神主河継卒、件河次自仁寿二年
至于貞観五年奉仕也、

大風洪水
月夜見

仁寿三年八月廿八日、大風洪水、同月夜見侍依奈伎

伊佐奈岐宮御賓、瑞垣門流失、正殿二字流亡
宮木神寳物御餝衣裳并瑞垣諸門等已流失并正殿
二宇同以流亡、御異于時内人神主貫奉戴両氏桐
宮之御體奉鎮已了、但本自
並畢殿借奉之例也、而内人私不参
奉須為宮随則私氏内人等不果之咎永被
以同年九月二日依件大風洪水難、同夜與伊佐奈
顛倒之由司解、進於神祇官之日為遷
南宮正殿可被陵遣使、所由上奏
殿、没為宮
後代之尼可被改遣正殿於他所之由上奏、因之為便
所且注進、并卜定吉為之由、以同九月八日被下宣旨
於神祇官畢、仍下符於太神宮司宇治郷土条

廿三布施里同条廿六川原里等之同條有經偃以
同九月廿七日注司解言上於本下上奏了爰同年十二
月一日宣旨言司所度人於件両里同本改造被二宮（南里同奉改造二宮三殿）
三殿了但其箇所造作之由宣旨畢也至于神寶
御装束等者任先例注進色目了
斉衡二年九月廿日奉遷宮同夜見任佐奈伎宮之
種之神寶並装束物依負被奉送之御遷宮
夜大内人神主貞人奉戴二所御正體了
同三年丙子二月廿日太神宮司并一面被下並了（下一面）
御神祇下被下太神宮司并云大政官下云斉衡二年（被下畳之）
八月十日下中務省符云得太神宮司従八位下大中ト

朝下仰度会郡仁寿三年十二月三日解偁太神宮司下
依無合附司中之文田畠若藉荷返抄并使等太神宮
之而史令致高量於事情不當驗所停宮ア下
公卿者ア加覆審所申若有實謹請官裁者
右大臣宣奉勅依請者宜知依宣行之者
称件ア下已了宜付下彼宮司者送進如件宮司
宜承知依件頒用符到奉行者從五位上行大副益
内蔵頭兼中下追表云正六位下行大史奈良代海宿
業舊記云寶龜三年正月二日夜宮司比登餅燒
已次司ア公文共燒已了其後代々宮司以太神宮ア下

椽之文末也、於同宮司得度人与於並宮神主有所申
下事也、但為氏人不依有　　不申残巳之由也云々
可預祀勤事
天安元年九月八日太政官符偁、應預祀勤並祭
使藤原並宮得度沙弥貢内人事、右得
神祇官解　　神宮司解状偁、去大同三年九月
一日符偁、右大臣宣、奉勅、太神宮大内人三員度會
大内人三員自今以後宜預外考並令祀勤者、而太神
宮所補件六處神宮内人亦未預卅烈祭祀之日供奉從事
儀式之場吏民無別、望請官裁同預祀勤以増神
威者、大納言三位兼行右近衛大将民部卿安倍朝臣

按察使其身糾下女仁宣奉　勅依法者宜承知依宣
行之立為恒例矣
瀧原宮物忌子於宇治瀬河流死
貞観二年四月二日瀧原宮物忌子自彼宮退下向於
宇治瀬川流死了仍又石部高益以同五月廿八日
解任　同三年十月九日格云神戸百姓等割取凡太
神宮事異於諸社宜依延暦廿年四月十四日格
永無改減若有科祓准勅行之者
准太神宮例豊受宮下被下豊宣
同五年月日任豊受神宮禰宜外従五位上神主真水
同年九月十三日同准太神宮例豊受神宮祓乃政下
可祓豈之由依彼宮禰宜神主真水之解状神祇官下
旱魃疾病洪水
上奏之被下豊宣下一通也　件年旱魃疾病洪水隠乎

年穀不登皆以損年矣貞観六年九月十五日依
例斎内親王御行於離宮院之間斎宮東鋪田楠
柳損矣女官一人兼日共落入了仍過次第祭日之後
以廿六日為被宮司峯雄於斎宮寮勘之斎王参宮
之時路次道橋不造備宮司勤之而女官一
人上洛被解却還向之者宮司解無止勝行者豈宮司
峯雄之過怠哉随則寮解上奏之於官庭
被当同宮司勤仕職務停止宣旨了
同七年五月十三日宮司勤仕職務被免之由被下
貞観十一年九月斎宮御遷宮　同十二年十二月
大内人宇世白地進向河曲郡之間守国代

裁任源　　相會違中不論是非後碌件ノ
審世ノ仍宮司注此由奏聞為家即以同年十二月廿日
被下官使任宣旨召問件榮相於離宮院斎大殿令
進任訖ノ幽可斎中殿之ノ
瀧原宮
焼亡
同十三年三月八日瀧原宮焼亡ノ仍彼宮内人神主
是次以同五月十六日依宣旨斎大殿解任之ノ同年正月
盗人殺
廿八日夜強盗帯兵杖乱来ス高宮二殿御板敷放ニ調
高宮
御板敷
調絹糸
等被取
絹糸等被取已了ノ仍宮司上奏随彼宮内人直丁并十人
又豊受宮番檜内人等斎中殿ノ又彼盗人被取給之
御調絹糸等頻ニ令慎精進上ノ但太宮孫真水

大風洪水 豊受宮御垣流失 件水高五丈 許一丈不寄 天如井 地底流入 一鳥居 許新髑髏大咋持来 於离宮参使 斎王参宮 如例

不科祓也

同十五年八月十三日大風洪水、同豊受宮重々御垣流失、[illegible]

件水高五丈、許一丈不寄之、天如井之天地底流入、昔今異

件河東西人家牛馬多流失了

同年九月十六日於外宮一鳥居之許、新髑髏大咋持

来、於离宮参使参宮斎王如例、供奉其後自同年十

月十七日天皇御薬御坐、又於本官陰陽寮勘申云、是

方太神依汚穢事令崇給也、依宣旨被糺之処、件

穢事明白也、仍同年十二月廿七日差宿直内人忌部中

祓且其由被祈申、勅使参宮了

同年六月三日宣旨俾擢任瀧原宮内人神主是次

瀧原宮内人是次後任

職掌事　右得神祇官解云、得天照坐皇太神宮司
去□月廿日解状云、得皇太神宮別宮瀧原宮内人神主
是次解状云、是次依不意之過、以去十三年五月神祇大祓
解任、自被使責之日以後、悲涙未抽于、難矣者肝難
消者同去十一年　日赦免除神祇之輩、其負哉
武會赦之人　例古今多存乎、仍是次
度々雖進申、文未著　故實天照坐
皇太神宮天降坐之時、天兒屋根命、天
天村雲命等彼命爲補佐之神、供同時天降也、而彼
代以後、兒屋根命之孫、賜中臣之姓、厳見通命
并村雲命孫、未賜神主之姓、姓從天宮傳來無位祭

庭供奉職之民也、寔依愚意之犯過、雖坐之科
尚於神監寄恐畏乎、被畢官奏事、古復任宣旨
者、依解状、撿事情、所申非無其由、就中、皇太神宮
事異於諸社也者、彼神奴之賤人、何無差別乎、將
蒙復任宣旨、令職掌供奉矣者、大納言宣、依宣行
陸奥守羽林参議使源朝臣多宣、奉勅、依請應復任
職掌供奉者、同十八年三月廿六日、瀧原宮御被二襍、生
絹被二襍、天井絹一襍、蚊屋絹一襍、幣絹七疋等盗取
已畢、仍宮司注子細、言上本官、随則上奏、當宿直内人
物忌父石部全雄等、神中秡、且任先例、以内人等令頓
納上件盗失物等已了

瀧原宮
帛御被
生絹御被
天井絹
蚊屋絹幣
絹為盗人
被盗取之

陽成天皇
元慶七年正月廿三日太神宮大物忌父荒木田益延与司鎰
取麻呂延貞牛口論間為件益延被打陵延貞身了
仍宮司言上神祇下随則上奏天益延科中祓延貞科
下祓各祓清供奉職掌也

太神宮
御遷宮
瀧原宮
正殿参入
盗人取
非宝
物等

光孝天皇
仁和二年九月太神宮御遷宮　同三年正月十日瀧原宮
神宝御鏡一面梓弓一張金桶一口幣絹二疋金字三
紛失シ盗人参入於正殿内盗取了仍宿直内人石部千乗
同忠良仕丁人金邑笠枝坂田正月丸等依司勘事且進
怠状且言上於公家仍千乗忠良等科大祓解任

日蝕如晦夜

同三年六月六日夜子時、諸星悉東方流行、本二尺（同年五月十三日、始自午時迄于申剋日蝕如晦夜、仍下南宮）

陰陽寮勘申、異方大神依祟事、遣例幣奉給

須欲者、即差勅使、令祈申於二宮給了

宣旨、藤原内人石部千永末、同良忠末、後任本

職事

宇多天皇

太神宮乾方路頭雷電落男一人牛一頭斃祈

寛平三年六月十四日雨時、太神宮之乾方路頭雷電

落男一人、又牛一頭共斃祈已了、内外明十五日早朝

禰宜注子細申送於祭使并宮司之許、又禰宜内人等

執奏仁信奉、即遣遣天、從字石田山之西岸祓及之

被度祭使神祇少副大中臣時常并宮司良臣等

於路頭男ノ子有穢気之由従本道参宮ノ間七八月
間天皇御悩ニ物怪頻也、仍令卜食之処、神祇官陰陽
寮勘申云、異方太神依死穢事御祟顕、仍同年八月
五日下宣旨於太神宮司被尋被仰死穢不浄之処、以上件
六月死人事注申ノ間之差勅使被祈申於二宮了、勅使
王中臣神祇大副中之其則宗也、即六月祭使時常宮司
良臣等科上祓、但禰宜内人等遠道振借奉勅海之
忠茂ノ不知穢也

太神宮坤方男子人水溺死事

寛元四年六月十二日太神宮坤方側ニ男子人水溺死已
了、禰宜以此由送祭使并宮司等問之、忽石田山之西腹
新道作天斎内親王并祭使宮司等参宮、但斎宮ハ

一殿ノ西廊ニ御輿ハ舁天、九丈殿西廊ニシ天寮司共御秡ノ
奉仕ス、日前也
醍醐天皇
從行備
瀧原宮
延喜十七年四月十三日從行備之宰宿於瀧原宮跡
頒滅番
直内人進
鉾之間其中一人頒滅ニノ仍番直内人五人進息状即
息状科
上秡
科中秡已ノ其後依宣旨件神鉾相共ニ正殿三町遠
去已ノ
斎王參宮
同依洪水
延喜廿二年六月御参斎王御參宮之間依洪水之難留
留坐於
離宮院
坐於離宮院、以同廿日参入二宮即直會大殿饗如例
以同廿日
参入二宮
秡并禄物并畢ノ離宮豊明ニ寮官未不可差坐也
直會
大饗侭
延長五年四月廿二日太神宮北御門偸用窃盗参入

如例
同日奉
盗人令取
皆悉
數般上
取御璽
代出調絹
宗
正殿皆〻御拔數般上天盗給御璽代絹一疋 准絹五丈 四尺八寸
御調絹九疋御衣未已了、仍宮司上奏此
差下使部狀〻副ニ従五位下大中臣奥生且令實檢
物并且令祈謝其由給所ニ同年六月三日大司良
物忌等令九人科大祓解却見任了、權大司并
五位下部〻最世等者科中祓又了、於盗失物者
依同六月九日宣旨被替進畢了
志摩守
依産穢
不備進
恒例御贄
同年九月伊雑宮御祭料志摩國例進ノ幣帛并
御調種〻御贄等依例為令調備ニ太神宮禰宜大内人
物忌及當宮内人物忌相共司平部戸神民進向志摩ノ
國府爰國司氏藤原云御贄等不備位例備進也而

以昨日夜戌剋妻産畢仍不堪備進也者所宜本勤之
国掌所陳不当也祭之勤既式日有限又国司之勤例
事也何号作廳官未参其用意哉無心供祭物闕怠
之咎尤有国司者即注其由進於司仍宮司定是非上奏
之寮即以同年十月十三日被下宣旨状云應令志摩守
戌剋被清調備之者使中臣祢宜大祐大中臣頼基卜部
兼行参到着於離宮院以引守戌剋任宣旨料上被
清令調進件御贄　注云幣絹一疋　干鯛五斤　荷前鳥取鮑五斤
堅魚五斤　干鱒五斤　塩五斤
青海藻五斤　海松五斤　和布五斤
雑鮨五斤　雑海藻五斤　味付雨布五丈　膳部信乃布二丈
等也　膳部等戌剋停止勤厚務之由被下宣旨了

御塩濱
有死人
由

同六年七月十三日、一志神戸鵜殺御厨預壬申丈五百神
戸者、是二宮御塩調備供進之所也、而御塩濱四至仟陌
所擬有限、爰彼御塩濱之内有不意之死人、不知誰人、
若有神戸之内住人者、以彼所由且令取弃其屍、且可
令祓清御塩濱者也、然而依不知由来、雖令觸知在郡
司、專無心義計、况乎神戸住人、亦各懈怠之由早
不掃弃之間、朝夕之勤闕怠也、而宮司以此由雖示在郡司
道事於左右依不義計、附送國衙之處、國司觸穢宣於
郡司擬令掃弃之間、件死人爲犬烏被喰散、然〻此
穢氣及于　　勤齋息也者、爰始自同年八月中
旬比天皇御　之處、勘申云、異方太神依神事

國司并違例御祟也者仍　處徒申上件咒人等ノ
郡司等随則以同年十月廿八日國司　大科上祓於離
科上祓宮院館ノ使中臣大中臣元慶卜部氏吉永也　國司
依有病惱不参以同代所令勤仕也

朱雀天皇

大陰水奈承平四年十二月御祭之間大洪水類ハ天祭使祭主以
使着十二日到着於離宮院即依例斎内宮文着内親
十六日離宮
斎宮斎王ハ從斎宮直道ニ豊受宮ニ参宮即其ノ但
王直道
奉豊ニ
宮一殿ニ御夜宿間之宮司所勤之供給物等從離宮
運進テ勤仕ス是依先例也十七日ハ依例大神宮ニ参入
御之處頭輿ハ宿ノ院内ニハ依有康之穢氣テ御輿ヲ九丈

殿西砌ニ宿畢ヌメリ
長元四年九月御祭ニ　斎内親王依例参入二宮給ヘリ
而太神宮御祭十五日會三獻之間以亥時許天神宮閤
殿預真木田希俊与斎宮寮門戸司長佐伯真興道儀
成口論之間件希俊忽以杖陵礫ノ即付希俊之呼
聲天神民与寮人上下併乱合成闘乱ニ時寮頭
乱同本末之程登無世不問母其河決鐵取合於寮人
成乱同勅使王中臣各三座天入彼此之中停抜ニ忽雷
電鳴騒天大雨如沃参宮人千万不論貴賤ヲ悉迷
〔神退而宮中之間御川水而漲天人馬不堪渡行

而間寮人隨身馬二疋乍置鞍走失、不知行方、如此
騒動之後、恒例條々供奉酒並ホ不供奉、又時刻推
移、祢宜宮司ホ以明廿八日卯時次第神態奉仕、寮
人退出之間、門部司者一人於宇治山落馬死了、寮以　落馬死去
注子細上奏於公家了、仍以同十月廿三日被下宣旨右衛
門尉府生各一人到着於寮庭、被封同祢宜与寮以
之處、祢宜所爲甚非常、令陳道所進息状已了、
又寮以於無止之祭、遂寄事於闘乱、不令供奉神事之由
無所遁避息状又了、随則以同年十一月十三日差下使
中臣神祇権大祐正六位上大中臣頼基卜部正六位上

行末且被令祈申其由於宜禰上禰寮人
適科大祓天、勤仕即以千負道者
科中
退却寮中了
天平五年六月祭使参入之神祇大副奥生参着離
依落胎穢以昔日参宮
宮院而十五日夜被盗殺猪二随身駄落胎了、仍所件
穢気不参宮過七ケ日以同廿二日参宮奉納官幣了
爰傍官并大中臣氏人等内奏云、皇太神宮御祭式日
有限、官幣進納之例不過祭日、若又而祭之奥
生触穢故障之由作着離宮院、更過七ケ日
参宮奉納官幣、此神事違例也、若有穢気者可
従其職裁下者、以同廿四日被下宣旨、祭之奥生

宮司時用奉上於官庭陳申件馬落胎之由豈
祭主御生存中自有祟云々皇即奉公々悉免被
勘責之由公卿僉議之由云々
承平七年三月七日依神事違例被召下之間大司
時用無陳道方被停止時用之勤歴二ケ年以
同八年十二月件宮司解状被解任既了
天慶二年任祭主従四位下行神祇大副大中臣朝臣頼基
被奉種々神宝等、将門純友事
同三年二月九日被追於五所太神宮種々神宝幣帛等
件神宝幣物等八東賊平将門西賊純友餘党共可
被追討之由依祈祷也使参議従三位王中臣祭主
頼基奉之也 天慶三年庚子三月七日東西凶賊平将門

并興世王討滅之由、大将軍参議従三位行修理大夫
藤原朝臣忠文追解文レリ 件解文ニ藤原秀郷
平貞盛ホ加連署之、仍以秀郷叙従四位下、以貞盛
叙従五位下、修理大夫朝臣賞在 日記在別紙 天慶四年
以貞弁郡 寄太神宮 三月廿八日以貞弁郡稲奉寄太神宮已了、又依
稲寄進 官有尾張参川遠江ホ郡郷封戸各拾烟稲奉寄
参川遠江 封戸 於太神宮已了 今号新封戸是也 二所太神宮禰宜各賜一階了
是則依将門追討之御祈禱也、又七道諸国
増位階了
御遷宮 天慶六年九月太神宮御遷宮 同八年九月

已上天慶
滾
天慶《暦》七《年歟》月九月神服織麻績二織《織歟》殿例貢神御
衣調備貢奉之間従鈴川俄洪水出来
往還不通日之神部人面々奉持神御衣不三箇
宮司相共二十日夜之間逗留宇治山田同十六日参如
奉渡件神御衣奉納天慶八年五月十七日太神
宮神之進於宮司注文云注進依旧例以六度令郡司
合期令造進酒殿一宇状右検古實宮中色々雑事
役番宿直之勤偏郡司所役也其御酒殿毎年九月
以前造立恒例也御前黒木御橋已鎮之勤也宴以去

寶亀年中宮司神館焼亡次文殿一宇同以焼亡忽
迫改之間以郡司雖非如法旁令造進也而彼文殿破壊
退損之間公文書記等朽損也豈以謹人可令改造乎
近則以去承和四年三月七日祢宜神主継麿申上解
状官之日被下宣旨状云宮司承知任舊例可令改造
者而程中加四司之間自然一在任終也爰後司之時無
号不蒙別宣旨之由每任不改造件文殿酒殿等彼此也
要樞之所也仍以郡司令彼造之處申云宮司新神館
焼亡之後偏郡司每参造進之例也者非例之所役
繁多更不及其力者依一定裁許者隨則司廳

宣云、文治改造事中請於公家、可随裁定也、但云々
酒殿者無止實御所也、早以郡司任先例可令造進也、
於司断神戸者不可郡役、早停止之者、
天徳二年十二月祭主神祇少副従五位下大中臣朝臣公節
二年　同三年九月廿三日夜、時内宮焼亡、　同年十月中旬
宮焼亡、天下旱魃疾疫熾盛也、仍公家發遣天下宣旨
於神祇官陰陽寮被卜食之處、勘申云、若異姓人供
奉神事　是者太神依其違例御祟欤者、
奏状云、祭主公節朝臣既補彼
而　又宮司氏高是
人也、即付公節　廿子也、仍
清原豊之嫡子也、氏高々々母前

請世方姓号大中臣氏之由也、以如此異姓之輩被補任當
宮司之故、天下不静也、被始日直當之職之後、於大中臣
依異姓者從神事
氏之外以他姓者未被補任之例、争者依件奏聞、以天位
四年十月三日、云前宮司氏高者之勤當職任之後、以
同十月十日辰停止了
應和二年六月、祭主元房奉下、同府當下部一人参會、同上
斎宮南門階下之打人髑髏
於途中云斎宮南門御階下、打人髑髏也、仍宿直
人之今朝見付侍雖然、寮頭秋奉云、専不可有觸
事
穢之由被定了、仍斎王令参宮給之由一定了者、爰
祭主秋同件事不被着座於離宮之天外宿即被示於

太神宮司云、垂行不具者、是七月七日而斎内親王御
參宮之由々々者、有彼穢氣之恐、寮官共並坐
大祓也者、宮司不被量行、次者而同斎宮令着坐於
離ノ、仍宮司以此由申送寮頭之處、頭事云、觸穢
事實云也、然而彼ハ外門之事也、加之以今朝令取
斎之者、不令論參也者、有行事穢氣哉者、宮司不
随此寮官之天奉仕大祓之後、是殿之前ニ立寮官穢
氣之札天、寮人不令往反、又自之斎内親王留坐於離宮
院、過七日之後、以廿二日祓清、令參於二宮給已了、而後斎
宮從此由奏聞、仍被下宣旨云、寮頭共被召上天
於宮庭、以同七月廿三日被對問之、季茂・元房陳申

自允有奉云々忠節者即名卿令議云参之允可
蒙優賞也者言又南門御橋之許ニ打入闘諍有
沙汰天不被免下也

冷泉天皇
安和二年左大臣源高明卿被企謀反之由有聞天以同
年三月十　中務少輔従五位下橘朝臣繁延相模介
藤原　被追捕天繁延ヲ秋籠置於左兵門
左大臣源高明配流帥
弓場殿　獄ニ被禁固被勘問以見
之由所指申也同年四月廿　殿被配流太宰
府繁延ハ配流土佐国千晴隠岐　蓮茂ハ佐渡国ノ

様大司仲理者故左大臣殿相傳御家人也而仲謀及企
可被成欵之由日夜致祈祷於二所太神宮之由有
其聞可處重科之由被下宣旨了爰被召問之處
造于伊勢太神宮司者未見被配流之例者即被企勘
罪名之處當除名之罪由勘申云々仍以同二年三月廿九
日太政官被下式部省符傳應補任伊勢太神宮司正六
位上大中臣朝臣為頼事 右太臣宣奉勅伊勢太神宮
司者依是向非為家依祈祷之外輙不可改易下之
祈祷矣而如聞者彼宮司仲理支企謀反已致不善之
術也仍任仲理之職以件為頼可補任並可禁断者者宜
承知依宣行之符到奉行 右中弁正五位下奝春宮

學士兼源朝臣大江朝臣斉光 從五位上行左少史伴宿禰
保在着依件下符神理已傳之
天元四年九月　太神宮御遷宮
一條仁天皇
長保二年九月太神宮御遷宮而永頼参上依病悩
不仕供奉因之差作前司從五位下大中臣輔親天
代官上之蒙宣旨勤行御遷宮事後古物分配之
同八縫殿助宣茂祭主一男也為參之同代勤行之也
内裏焼亡
寛弘二年十一月十五日内裏焼亡即内侍所ノ神鏡焼
損畢因件依鏡可被鑄替由且陣定被行
且告天下之神祇官信陰陽寮并諸道博士亦公卿

僉議未詳、所令奏申件ノ寳鏡ハ　同之所奉、
天地開闢之時、於高天原天鏡作ノ遠祖
以銅天八百万神達共ニ鋳造神鏡也　或云天香山命件鋳作鏡也者件
鏡　方尺也一面ハ伊勢国坐ス、一面ハ紀伊国
坐ス、一面ハ内侍所坐　鏡也子細具不記　加之鏡並於
本所也らく、寛弘二年十二月奉使参之、帰觀郷卜也
而参遂供奉ノ参ノ之後、廿日帰京、而同廿五日、為勝時
奉幣使奉下、以同廿八日参宮之後、不堪帰京天、當天
参之参向於太神宮之、天与太神宮司佐国卿共ニ一殿ニ乞シ天
越年、明正月一日参之、宮司共元日神拝ノ被奉着於
一殿天、神之献酒肴ノ

三條院
於後ニ秀頼王 長和二年九月祭使王従四位下行神祇伯秀頼中臣差之
従五位上行神祇大副兼中下野補親長部宗従上寄副
宿祢春友ト部兼友等也即依例以十五日到着於
離宮院大穢直會ノ之後明十六日朝仁忌部春友宿
馬落胎 房ニ随身駄落胎事ヲ見付タリ爰祭之間此事天
先驛使院之門ヲ令塞因天依有穢氣天雖令
奉仕衣之由立札天司中見ア書直示ニ 爰同先例之
慶度會郡大領新家望為男同貞昌之許与リ奉
古記文一通アリ 醍醐天皇御代秦子内親王御時延喜也

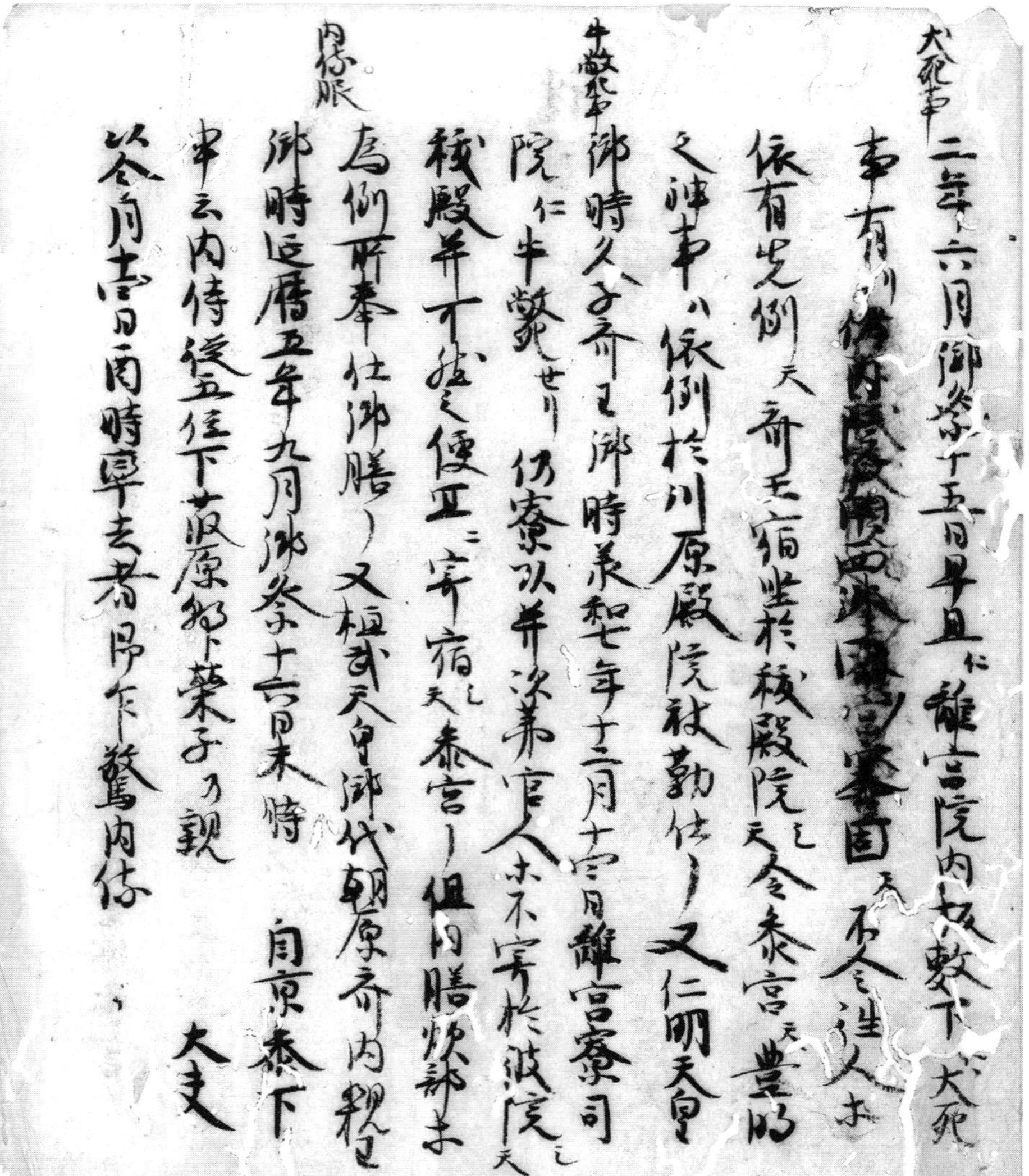
大死事　二年六月御祭十五日丑日に離宮院内ニ数下ニ大死
事有ケリ　仍[illegible]国天　而人ヲ注人ニ
依有先例天　斎王猶坐於被殿院ニ　今参宮天　豊明
之御事ハ依例於川原殿院被勤仕ノ　又仁明天皇
牛斃死事　御時久子斎王御時承和七年十二月十六日離宮寮司
院ニ牛斃セリ　仍寮以并次第官人ホ不寄於彼院天ニ
被殿并下級之便ニ寄宿天参宮ノ　但内膳炊部ホ
為例所奉仕御膳ノ　又桓武天皇御代朝原斎内親王
内侍服　御時延暦五年九月御祭十六日未時　自京参下
申云内侍従五位下藤原綱子乃親　大夫
以今月十三日丙時卒去者　即下鷲内侍

院退出ノ日之自神ヨリシ出天穢清天斎王御参宮
文シ被畢勘天被駐使院内ニ同宿ノ王等ア卜部末
天乙卜部代ニハ太神宮司卜ア行臣シ以二所御川之依穢
被勤仕乙官幣シハ衛士ニ棒持テ宣命並刀之時ニハ二宮ノ内人
物忌父ニ令棒持天奉仕ノ即件日祀ハ参宮納也ノ

後一条院

依大雨七日宣旨ノ遷宮御饌同時也
寛仁三年九月太神宮御遷宮也而件御遷宮夜大雨
以水如浚宮中断也仍以十七日寅刻天奉遷天御饌供
奉同時也既雖有非例事依洪水難也参宮御鏡
宮司為清供奉如例也治安元年九月外宮
宮如例也

伊賀守光清被流伊豆国事

長元四年五月日伊賀守従五位下源朝臣光清
流伊豆国ノ、義ハ彼国神戸御厨田一町苅取ノ
因之二所太神宮御神酒已以闕怠、仍神戸預注子細
言申於太神宮司、随則且録送国衙、且上奏於
公家之処、新神民之中ニ偷為国司被殺害之由具也
依彼訴之国司所被配流也
長元四年六月祭使参之　四位下行神祇伯大中臣朝臣
輔親依例到来於離宮院ノ　其日且依例被着
於離宮天　十五日夜ノ大祓直会畢逗留之勤仕畢早朝
十六日朝ヨリ細雨蕭々独ち参之宮司寮方但例也
又太神宮ノ御祭ニ供奉ノ祢宜神態直会之間事ノ

十七日太神宮御祭也、仍斎内親王依例参宮、着於
斎王殿、又男女官等同参詣、参宮之間、而御
玉串供奉以前ニ、忽大雨降天、雷電霹雲光騒天
天地震動、仍参詣衆人迷天、神威恐之間、斎王俄放音
叫呼給、参宮之輔親卿ヲ召ス、仍参宮之祢宜亦引率
王放音テ、髪斎王御託宣云、我皇太神宮之第一別宮
荒祭宮也、而依太神宮　勅宣天、所託宣也、故何者寮
頭相通并妻藤原古木　嘗及　来同狂言
ノ詞称天、祓文物ニハ、二所太神宮翔付御奈利男女
荒祭高宮ニ、付通給也、女房共ニハ、今五所ノ

大雨雷電天地震動
奇異儀放音叫呼
託宣

号至頭之奉シ後陳二宮代異之由来
奉為神明、奉為帝王、無極不忠之今也、皇太神宮
高天原与リ天降御之後、人間ニ未寄翔御ス、而件相遣
夫婦ニ件無實之伺構事、以狂言發焉、人間之耳目ニ
甚無礼之企也、須ニ且ニ与神罰也、然ラハ為後代ガ天下ニ
無止禁遁、奇内教令託宣也、是則以件相遵示
令處置料、欲令配流也、依伊賀神戸之訴伊賀守
光清被配流、謂其根元極雖有様斗之事、依神事
御事之厳也、何況今夜託宣尤神妙、斉惟事也、答之
補親以我託宣、旨早可上奏、 公家也者其御託宣

同ニ御神殿御酒ヲ召コト数十坏也其次和哥一首令詠
給ス御酒盞ヲ祭主ニ下賜フ随則祭主依宣天件
御盞ヲ賜預天三獻畢御和哥ヲ進上取ル御託宣之
旨祭ニ雖有モ其不記并寮官人相通妻子共畢時ニ従
神宮差使宮掌大内人度會弘行大少内人祝ア未追越
御川之間洪水俄張天人馬雖不注又依恐御託宣天不廻
時刻退渡ノ畢以當時御祭次第御神事但物忌之勤
但斎内親王乃御輿不令奉仕給何况酒三流着即
不供奉寮官人不着於直會之座候不供奉之
御託宣之中雖七夜割偏依恐上件祭

所不供奉也以明十八日辰時許天内親王□□
手氣給天四御門ヲ東妻乃玉垣二間ヲ破開天御輿
寄天内親王ヲ奉令還御ラシ杯御前ニ御輿ハ有
制法天四目輿ヲ用之例也然而依　御垣破開天
御輿ハ所寄也自昔依有禁制御門ヨリ
依洪水難御行不早已天以酉時離宮院
　同共奉仕ノ豊明乃解祭直會以亥時奉仕但
　　原殿寮官乃神司件直會不坐
斎乃不著
並以同十九日祭乃記件御託宣之由三員司并斎宮
神乃寮官乃神司進着名天祭乃解状并寮解文
相副天上奏ノ内侍別當女房一乃被奉御笥直於

本院ヘ入天以同日戌時奉遷御着奉宮了、其後以
七月六日巳時太神宮六禰宜正四位上荒木田神主延季権
禰宜大物忌父同氏貞大内人等五人、祝部等外宮五禰宜
正四位上度會神主常親権禰宜大物忌父氏茂大内人
五人祝部等寮頭館ニ到着天、寮頭乃遣之承ル二宮城
外時者今日保安人焼掃所ト、是則依祭主下文神宮
所行也、也件文ハ是奈高宮御殿ト号造之也
同年八月三日宣旨到来偁、右大臣宣奉勅奉宮頭及
原相通并妻子等為補、依加守護依有可乱定事
且移彼國為補、并以加守護随彼係 同日

到来、傳右大臣宣奉勅、件宣旨ハ寮頭被配流々
寮頭相通ハ佐渡国、妻古木古曽子ハ隠岐国ニ　宣旨早也
同十八日宣旨到来、傳右大臣宣奉勅、領送流人藤原
相通并小木古曽等之使左衛門府生秦茂近左衛門府生
清内永光等、令進発、早不遂発之由有聞、仍早為
令進上也云々、使々部伴友枝越知若光等也、永光遣使茂近
岐隠岐国佐度
国使
同月廿日宣旨傳右大臣宣奉勅、流人藤原相通
可配流佐渡国之由給官符先了、而可配流伊豆国宜令
下知先并伊勢国掾状、留路次国相待後官符令發
向配所者、同廿三日官符傳右為順送流人藤原相通

老件々人義遣如件、遣伊豆国官符、又同廿九日
奉宮勅使参議　行左大弁兼近江権守源朝臣
経頼、王散位従　中臣正六位上行神祇権大祐
大中臣朝臣惟盛等件　十七日帰洛已了
祈申旨、承了、被察大別当禰宜已了

祢宜加階事

長元四年九月十六日、二所太神宮祢宜等加階栄爵
已了　具事記
同七年八月廿八日自此初七ケ日間、祭主正四位下行神祇伯
大中臣朝臣輔親、誦依於太神宮、又少司氏房共
為家御祈祷所被申也、是則依宣旨所申

松樹奴子中貝付瑠璃一丸

寶玉進官爾祈申御卜大吉也

松樹天松子中ニ有以瑠璃玉一丸ヲ貝付天ノ絡
祭之時参於殿前時祭主被命云樹皇太神ノ廣
前ニ自来臨天為家乃佛祈ヲ仕間此ノ嘉瑞乃寶
玉ヲ得タリ此由ヲ祈上奏也注具由勅使参ス并神宝
亦嘗者件玉進官ノ随則被下宣旨於神祇官陰
陽寮於被令卜食之處甚大吉之由勘申ノ仍以同
年十月月祭ヲ以テ被叙従三位少司氏房ニハ被叙
従五位下早ノ而同年十二月御祭ニ少司氏房号五品
之由ヲ号天与大司永政座論相与祭庭行致之時
備依大少次第奉件ノ

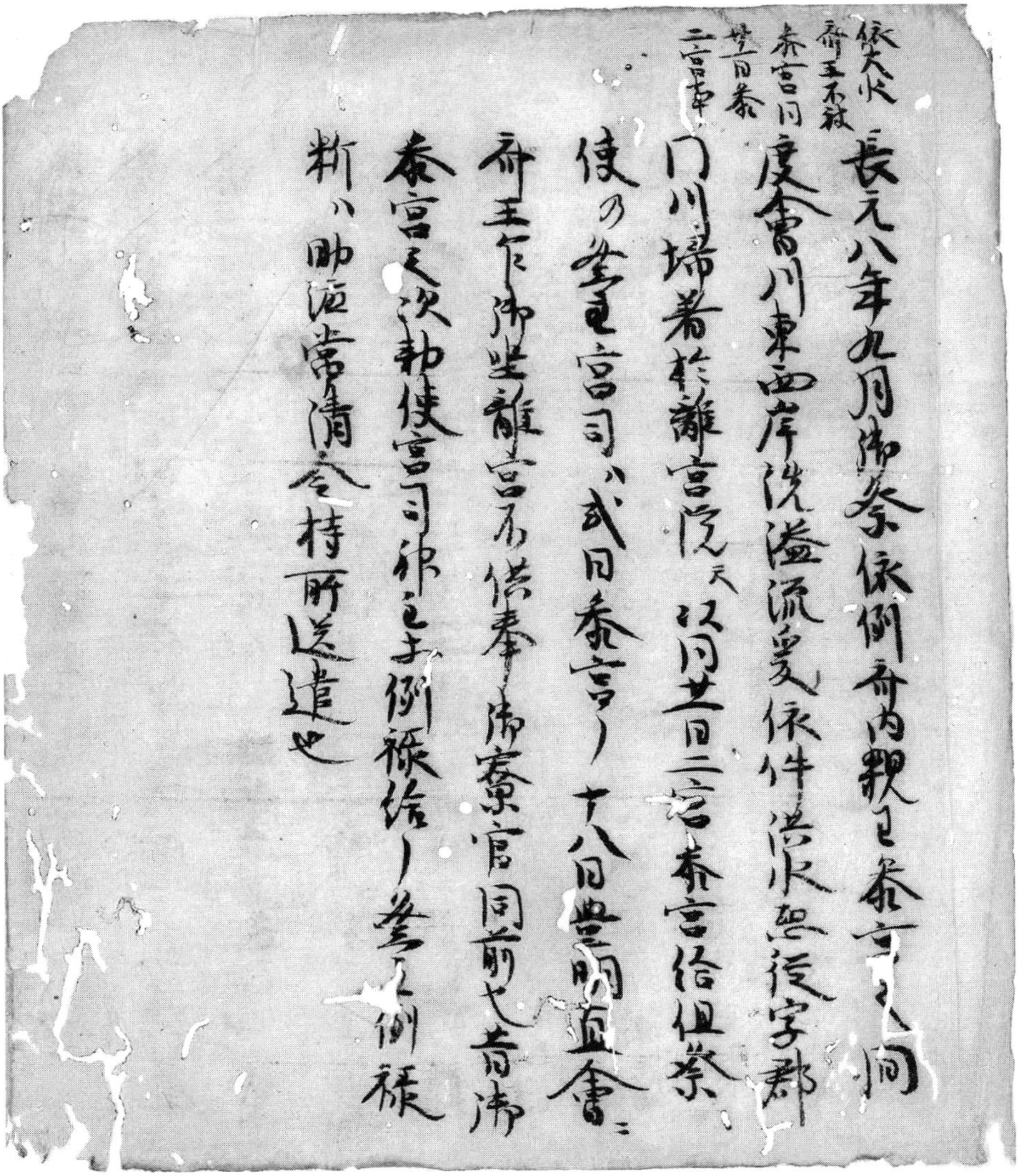

依大水
斎王不敍
参宮同
翌日参
二宮御

長元八年九月御祭依例斎内親王参宮之間
度会川東西岸洗溢流留依件洪水怨従宇郡
門川帰着於離宮院天以同廿日二宮共参宮給但祭
使乃参宮司ハ式日参宮ノ十八日豊明直会ニ
斎王不御坐離宮不供奉御饗官同前也昔御
参宮之次勅使宮司祢宜ニ手例禄給ノ参之例禄
料ハ助酒常清令持所送遣也

第六十七合上

太神宮諸雑事記第一」表紙

《白紙》」見返

太神宮諸雑事記第一

垂仁天皇寿百卅

天皇即位廿五年丙辰、天照坐皇太神、天降坐於ニ
大和国
宇陀郡。于時国造進神戸等。今号宇陀神戸是也。是已皇太神宮、始天降坐本所也。其後奉令鎮坐伊勢国度会郡宇治郷五十鈴川上、下都磐根御宮所也。
抑皇太神宮、勅宣(託)偁、我天宮御宇之時、天下ニ
四方国
摂録可天下宮所、放光明、見定置先了。仍彼所可行幸御之由宣。倭姫内親王奉戴テ、先伊賀国伊ニ
賀」1オ
郡一宿御坐。即国造奉其神戸。次ニ伊勢国安濃郡藤方宮御坐三年之間。国造奉寄神戸六箇処也。所謂安濃・一志・鈴鹿・河曲・桑名・飯高神戸等也。ニ
次尾張国
中嶋郡〔(一宿御坐。国)〕造進中嶋神戸。次三河国渥美郡一宿御坐。国造進〔(渥美神戸)〕次遠江国浜名郡一宿御坐。国造進浜名神戸。従此等国更還テ、伊勢国飯高郡御坐。三月之後、差度会郡宇治郷五十鈴之川頭ニ進参来。称申云、此河上ニ最勝地侍、其妙不可比他処、早速可垂照鑑御也。即奉迎而、大田命神御共ニ奉仕、令照鑑早畢。于時皇太神」1ウ
宮託宣偁、此地者、於天宮所見定之宮所是也者、奉鎮座既畢。即神代祝大中臣遠祖天児屋根命神
禰宜荒木田遠祖天見通命神也。　宇治土公遠祖大田命神ハ、当土ノ土神也。然而為玉串大内人、即与荒木田氏禰宜相並、供奉於祭庭之例也。

始令祀神祇、定置祭官職一人。

景行天皇寿百六十歳

即位三年癸酉、始令祀神祇。仍定置祭官職一人。今号祭主是也。　即位廿八年戊戌、当唐章和十二年。九月十三日、差遣五百野皇女、奉令戴祭伊勢天照坐皇太宮也。斎内親王供奉之始也。」2オ

斎王供奉初也。

太神宮御託宣、被奉迎豊受宮。

雄略天皇寿百四歳

即位廿一年丁巳、当唐大和元年也。而天照坐伊勢太神宮ノ御託宣偁、我食津神ハ、坐丹後国与謝郡真井原ス。早奉迎彼神、可奉令調備我朝夕御饌物也ト。託宣賜既了。仍従真井原奉迎テ、伊勢国度会郡沼木郷山田原宮ニ奉鎮給ヘリ。今号豊受神宮是也。　其後皇太神宮重ル御託宣偁、我祭奉仕之時、先可奉祭豊受神宮也。然後我宮祭事可勤仕也云々。彼宮禰宜ニハ天村雲命孫イ神主氏ヲ別定置令供奉也。即依勅託、豊受神宮之艮角イ、」2ウ造立御饌殿毎日朝夕御饌物調備令捧賷、令参向太神宮。爾時太神宮禰宜天見通命孫神主氏ノ禰宜、請預供奉之例也。但太神宮天降御坐之後、経四百八十四年、然後彼天皇即位廿二年戊午七月七日、豊受神宮ヲハ被奉迎也。

聖徳太子与守屋大臣合戦事。

用明天皇

即位二年丁未、聖徳太子与守屋大臣合戦。其故＝者、太子ハ修行仏法、我朝欲弘法ス。大臣ハ我朝偏依為神国、欲停止仏法テシ、成欲誅殺太子之企イ命。爾時年十六歳也。爰合戦之日、遂誅殺大臣畢。太子勝於彼戦畢。」3オ于時以大錦上小徳官前事奏官兼祭主中臣国子大連公差勅使、令祈申於天照坐伊勢皇太神宮＝給ヘリト云々。

入鹿大臣謀反之企事。

孝徳天皇

大化元年、蘇我入鹿已為謀反之企。仍公家為其御祈、被進於伊勢太神宮神宝物等。而間中大兄皇子・中臣鎌子連公、誅進件入鹿大臣既畢。同二年、依右大臣宣、(奉脱)勅、被進伊勢太神宮御神宝物等。＝

不記色々。具式文也。
天武天皇
白鳳二年壬申、太政大臣大伴皇子、企謀反、擬奉ニ
誤天皇。
于時天皇之御内心ニ、伊勢太神宮令祈申給、必合戦
之間、令勝御者、以皇子テ、皇太神宮御杖代可ニ
以女皇令進御杖代。
令」3ウ
斎進之由、御祈祷有感応、彼合戦之日、天皇ニ
勝御セリ。
仍御即位二年癸酉九月十七日ニ、天皇参詣於伊勢皇
太神宮テシ令申御祈給ヘリ。或本云、神宮参着了
者。又或本云、従飯高郡遥拝皇太神宮、帰御之由
具也。件記文両端也。記日本記也。(ママ)白鳳四年甲戌秋九月十三
日ニ、多基子内親王参入於太神宮給ヘリ。
或云朱雀一年。元壬申云々。
朱雀三年九月廿日、依左大臣宣、奉勅、伊勢二所太
神宮御神宝物等ヲ差勅使被奉送畢。色目不記。宣旨

廿年一度御遷宮、立為長例。
状偁、二所太神宮之御遷宮事、廿年一度応奉令
遷御。立為長例也云々。抑朱雀三年以往之例、ニ
二所」4オ
太神宮殿舎・御門・御垣等ハ、宮司相待破損之ニ
時、奉
被造加殿舎御垣等。
修補之例也。而依件宣旨、定遷宮之年限。又外院
殿舎・倉・四面重々御垣等、所被造加也。
持統女帝皇
御遷宮。
即位四年庚寅、太神宮御遷宮。同六年壬辰、豊受太神宮
御遷宮。
元明女天皇
始立宮司神館一宇。
和同二年己酉、於太神宮外院之乾方始立宮司神館。
五間二面萱(葺)屋一宇。定置永例料也。同二年、太神
宮御遷宮。同四年、豊受宮御遷宮。霊亀三年
豊受宮瑞垣幷御門一宇、為大風・
八月十六日、大風洪水。仍豊受神宮之瑞垣幷御ニ
門」4ウ
洪水、流散。
一宇流散。但件水、御正殿之許一丈際、専不流寄テシ、

土下涌入也。甚神妙也云々。
養老六年癸亥、三月三日、大和国宇陀神戸司進於神祇官申文云、年中四ケ度御祭・臨時奉幣執幣丁朔日奉稲富目、上古時、為譜第之者、専無他役。而以去二月廿七日、為散位県造宿禰吉宗被打損了者。仍上奏已畢。随則以同年五月七日、件吉宗被配流隠岐国又畢。

配流吉宗。

仁(聖)武天皇

浦田山迫道死人事。

神亀六年正月十日、御饌物依例於豊受神宮調備、従彼齋参於太神宮之間、字浦田山之迫道ニ死」5オ男為鳥犬被食之。肉骨分散途中。然而忽依無遁去之道、件御饌物ヲ齋徹テ、合期供進已了。

祭主広見、当宮禰宜野守、外宮禰宜安麻呂等之時也。

爰同年二月十三日、天皇俄御薬。仍令卜食、神祇官・陰陽寮勘申、巽方太神、依死触不浄之咎、所崇給也者。即下賜宣旨於国司・太神宮、被捜糺之処、件浦田坂死人之条、依実注申。随則同三月十三日、依右大臣宣、奉勅、下勅使、且被謝遣件不浄之由、且彼日御饌齋参豊受宮大物忌父補神主川麿、御炊内人神主弘美、及物忌子等、進怠状、科(大祓脱)解却見任了。其後依宣旨卜定、豊受神宮新建立御饌殿、可令供奉太神宮朝夕御饌之由、」5ウ神祇官・陰陽寮共卜申既了。仍宮司千上蒙別宣旨、致不日功、豊受宮外院建立御饌殿一宇・瑞垣一重。自爾以降、於件殿供進朝夕御饌物。今号御饌殿是也。永停止齋参之勤。于時宮司千上有鑑可被勧賞之由、公卿僉議、而蒙宮司重任宣旨已了。

天平元年九月、二所太神宮御神宝等、具不記。使、右中弁、同九月十三日参宮。同三年、任宮司ニ

従七位下

村山連豊家。件宮司ハ、前司千上同母異父之弟也。而前司千上蒙重任宣旨之程煩病。因之以件」6オ宣旨、譲与於弟豊家已了。依彼譲状所被賞任也。

嶋足於神宮近辺頓滅事。

天平三年六月十六日、御祭ニ、一見郷長石部嶋足、参入神宮而煩霍乱、退出之間、於神宮近辺倒、死亡了。而間天皇御所物恠頻也。即神祇官幷陰陽寮等勘申云、巽方太神之御当有死穢事歟。仍所常(祟)給也者。即皇太子俄不予大坐ス。仍勅使令祈申於二宮給。且下賜宣旨太神宮、被尋糺死穢之事。爰嶋足頓滅事ヲ禰宜等注申。仍宮司上奏了。因之度会郡大領神主乙丸、小(少)領新家連公人丸等ハ科」6ウ大祓、太神宮禰宜神主野守・豊受神宮禰宜神主安丸等ハ科中祓テ、差勅使令祈申於太神宮已了。而太神宮禰宜野守陳状云、当宮禰宜等不可科ニ祓也。何者、禰宜職是連日長番之上、企(全)守六色之禁忌、縦件死人雖有御所之近辺、非宮中祭庭之外、禰宜・内人等何輙可口入穢気之事乎。加之、嶋足死去之所ハ、外宮近辺、字山里川原云々。須郡司嶋足之所由、令取棄死屍、且令祓清也。而郡司早不申行者、彼宮禰宜幷郡司等可勤仕件祓事也。即国・宮共注此由上奏畢也。」7オ

正印一面被始置事。

天平十一年十二月廿三日、太神宮政印一面被ニ始置已畢。方二寸。依神祇官解所(被脱)鋳下也。自爾以来、太神宮司印ニ伝来也。

而太神宮印者、彼宮禰宜従五位下神主石門執行之時、依本官(宮)解状、賜宣旨、所被鋳下也。抑宮司家出(主)之以前、代々宮司以神宮印、公文雑務之時、禰宜共執捺之例也。

公卿勅使被祈申天皇御願寺建立之由、令示現。

天平十四年辛巳十一月三日、右大臣橘朝臣諸足(兄)卿参入於伊勢太神宮。其故ハ、天皇御願寺可被建立之ニ由、依

宣旨所被祈申也。而勅使帰参之後、以同十一ニ月十一日

夜中、令示現給フ。天皇之御前ニ玉女坐、即放ニ

金色光」7ウ
テ宣、本朝ハ神国ナリ。可奉欽仰神明給ナリ。而日輪ハ
大日如来也。大地(本)ハ盧舎那仏ナリ。衆生ハ悟之、ニ
当帰依仏
法ナリト。御夢覚之後、御道心弥発給テ、件御願寺
事ヲ、始企給ヘリ。

下野国金上分令進給。

天平十九年九月、太神宮御遷宮。即下野国金上分令
進給ヘリ。同十二月、諸別宮同奉遷テ、廿年一度御
遷宮、長例宣旨了。

廿年一度御遷宮長例宣旨。
祭主益人、禰宜野守時歟。

天平廿年、任宮司従五位下津嶋朝臣少(小)松。件ニ
小松、以去

祭主益人時歟。

十五年正月廿三日、度会郡城田郷、字右鴨村新築固
池一処既畢。依件成功、叙従五位下之後、拝ニ
任宮司也。

陸奥国進官金。

天平廿一年四月日、従陸奥国金進官。是奉為ニ
公家」8オ
重宝也。仍以同年七月二日、改天平勝宝元年己丑。当
唐天宝八年。件出来之由、二所太神宮ニ令申給ヘリ。
即太神宮禰宜外従八位上神主首名、叙外従五位下。
高野女天帝皇

神主世見(ママ)神館一宇焼亡事。

天平勝宝元年己丑八月十一日、豊受宮物忌父神主ニ
世真カ
神館一宇焼亡。仍宮司小松朝臣申上本官。随ニ
亦上奏。
世真科中祓。祓清供奉之間、彼子等死去。因ニ
之又世真
解任又了。

御倉御稲盗人盗取事。
祭主清麿。

天平勝宝六年六月廿六日夜、豊受宮御稲御倉之放
棟テ、盗取御稲十八束畢。仍番直内人等、付跡ニ
尋(求)来之
処、彼御炊内人内人(衍)神主元継之私宅捜出タリ。ニ
件」8ウ
元継ハ継橋郷美乃々村住人也。即元継夫婦相共
搦進於司庁。仍宮司略問之処、無同類、被迫飢渇。

元継一人、盗取之由ヲ弁申セリ。仍且令進過状、且申上本官。随即上奏。被下　宣旨、元次(ママ)科大祓、＝解任職。

番直内人五人ハ科中祓。至于貢御稲ハ、宮司以他稲祓清令進替既畢。

大炊天皇

参宮間、於度会、忌部馬一疋流斃之事。

天平宝字二年九月、御祭使祭主清麿卿参宮之間、度会川之浮橋船乱解テ、忌部随身之上馬一疋、自船放流、斃亡已畢。爰上下向之間ハ路次国司＝差」9オ祗承迎送、調備供給、進夫々馬、令修造道橋等之例也。於神郡者偏宮司之勤也。而件浮橋之勤、依不有如在、勅使随身之馬ハ所斃損也。此尤宮司忍＝人不忠之所致也者。宮司為方遁陳、且進怠状、且弁返替馬已畢。

参宮時自爾以後、宮司以騎馬四疋奉械使々。

自爾以後、勅使参宮之時、宮司以騎用馬以(衍カ)四疋奉儨也。即立為恒例也。

天平宝字四年正月、皇太后宮急御薬御坐。仍令祈申於伊勢皇太神宮給之後、早令平愈給ヘリ。勅使祭主也。同年十二月十三日、太神宮禰宜＝被叙外従五位下已了。是已彼御薬之祈祷。

洪水太神宮御河黒

天平宝字六年九月十五日、洪水、五十鈴川洗岸流ル。而間＝度会郡」9ウ司、依例テ太神宮御前ノ、御川黒木御橋一道、奉造渡之程、郡司俄落入於御川テ、鹿海之前、字碕鹿淵ノ木根ニ流懸テ、僅存身命セリ、流下之程、五十余町許ニ不溺死事、是尤奇恠事也。而人々問之処、郡＝司云、以

木橋、度会郡司奉造渡間、郡司俄落入、五十余丁許流下、不溺死、令存命也。

去八月晦、食用宍之故也者。故知、自今以後、＝神郡司不可食用宍也。

大風洪水。

同年同月廿二日、依大風洪水之難、滝原宮祭使、太神宮大内人神主世安幷彼宮内人等、不堪参宮テシ、＝

於字俱
留万河之頭、悠記御饌・御祭直会等之勤奉仕。以同
廿七日、祭使随身御調絹等テ、引率内人等参宮、開正
殿奉納了也。但前例、禰宜之封奉付於正殿也。＝
而」10オ
今度ハ祭使大内人世安、奉付封已畢。
元継復任本職。
天平宝字七年四月廿七日、依右大臣宣、奉勅、豊受
宮御炊内人神主元継、復任本職已畢。神祇官依
同年二月十五日奏状、被下宣旨也。但以正月＝
廿八日、豊受
宮禰宜言上司庁。随則宮司以同二月二日、言＝
上於本宮
也。事発、彼御稲盗穢テ、科大祓、解任之後、＝
度々会赦
也。其解状云、方今案物情、寔元継雖重科之坐、度々
赦之後、蓋蒙裁許哉。会赦者罪科、豈拘其身
哉。就中大小内人・物忌等、雖有員数、御炊＝

内人彼(八)、奉
備朝夕御饌之職也。仮令雖蒙重科、至于神鑑、
尤可有恐畏歟。望請被官奏、以件元継、被復＝
任本職」10ウ
者。右大臣宣、奉勅、応復任、国・宮宣承知＝
依宣行之者。
件元継、以同年五月五日祓清、始令(神脱カ)従事畢。
高野女天皇更位
天平神護二年九月、太神宮御遷宮。同七月十＝
一日格云、右大臣
宣、奉勅、天照坐伊勢皇太神宮禰宜、自今以＝
後、応令把
笏也者。同年十二月十八日夜子時、宮司神館＝
宮司神館焼亡也。
五間、萱葺
二宇ニ、火飛来既以焼亡畢。件焼亡間、日本記(ママ)＝
次神宮記文幷印一面焼了。
二部・神代
平(本)記二巻・当年以往記文、及雑公文焼失畢。爰神宮

禰宜夢中被告仰云、於件印者入地底二尺許有也。

夢覚驚恐、掘求文殿所有件印。

印一面、其形不見火所。因之禰宜・内人等、二
愁歎而三ケ日之
間、且祈申太神宮、且触宮司之程、禰宜夢中二
被仰云、件
印ハ地底二尺許入テ在也、早可捜覓也者。禰宜夢」11オ
覚之後、驚恐テ文殿之所掘求、以宛如御示現有。専無
破損也。具有別記文。
天平神護三年丙午(丁未)七月七日、自午時、迄于未二二
点ニ、五色雲
立テ、天照坐皇太神宮ノ鎮坐ス、即宇治五十鈴河二
上ノ宇治
山之峰頂ニ懸レリ。即禰宜・内人等注具状、申二
於宮司。即
宮司水通録子細、言上神祇官。随即官奏。仍二
神祇官・
陰陽寮等勘申云、奉為公家、又為天下、甚最嘉之瑞
(相カ)想也者。即依彼嘉瑞之雲、可被開元之由、被二

以逢鹿瀬寺可為太神宮寺。

下宣旨、以
同年八月廿日、改神護慶雲。元年丙午、件嘉雲之由、
被祈申於二所太神宮。勅使、中納言従三位藤原卿、
令奉二宮種々神宝等給。具不記。又禰宜等叙正二
五位下畢。」11ウ
同年十月三日逢鹿瀬寺、永可為太神宮寺之由、被下
宣旨既畢。同年十二月、月次祭使差副別勅使、以逢
鹿瀬寺、永可為太神宮寺之由、被祈申皇太神宮畢。
宣命状具也。
神護慶雲二年九月、豊受太神宮遷宮。

光仁天皇
宝亀元年十二月廿一日、滝原宮御装束色目如本数
替進既了。事発ハ、以去年九月廿六日、宮司進神祇
官解状偁、皇太神宮禰宜解状偁、別宮滝原宮当月
御祭使、当宮大内人神主世増解状偁、彼宮物忌父石
部千妙申文云、昇殿次、奉拝見御所、御体幷二
御」12オ

装束等湿損御也者。撿故実、正宮・別宮如是非常湿
損之時、公家被奉替例多者。任本数、被新替進件
御装束矣者。而神祇官勘申云、物忌父千妙陳＝
状云、当
宮祭使、随身太神宮禰宜之封、奉納幣物之後、付封
御鎰櫃之例也。仍内人・物忌等、御祭昇殿之＝
日、従供奉、
拝見殿内之外、敢無奉開也者。所陳申尤不当也。何
者、大風・霖雨之時、致其恐、触案内於太神＝
宮神主、申
請神宮使、相共可開封也。而不致其用意、忝奉湿損
御装束物等、既千妙之怠也者。千妙無方陳申、＝
進怠状、
即科大祓、解任了。

依大雨、

宝亀二年九月廿一（ママ）二日、大風洪水。仍滝原宮＝
祭使幷」12ウ
内人・物忌等、不堪参宮テ、於逢鹿瀬西小野、＝

伊雑宮祭使不参。

彼御幣祭
ノ悠基御膳・次第御神態・直会勤奉勤了。同年十
二月廿三四日、惣三箇日之間、大雪降テ、往還＝
不通。因之
伊雑宮祭使不参シテ、太神宮ノ一殿ニシテ、彼宮悠基御
膳・次第神態・直会等勤依例勤仕。至于官幣＝
者、以後
日奉納了。方今撿旧例、去白雉二年九月、依＝
洪水之難、
滝原・伊雑両宮御祭事、便ニシテ遥拝勤仕。至于官
幣者、追以進納之由、具于記文也。

大風洪水、宮司宿館焼亡次、印幷代々公文消失。

宝亀三年正月四日夜、宮司宿館焼亡之次、太神宮
司印幷代々公文焼亡了。同四年十月十三日、＝
志摩守」13オ

伊雑宮近辺射狩鹿事。

目代三河介伴良雄与彼国書生惣判官代酒見文正、
伊雑神戸撿田程為狩シテ、伊雑宮之近辺、射伏猪・鹿
已了。爰宮人等、雖加制止、専不承諾。仍内＝

人等、訴申於
本宮。随則太神宮神宮(衍)申上宮司。依宮司解、神祇官
奏聞於公家。即被下官使、召対伴良雄等於離宮
院、各科大祓。又国司科中祓、清(祓脱)已了。
同四年九月廿三日、滝原宮内人石部綱継・物＝
忌父同乙仁
等、参宮間、逢鹿瀬寺少縄(綱)僧海円、従寺出来、＝
成口論
之間、陵件内人等之後、自寺家政所、注内人＝
縄(綱)継等所
為之由、牒送司庁。仍召対縄(綱)継等、令申沙汰之庭(処)、
縄(綱)継・乙仁等伏弁、怠状畢也。」13ウ
同六年六月五日、神祇民石部楯桙・同吉見・＝
私安良等、
字逢鹿瀬シテ漁鮎之間、逢鹿瀬寺小法師三人、自寺出
来、恣打陵楯桙等已了。仍楯桙等訴申於司庁。＝
申文云、

朝夕御料取魚神民等、打陵礫事。

逢鹿瀬寺為神宮寺事、永停止。

飯乃郡可被越宣旨。

太神宮焼亡。

祭主清磨、禰宜首名之時也。

二所太神宮朝夕御膳料漁進、依有例役、各随身網・
鉤等、行臨逢鹿瀬川、為漁之程、件寺法師三＝
人幷別当
安泰之童子二人等出来、且打穢所取御贄、且＝
陵礫神民
等也者。随則以同七年二月三日、訴申於神祇＝
官。仍奏聞於
公家。随則左大臣宣、奉勅、永可停止神宮寺、＝
飯高(野)郡可被
越宣旨已了。官使左史小野宿禰也。
宝亀十年八月五日夜丑時、太神宮正殿・東西＝
宝殿」14オ
及外院殿舎等、皆悉焼亡畢。于時御正体、幷＝
左右相殿
御体併錦御衾中被纏裹御、乍従猛炎中飛出
御テ、御前松樹ノ上懸御セリ。仍宮司忽造仮殿、奉
安鎮御体。以同七日、言上本宮。随則上奏。＝

清磨ハ僻事歟、子老之時歟。

因之以同月十日、
被差下勅使神祇大副・右大史及官掌等ヲ、先御=
焼亡之
由来幷所焼亡種々神宝殿装束物等色目、一々勘
記テ、上奏早了。随亦被下官符於伊賀・伊勢・=
美濃・尾
張・三河五箇国テ、件正殿・東西宝殿及重々御=
垣門・外
院殿舎等、早速可奉造之由也。其官符状偁、=
以当年
正税官物、応造進也。仍件五箇国司等、各進参神宮、
励不日之功奉造。即修理職大工物部建麻呂、=
(少)小工」14ウ
長上幷五百余人、各急速ニ奉造既了。抑件御焼亡之
由来、以彼夜戌時許、宮司広成為成私祈祷、=
参拝神宮、
及于亥刻、退出之間、其炬自然落散、出来火也。

依大風洪水、以十八日御遷宮。
十九日豊明。

同十一年庚申正月廿日格云、二所太神宮禰宜、=
応叙内位也。
同年九月十日、被進種々神宝、也色々御装束=
物等。同
月廿六日、依宣旨、宮司広成幷番直大内人三=
人・小内人七人、
各科大祓解任。但禰宜神主首名陳申之旨、依=
無怠、科上
祓不解任也。大工建麿叙従五位下。少工長上、=
皆預勅禄
已了。同年十二月二日、任太神宮司従七位下=
中臣朝臣継成。
同十二年辛酉正月一日、開元天応元年。」15オ
桓武天皇
延暦四年九月、太神宮御遷宮也。而依大風洪=
水難、以十八日
所奉遷也。即斎内親王参仕。件以十九日、離=

太神宮焼亡。

宮豊明奉
仕。即日帰御畢。延暦七（十）年八月五日夜子時、＝
太神宮御
正殿・東西宝殿幷重々御垣御門及外院殿舎等、併
掃地焼亡。爰御正体幷左右相殿御体、同以従猛火
之中、飛出御テ、御前ノ黒山頂ニ、放光明テ懸御セリ。
錦綾色々御装束・幣物ノ辛櫃八合・調絹千四百疋・
同糸四百六十絇・大刀六百九十腰・弓箭・楯＝
桙・御鏡・種々
神宝物等、千万併焼亡畢。仍宮司且急造叙（衍カ）仮殿、奉
鎮御体、且注具由、言上於神祇官。随則上奏。＝
仍以同月
十三日、被差下勅使神祇少副一人・左少吏（史）等＝
也。御勘記」15ウ
焼亡根元幷神宝等色目上奏。正税官物、如本＝
奉始正
殿テ、内外殿舎等、被令造進テ、以八月十四日テ、＝

数多盗人参入、東宝殿間火云々。

其由令祈申給フ。
勅使、参議右大弁正四位上行左近衛中将春宮＝
大夫大和守
紀朝臣古佐美、中臣祭主参議神祇伯従四位下兼行左
兵衛督式部大輔近江守大中臣朝臣諸魚、忌部＝
外従五位下
行神祇少副斎部宿禰全、卜部長上従八位上直宿禰宗
守等ヲ差使、令祈申給非常御焼亡之由給ヘリ。被差
下造宮大工外従五位下物部建麿・少工三百人＝
等也。同年
九月二日、官符、推問使祭主諸魚卿・左大史＝
船木宿禰
一麿・右少史良峰朝臣佐比雄等到来。任宣旨、推問
宮司・禰宜・度会郡司等、言上畢。件御焼亡＝
之発ハ、以彼夜」16オ
子時、数（多脱）盗人、参入於東宝殿、盗賜御調糸等＝
也。而件盗人

之炬、落遺於殿内テ、所出来也。
科祓。
同年十月五日、依宣旨、大内人三人・度会郡＝
司等、科大祓解
任。番小内人五人、同前科祓解任。宮司野中＝
科中祓。禰宜
太神宮物忌・内人等神館焼亡。
科上祓、(祓脱)清供奉。大工物部宿禰建麿叙内階。少工番
長等、差勅使、(賜脱)勅禄已畢。延暦廿年正月十三＝
日、太神宮
大物忌父儀部鰺丸幷内人同田丸等神館焼亡。仍当番
直大内人三人・小内人六人、科上祓畢。件鰺＝
丸等二人、又同前也。
同年四月十四日格云、太神宮事異於諸社、雖＝
有余乘、
科上祓。
非改滅之限矣者。
奈良天皇」16ウ
牛斃。
大同二年九月十七日夜中、荒祭宮御前方ニ黒斑父(文カ)牛
一頭、倒亡斃畢。仍同十八日、彼宮御祭・直＝
会行事、於
太神宮神司殿奉仕。但宮司代、以大中臣氏安＝
令供奉了。
被宣旨云、宮司補任之間、以氏安可令勤仕神＝
事者。爰件
牛斃事、禰宜・司代、共申上本官。因之彼宿＝
直内人三人、
科中祓。
科中祓畢。同三年九月四日、大原内親王、参＝
着於斎宮。
但本院相副令下坐給。故号本院宮也。
嵯峨天皇
御遷宮。
弘仁元年九月、太神宮御遷宮。同年十二月十＝
九日夜、太神
大内人小縄・山向内人乙公館焼亡。
宮大内人外少初位上宇治土公石部小縄神館一宇焼亡。
又山向内人無位神主乙公館同焼亡畢。仍禰宜＝
従七位下」17オ
神主公成、申上宮司。即上奏之日、被下宣旨、＝

件二人科
大祓、解任了也。
同三年九月、豊受神宮遷宮。抑御遷宮ニ、須祭=
主可
供奉也。而依有当日暇日、不供奉。仍宮司一人供奉。
（件祭主脱）者致仕大臣一男、故阿波守正五位下大中臣朝=
臣宿奈麿
之三男也。而彼阿波守以九月十五日卒去。仍不供奉
（祭主脱）歟。諸人也。
弘仁四年九月十六日、豊受宮大内人神主真房妻、〔（参詣於彼宮）〕御祭テ、祗候於玉垣下。而間、件女乍座産生畢。
〔（即赤字搔入袖テ退）〕出了。仍宮司注具之由、上奏早畢。因之
以同月廿九日、〔（被祈申件）〕非常産触（穢カ）之由。勅使、=
王散位」17ウ
従五位下節職王、中臣〔（正五位下行）〕主税頭大中臣=
朝臣淵魚、
忌部等也。件真房夫妻、共科大祓、解任見任已畢。

豊受宮御遷宮。祭主依当日暇、不供奉、宮司一人供奉也。

大内人真房妻参詣御祭間、於玉垣下乍坐産生。

自今以後、任胎女不参入於鳥居内也。即起請被
下宣旨又了。
弘仁五年甲午六月御祭ニ、斎宮寮依例参宮。而太=
神宮
御祭夜、直会三献之間、寮頭藤原朝臣尚世与=
禰宜公成、
俄成口論。爰御遊之後、不賜禰宜之禄物、斎=
王令還向給
已了。仍任禰宜解状、宮司上奏又了。以同七=
月廿三日、被下
官使、被対問寮頭尚世与禰宜公成之処、寮頭陳申之
旨、不分明也。禰宜弁申之旨、無過怠也。因=
之寮頭・官
人共状弁、怠状了。其後以同八月十五日、従=
斎宮大盤所、」18オ
召禰宜公成、賜恩言、被物御衣一襲給畢。為禰宜面
目在之。

参宮間、寮頭与禰宜口論事。

宮司菅生道成科大祓、解任。禰宜科上祓。

淳和天皇
天長三年七月十三日、宮司菅生道成科大祓、＝
解任。事
発、以去六月十一日、豊受太神宮朝御膳汚穢已畢。
依過怠状、大物忌父子・宮司并三人、各科大＝
祓解任也。
但禰宜科上祓、々清供奉。而間宮司以同日遭父喪畢。

太神宮御遷宮事。

天長六年九月、太神宮御遷宮。同年五月三日、（勅使脱）参宮。
勅使、王散位従五位下信忠王、中臣正六位上＝
大中臣朝臣定実、

幣使参宮間、雷電事。

忌部也。而件勅使参宮奉幣之間、俄雷電鳴響、天
地共震、雨々如沃。即一時之間、洪水洗岸ヲ。＝
爰自同六月」18ウ
五日、天皇御薬切々也。仍本官并陰陽寮勘申云、巽
方太神、依不浄事祟歟。即日天皇御示現、告汚穢事、

示現。

条々示給ヘリ。仍夢想之告恐御テ、被下宣旨、尋＝
糺之処、

勅使中臣馬落胎、隠忍窃令掘埋、参宮。

前日勅使中臣定実カ、離宮宿坊ニ、随身駄落胎由具也。
而定実隠忍件事、窃〔（令掘埋テ）〕参宮之由、無事＝
隠也。度
会郡司・駅専当等、進上〔（其申文已了。）〕因之国・宮＝
司等、副件
中文、上奏了。但王信忠・中臣〔（定実等、付官司）〕歟。＝
追下離宮院。

豊受宮御遷宮。

以同年七月十九日、信忠科上祓、定実科大〔（祓、）＝
（被令）〕謝遣。
且以同日勅使参宮、被祈申汚穢之由了。同八年＝
〔（九月、豊受）〕
太神宮遷宮。

大風洪水。

文徳天皇」19オ
仁寿元年八月三日、終日大風吹、洪水。即国＝
内堂塔倒
伏、人宅損亡。牛馬共斃畢。而件大風夜、豊＝
受宮禰宜神主

禰宜土主宅、狼入童喰。

土主住宅、狼入来。生年十三才ノ童男一人喰畢レリ。家中
男女敢不知也。明朝見ハ、髑髏与左方足ト、竈前残レリ。
家主禰宜宜(衍カ)見之テ、急退出住宅之後、経三七日、帰入
於宅テ、即供奉神事。而間、以同年九月十四日、＝
件禰宜土
主之男子死亡。又以同月廿三日家女頓滅了。＝

天変、御薬。

同年六(一脱)七
月之間、頻天変之上、御薬(度脱)々御也。仍令卜食給之処、
神祇官・陰陽寮勘申云、巽方太神ノ、若触死穢＝
事供奉
歟。仍重所崇給也。又令返問給、巽方内外太＝
神御坐何
神宮乎者。勘申云、外宮之祇民歟。仍下遣官＝
使、被」19ウ
尋糺本宮之処、去年八月三日夜、犲狼ノ喰損童之由、
勘注上奏了。仍同八月十九日、禰宜従五位下＝
神主土主科大祓、

解却見任既了。其官符云、太政官符伊勢国幷太神
宮司、応科大祓豊受太神宮禰宜神主土主事。使中臣
蔭孫従六位下大中臣朝臣真助、卜部従八位下卜部
宿禰直忠。右依度々天変恠奇、令卜食於神祇官・
陰陽道之処、豊受神宮禰宜神主土主、以不浄之身
供奉神事之由御祟者。就於在国宮司等、令勘申
之日、土主過怠、其旨尤重者。左大臣宣、奉＝
勅、科大祓、
兼解却見任者。差件等人使発遣如件。件国・宮＝
承」20オ
知、依宣行之。符到奉行。
参議従四位下兼行右近衛中将守右大弁藤原朝臣
〔(氏宗、)〕右大史正六位上山口宿禰稲麻〔　〕。仁＝
寿二年八月
十九日〔(者。)〕同日宣旨云、左弁官下伊勢国太神宮
司、応勘取進〔(上豊受神)〕宮禰宜外従五位下神＝
主土主位

記事、右依有彼宮神〔　　〕(之祟可勘)申之由、被下宣旨於
伊勢国幷太神宮司已了。爰去七月十日勘状云、禰宜
土主、以去仁寿元年八月、触死人穢、恣調備＝
御膳、供奉
神事。其過怠違例之由、勘申言上具也。仍科＝
大祓、可
解却見任之由畢者。右大臣宣、奉勅、仰彼宮、＝
付祓」20ウ
使、応勘進土主位記、随科大祓者。抑件土主以
去承和六年九月廿七日、依汚穢之過怠、科上祓、五箇
月之間、停止釐務、解却職掌。以同七年正月＝
廿八日、被
還復本職畢。即其宣旨偁、左弁官下伊勢太神
宮、応令依例職掌供奉豊受宮(禰宜)神主土主事、右
得今月十六日宮司真仲解状云、蒙去九月廿七日宣
旨偁、可且科上祓、々清彼家口共其身、且停＝
止五箇月

大風洪水、月夜見・

間職掌豊受神宮禰宜神主汚穢過怠事、須永
解却見任也。然而皇太神宮事、異諸社者。科上
祓、且祓清家口共其身、且可令停止五箇月間＝
職掌」21オ
供奉。追任官裁従事。国幷太神宮、宜承知依宣
行之者。去九月以後、已及于五箇月、不令従＝
事、有限
宮中神事供奉、朝夕御膳勤、何無其恐哉。望請
官裁、随裁報預仕神事、令国家祈祷者。左大臣
宣、奉勅、依請、令如本供奉於職掌。国幷太神宮司、
承知、依宣行之者。其後限十箇年、又件死穢事
出来、科大祓、被解任也。仁寿二年九月日、＝
任豊受
宮禰宜外従五位下神主河継畢。件河次(ママ)自仁寿二年、
至于貞観五年奉仕也。
仁寿三年八月廿八日、大風洪水間、月夜見・＝
伊佐奈伎」21ウ

（伊佐奈岐宮神宝・玉垣門流失。二宇正殿流厄。(亡カ)）

宮等神宝物御装束、玉垣・瑞垣門等、已流失。＝
幷正殿
二宇、同以流厄(亡カ)御畢。于時内人神主正見、奉戴両
宮之御体、奉鎮已了。但本自〔(私氏・神主)〕氏、相
並昇殿供奉之例也。而内人私不(氏脱)参〔(会也。仍正見一人)〕
奉頂両宮。随則私氏内人蒙不忠之咎、永被〔(停止職掌既了。)〕以同年九月二日、依件大風洪水難、月夜＝
見・伊佐奈
岐両宮〔(非常)〕顛倒之由、司解進於神祇官之日、為遁
後代之厄、可被改建正殿於他所之由上奏。因之尋便
所、且注進、且可卜定吉凶之由、以同九月八＝
日、被下宣旨

（両宮正殿可被改造他、所由上奏。）

於神祇官早了。仍下符於太神宮司、宇治郷十＝
一条」22オ
廿三布施里、同条廿四川原里等之間、依有穏便、以
同九月廿七日、注司解、言上於本官、上奏了。＝
爰同年十一

（両里間、奉改造二宮正殿。）

月一日宣旨、宮司伊度人、於件両里間、奉改＝
造彼二宮
正殿。(レリ)但其賞、可延任之由、宣旨具也。至于神宝
御装束等者、任先例注進色目畢。
斉衡二年九月廿日、奉遷月夜見・伊佐奈岐宮也。
種々神宝御装束物、依員被奉送也。御遷宮
夜、大内人神主正見、奉戴二所御正体畢。
同三年丙子二月廿七日、太神宮司印一面、被下置了。

（印一面被下置之。）

即神祇官被下太神宮司符云、大(太)政官去斉衡二年
八月十日、下中務省符云、得太神宮司従八位＝
下大中臣」22ウ
朝臣伊度人、去仁寿三年十一月三日解偁、太＝
神宮司印、
依無分附、司中公文・田図名籍符返抄等捺示太神宮
之印也。今以商量於事情不当。望請停宮印、被下
公印者。印加覆審(官カ)、所申者有実、謹請官裁者。
右大臣宣、奉勅、依請者。省宜知依宣(承脱)行之者。鋳

作件印已了。宜付下彼宮司者。送遣如件。宮司
宣承知依件順用。符到奉行者。従五位上行大副兼
内蔵頭大中臣逸志、正六位下行大史奈男代海＝
山者。抑
案旧記云、宝亀三年正月四日夜、宮司比登館焼
亡次、司印・公文共焼亡了。其後代々宮司、＝
以太神宮印、」23オ
捺公文来也。然間宮司伊度人与神宮神主有訴、所申
下印也。但為氏人等、依有〔　〕（辱耻、所）不申焼亡之＝
由也云々。

可預把笏事。

天安元年九月八日、太政官符偁、応預把笏荒＝
祭・〔　〕（月
〔　〕夜見・伊佐奈）岐・滝原・並宮・伊雑・多賀等内＝
人事。右得
神祇官解〔　〕（状偁、太）神宮司解状偁、去大同三年九月
一日符偁、右大臣宣、奉勅、太神宮大内人三員、度会
大内人三員、自今以後、宜預外考並令把笏者。＝
而太神
宮所摂件六処神宮内人等、未預此烈（列）。祭祀之＝
日、拱手従事、
儀式之場、吏民無別。望請官裁、同預把笏、以増神
威者。大納言三位兼行右近衛大将民部卿陸奥＝
出羽」23ウ
按察使安部朝臣安仁宣、奉勅、依請者。宜承知依宣
行之。立為恒例矣。

（清和天皇）

滝原宮物忌子、於御瀬河流死。

貞観二年四月二日、滝原宮物忌子、自彼宮退＝
出間、於
字御瀬川流死了。仍父石部高益、以同五月廿八日
解任。同二年十一月九日格云、神戸百姓不可＝
割取。凡太
神宮事異於諸社。宜依延暦廿年四月十四日格、
永無改減。若有乖杵（忤）科違勅罪也者。
同五年（八月八日）月日、任豊受神宮禰宜外従五位上下（衍）神主真水。

准太神宮例、豊受宮印被下置。

同年九月十三日、因准太神宮例、豊受神宮ノ政印、可被置之由、依彼宮禰宜神主真水之解状、神祇官上奏、被下置印一面也。件年旱魃・疾病・洪＝

旱魃、疾病、洪水。

水既畢、」24オ

年穀不登、皆以損年也。貞観六年九月十五日、依例斎内親王御行於離宮院之程、斎宮東、鉗田橋柳(桁)損テ、女官一人、乗馬共落入了。仍過次第祭＝日之後、以同廿六日、召取宮司峰雄於斎宮寮、勘云、＝斎王参宮之時、路次道椅修造、偏宮司勤也。而無其勤＝間、女官一人、上(衍)洛(落)被疵還留了者。宮司懈怠、不可勝計＝者。爰宮司峰雄無遁方、進怠状。随則寮解上奏之。於官庭被召問宮司、釐務停止宣旨了。

同七年五月十三日、宮司釐務被免之由、被下＝〔(宣旨了。)　〕

貞観十一(二)年九月、外宮御遷宮。同十一年十一月〔(十三日、豊受神宮)　〕大内人実世、白地進向河曲郡之間、＝守目代」24ウ

散位源〔(朝臣栄)　〕相会途中、不論是非、陵礫件実世了。仍宮司注此由、奏聞公家。即以同年＝十二月廿一日、被下官使、任宣旨、召問件栄相於離宮院、科＝大祓、令進位記了。国司科中祓又了。

滝原宮焼亡。

同十三年三月八日、滝原宮焼亡了。仍彼宮内人神主是次、以同(年脱)五月十六日、依宣旨科大祓、解任＝又了。同年正月

盗人、放高宮御板敷、調絹糸等捜取。

廿八日夜、強盗帯兵杖乱来ス。高宮正殿御板敷＝放テ、調絹糸等捜取已了。仍宮司上奏。随彼宮内人・＝直丁幷十人、

及豊受神宮番撿内人等、科中祓了。又彼盗人、=
捜取給之
御調絹糸等、頓ニ令慎替進上了。但太宮禰(宜脱)真水」25オ
不科祓也。

大風洪水、豊受宮御垣流失。件水、正殿許一丈不寄。如井地底涌入。

同十五年八月十三日、大風洪水間、豊受宮=
重々御垣流失。
件水正殿之許一丈不寄テシ、如井テシ地底流入ル。甚奇異
也。件河東西人家・牛馬、多流失了。
同年九月十六日朝ニ、外宮一鳥居之許、新髑髏=
犬咋持

一鳥居許、新髑髏犬咋持来。然而祭使・斎王、参宮如例。

来。然而祭使参宮、斎宮如例供奉。其後自同年十
月十七日、天皇御薬御坐ス。本官・陰陽寮勘申=
云、巽
方太神、依汚穢事、令祟給也。依宣旨、捜糺=
之処、件
穢事明白也。仍同年十二月廿七日、禰宜・宿=
直内人等科中

祓、且其由被祈申。勅使参宮了。
同年六月三日宣旨偁、応復任滝原宮内人神主=
是次」25ウ

滝原宮内人是次復任。

職掌事。右得神祇官解云、得天照坐皇太神宮司
去四月廿日解状云、得皇太神宮別宮滝原宮内人神主
是次解状云、是次依不意之過、以去十三年五=
月、科大祓
解任。自被使責之日以後、愁渡未(涙)袖干難、炎者肝難
消。而間去十四〔(年、会大)〕日(衍カ)赦、免除科罪之輩、=
其員幾
哉。会赦之人〔(復任於本位)〕例、古今多存乎。仍是次
度々雖進申文、未蒙〔(裁報。抑謹撿)〕故実、天照坐
皇太神宮天降坐之時、天児屋根命・天〔(見通命・)〕
天村雲命等、彼為輔佐之神僕、同時天降也。而被(彼)
代以後、児屋根命之孫、賜中臣之姓。厥見通命
并村雲命孫等、賜神主之姓。始従天宮伝来、=
無止祭」26オ

庭供奉職之民也。寔依愚意之犯過、雖坐重科、
尚於神監不可恐畏乎。被早官奏、申(下カ)官復任宣旨
者。依解状、撿事情、所申非無其由。就中皇太神宮
事、異於諸社也者、彼神収之民人、何無差別乎。将
蒙復任宣旨、令職掌供奉矣者。大納言正三位兼行
陸奥出羽按察使源朝臣多宣、奉勅、依請、応復任
職掌供奉者。同十八年三月六日、滝原帛御被＝

滝原宮帛御被・生絹御被・天井絹・屋絹・幣絹、為盗人被盗取之。

二条、生
絹被二条、天井絹一条、蚊屋絹一条、幣絹七＝
疋等、盗取
已畢。仍宮司注子細、言上本官。随則上奏。＝
爰宿直内人、
物忌父石部全雄等科中祓、且任先例、以内人等、令頓
納上件盗失物等已了。」26ウ

陽成天皇

元慶七年正月廿三日、太神宮大内人荒木田益＝
延与司鎰
取麿近貞、互口論間、為件益延、被打陵近貞身了。
仍宮司言上神祇官。随則上奏テ、益延科中祓、＝
近貞科
下祓。各祓清供奉職掌也。

光孝天皇

太神宮御遷宮。

仁和二年九月、太神宮御遷宮。同三年正月十＝
日、滝原宮

滝原宮正殿、参入盗人、取神宝物等事。

神宝、尺御鏡一面、桙・弓一張、金桶一口、＝
幣絹二疋、糸三
絇等ヲ、盗人参入於正殿内、盗取了。仍宿直内＝
人石部千永・
同忠良・仕丁金主・兵杖坂田正月丸等、依司＝
勘事、且進
怠状、且言上於公家。仍千永・忠良等、科大＝
祓、解任了。」27オ
同三年四月四日夜子時、諸星差東方流行。同＝
年五月十三日、始自午時、迄于申刻、日蝕如＝

日蝕如暗夜。

暗夜。仍乍両宮(度)、本官・
陰陽寮勘申、巽方太神、依神事違例崇給。〔(於公家御)〕煩歟者。即差勅使、令祈申於二宮給ヘリ。〔(同年十一月廿七日、依)〕宣旨、滝原内人石部千永等、同良(忠良)＝
忠等、復任本
職畢。

宇多天皇

太神宮乾方路頭、雷電落、男一人・牛一頭解斬。

寛平三年六月十四日酉時、太神宮之乾方路頭、雷電
落、男一人・〔(黒斑)〕(文カ)父牛一頭、共解斬已了。＝
内外明十五日早朝、
禰宜注子細、申送於祭使幷宮司之許又了。禰＝
宜・内人等、
贄海ニ供奉。即違道テ、従宇石田山之西峰往反也。爰
彼度祭使神祇少副大中臣時常幷宮司良臣等、」27ウ
於路頭、号不可有穢気之由、従本道参宮了。＝
同七八月
間、天皇御所ニ、物怪頻也。仍令卜食之処、神＝
祇官・陰陽
寮勘申云、巽方太神、依死穢事、御崇歟。仍＝
同年八月
五日、下宣旨於太神宮司、被尋捜件死穢不浄＝
之処、以上件
六月死人事注申了。因之差勅使、被祈申於二＝
宮了。勅使
王、中臣神祇大祐中(臣)之安則等也。即六月祭使＝
時常・宮司
良臣等科上祓。但禰宜・内人等、違道依供奉贄海之
忠節、不科祓也。

太神宮坤方、男子一人水溺死事。

寛平四年六月十一日、太神宮坤方淵ニ、男子(一脱)人、＝
水溺死已
了。禰宜以此由、送祭使幷宮司等。因之忽石＝
田山之西腰、
新道作テ、斎内親王幷祭使・宮司等参宮。但斎＝
宮ハ」28オ

修行僧、滝原宮頓滅。番直内人、進怠状、科上祓。

一殿ノ西砌ニ御輿寄テ、九丈殿西砌ニシテ、寮司共御祓了。
祭使又同前也。

醍醐天皇

延喜十七年四月十三日、修行僧之、寄宿於滝原宮神館之間、其中一人頓滅已了。仍番直内人五人、ニ進怠状。即科中祓已了。其後依宣旨、件神館、相共(去)正殿ニ三町、建立已了。

斎王参宮間、依洪水留坐於離宮院。以同廿一日参入、二宮直会・大饗如例。

延喜廿二年六月、御祭、斎王御参宮之間、依ニ洪水之難、留坐於離宮院。以同廿一日、参入二宮。即直会・ニ大饗如例。
禰宜等禄物等畢、離宮豊明ニ寮官等不可差坐也。

同宮参盗人、正殿北方御敷放上、取御壁代・御調絹・糸。

延長五年四月廿三日、太神宮北御門倫開、窃ニ盗参入、」28ウ
正殿北方御板敷放上テ、盗給御壁代絹一間・ニ准絹五丈四尺八寸。御調絹九疋・御糸等已了。仍宮司上奏此〔(由。随被)〕差下使神祇大副従五位下大中臣奥生、且令実ニ撿〔(盗矢御調)〕物等、且令祈謝其由給。即以同年六月三日、ニ大司良〔(扶弁宿直大内人・)〕物忌等令(含カ)九人、科大祓解却見任。ニ至于権大司弁〔(少司・禰宜徒)〕五位下神主最世等者、科中祓又ニ了。於盗失物者、依同六月九日宣旨、被替進早了。

志摩守、依産穢、不備進恒例御贄。

同年九月、伊雑宮御祭料、志摩国例進ノ幣帛幷御調種々御贄等、依例為令調備ニ、太神宮禰ニ宜・大小内人物忌、及当宮内人・物忌、相共引率神戸神民、ニ進向志摩国府。爰国司氏胤申云、件御贄等、須任例備ニ

進也。而」29オ
以昨日夜、氏胤妻産畢。仍不堪備進也者。禰＝
宜等勘云、
国掌所陳不当也。御祭之勤、既式日有限。又＝
国司之勤、恒
例事也。何召仰庁官等、無其用意哉。無止供＝
祭物闕怠
之咎、尤有国司者。即注子細、進於司。仍宮＝
司定臣等、上奏
公家。即以同年十月十三日、被下宣旨。状云、＝
応令志摩守
氏胤祓清調備也者。使、中臣神祇権大祐大中＝
臣頼基、卜部
節行等、到着於離宮院、召紀守氏胤、任宣旨、＝
科上祓、々
清令調進件御贄。注云、幣絹一疋、干鯛五斤、荷前身取鮑五斤、堅魚五斤、干鱒五斤、塩五斤、骨（滑）海藻五斤、海松五斤、和布五斤、雑鮨五斤、雑海藻五斤、膝付庸布五反、膳部信乃布二反

御垣（塩）浜有死人由。

等也。即等（守）氏胤停止釐務之由、被下宣旨了。」29ウ
同六年四月十三日、一志神戸嶋祓（抜）御厨預等申＝
文云、当神
戸者、是二宮御塩調備供進之所也。而御塩浜＝
四至仟（阡）陌、
所指有限。爰彼御塩浜之内、有不意之死人。＝
不知誰人。
若有神戸之内住人者、以彼所由、且令取棄其＝
屍骸、且可
令祓清御塩浜者也。然而依不知由来、雖令触知在郡
司、専無止（肯）承引。況乎神戸住人等、各称禁忌＝
之由、早
不掃棄之間、朝夕之勤闕怠。而宮司以此由、＝
雖示在郡司、
遁事於左右、依不承引、牒送国衙之処、国司＝
賜庁宣於
郡司、擬令掃棄之間、件死人、為犬烏被喰散＝

云々。恐此
穢気、及于〔数月、御塩之〕勤懈怠也者。爰始自ニ
同年八月中
旬比、天皇御〔薬坐。仍被卜食〕之処、勘申云、巽ニ
方太神、依神事」30オ
違例御祟也者。仍〔被尋捜其由之〕処、注申上件ニ
死人条了。

国司幷郡司等、科上祓。

随則以同年十月廿八日、国司〔幷郡司〕等、科ニ
上祓、於離
宮院勤了。使、中臣大中臣正廉、卜部氏吉等ニ
也。〔但〕国司
依有病悩不参、以目代所令勤仕也。

朱雀天皇

大洪水、祭使着十六日離宮、参宮。斎王、直道参豊受宮。

承平四年六月、御祭之間、大洪水頻シテ、祭使祭ニ
主、以
十六日、到着於離宮院、即依例参内宮。又斎内親
王ハ、従斎宮直道ニ豊受宮ニ参宮給。即其夜
一殿ニ御夜宿。因之宮司所勤之供給物等、従離宮
運進テ勤仕了。是依先例也。十七日ハ、依例太ニ
神宮ニ参入
御之処、御輿ノ宿ノ院内ニハ、依有鹿之穢気テ、御ニ
輿ヲ九丈」30ウ
殿西砌ニ宿置タリ。

承平四年九月御祭ニ、斎内親王、依例参入二宮給ヘリ。
而太神宮御祭直会三献之間、以亥時許テ、神宮酒
殿預荒木田希継与斎宮寮門部司長佐伯真道、俄
成口論之間、件希継悉以被陵礫了。即付希継之呼
響テ、神民与寮人上下、併乱合、成闘乱。于時寮頭
紀問本末之程、禰宜最世、不聞其沙汰、俄取ニ
合於寮頭、
成乱間、勅使王・中臣等、立座テ入彼此之中障ニ
故ニ、忽雷
電鳴騒テ、大雨如沃。参宮人千万、不論貴賤、ニ
恐畏迷

心神、退出宮中之間、御川水出湛テ、人馬不堪＝
渡行。」31オ
而間寮人随身馬二疋、乍置鞍走失、不知行方。如此
騒動シテ恒例倭儛・御節・酒立等不供奉ス。時刻推
移、禰宜・宮司等、以明十八日卯時、次第神＝
態奉仕。寮
落馬死去。
人退出之間、門部司者一人、於宇治山落馬死了。寮頭
注子細、上奏於公家了。仍以同十月廿三日、＝
被下宣旨、左衛
門尉・府生各一人、到着於寮庁、被対問禰宜与寮頭
之処、禰宜所為甚非常、無陳遁所、進怠状已了。
又寮頭於無止之祭庭、寄事於闘乱、不令供奉＝
神事之由
無所遁、進怠状又了。随則以同年十一月十三＝
日、差下使
中臣神祇権大祐正六位上大中臣朝臣頼基、卜＝
部正六位上」31ウ

〔（宮主卜部宿禰茂）〕行等、且被令祈申其由。禰宜祓（科カ）＝
上祓、寮頭
科中〔（祓、門部司長貞）〕道科大祓テ勤仕。即至于貞道者、
追却寮中了。
承平五年六月、祭使祭主神祇大副奥生参着離
宮院。而十五日夜、彼宿房ニ、随身駄、落胎已＝
依落胎穢、以廿一日参宮。
了。仍恐件
穢気、不参宮。過七ケ日、以同廿一日参宮、＝
奉納官幣了。
爰傍官并大中臣氏人等、内奏云、皇太神宮御＝
祭、式日
有限、官幣進納之例、不過祭日者也。而祭主奥
生朝臣、恣称故障之由、乍着離宮院、更過七ケ日
参宮、奉納官幣。此神事違例也。若有穢気者、可
従公家裁下歟者。以同廿九日、被下宣旨、祭＝
主奥生・」32オ
宮司時用等、参上於官庭、陳申件馬落胎之由。爰

被奉種々神宝等。将門・純友等事。

祭主奥生弁申旨、有誉無怠。即奉公之忠、可被
勧賞之由、公卿僉議之由云々。
承平七年三月七日、依神事違例、被紏正之間、大司
時用無陳遁方。仍被停止時用之釐務。歴二ケ年、以
同八年十二月、件宮司科大祓、解任既了。
天慶二年、任祭主従四位下行神祇大副大中臣=
朝臣頼基。
同二年二月九日、被進於二所太神宮種々神宝物等。
件神宝物等ハ、東賊平将門・西賊純友余党、共可
被追討之由、依祈祷也。使、参議従三位王、=
中臣祭主
頼基等也。天慶三年庚子三月七日、東土凶賊平=
将門」32ウ
幷興世王討滅之由、大将軍参議従三位行修理大夫
藤原朝臣忠文、進解文レリ。件解文ニ、藤原秀郷・
平貞盛等、加連署之。仍以秀郷叙従四位下、以貞盛
叙従五位下、修理大夫別賞在。日記、在別紙。天=

以員弁郡、寄太神宮。被寄進三川・遠江封戸。

慶四年
三月廿八日、以員弁郡、被奉寄太神宮已了。又依
官省（符脱）、尾張・参川・遠江等郡神封戸各拾烟、=
被奉寄
於太神宮已了。今号新神戸是也。二所太神宮禰宜各賜一階了。
是則依将門追討之御祈祷也。又七道諸国「（神社被）」増位階了。

御遷宮。

天慶六年九月、太神宮御遷宮。同八年九月、「（豊受太神宮御遷宮。）」33オ

洪水。

邑（村）上天皇
天慶（暦）七月（年歟）九月、神服・神麻績二織（機歟）殿、例貢ノ神御
衣、調備齎参之間、五十鈴川、俄洗岸洪水出来、
往還不通。因之神部人面等、乍奉持神御衣等、三員
宮司相共、二ケ日夜之間、逗留宇治山。以同=
十六日乗船、
奉渡件神御衣、奉納了。天慶（暦）八年五月十七日、太神
宮神主、進於宮司注文云、注進、依旧例、以=

度会郡司、
合期令造進酒殿一宇状。右撿古実、宮中色々雑事
役、番宿直之勤、偏郡司所役也。其御酒殿、＝
毎年九月
以前造立恒例也。御前黒木御橋已鎮之勤也。＝
爰以去」33ウ
宝亀年中、宮司神館焼亡次、文殿一宇同以焼亡。忽
叵改之間、以郡司雖非如法、所令造進也。而＝
彼文殿破壊
湿損之間、公文古記等朽損也。豈以誰人可令改造乎。
近則以去承和四年三月七日、禰宜神主継麿、申上神
祇官之日、被下宣旨状云、宮司承知、任旧例＝
可令改造
者。而擬申加国司之間、自然一在任終也。爰＝
後司之時、亦
号不蒙別宣旨之由、毎任不改造。件文殿・酒＝
殿等、彼此尤

要枢之所也。仍以郡司令彼造之処、申云、宮＝
司料神館
焼亡之後、偏郡司毎祭造進之例也者。非例之所役
繁多、更不及其力者。依一定被裁許者。随則＝
司庁」34オ
宣云、文治（殿歟）改造事、申請於公家、可随裁定也。＝
但至于
酒殿者、無止貢御所也。早以郡司、任先例可＝
令造進也。
於司料神館者、不可郡役。早停止畢者。
臣朝臣公節。
天徳二年十二月、祭主神祇少副従五位下大中＝
（任）二年。同三年九月廿三日亥時、内裏焼亡。同年＝
十月、中務
（官）宮焼亡。天下旱魃疾癘熾也。仍公家驚御テ、下宣旨
於神祇官・陰陽寮、被卜食之処、勘申云、若＝
異姓人、供

依異姓者従神事。

奉神事〔(咎歟。因之)　〕巽方太神、依其違例、御祟歟者。
而〔(間本宮并大中臣氏人等)　〕奏状云、祭主公節朝臣、＝
既橘氏
人也。即付公節〔(之自筆消息具也)　〕又宮司氏高是
清原(氏脱)豊之男子也。氏高之母、前〔(宮司邦光之)　〕女子＝
也。仍」34ウ
請母方姓、号大中臣氏之由也。以如此異姓之＝
輩、被補任祭主・
宮司之故、天下不静也。被始日直(定置)祭主職之後、＝
於大中臣
氏之外、以他姓者未被補任之例乎者。依件奏＝
聞、以天徳
四年十月三日、公節・宮司氏高等之釐務停止＝
之後、以
同十一月十日、永停止了。
応和二年六月、祭主元房参下問(間歟)、斎宮下部一＝
人、参会

斎宮南門階下ニ打入髑髏事。

於途中申云、斎宮南門御階下、打入髑髏也。仍宿直
人々、今朝見付侍。雖然寮頭被参云、専不可有触(穢)
気之由被定了。仍斎王令参宮給之由一定了者。爰
祭主被問件事、不被着座於離宮テシ別宿。即被示＝
於」35オ
太神宮司云、五体不具者忌七日也。而斎内親王御
参宮之由云々者。有彼穢気之恐、寮官共不可烈(列)坐
大祓也者。宮司可被量行歟者。而間斎宮令着坐於
離(宮脱)了。仍宮司以此由申送寮頭之処、返事云、髑髏
事実正也。然而彼ハ外門之事也。加之以今朝令取
棄之者。不令帰参也者。有何等穢気哉者。宮司不
随身寮官テシ、奉仕大祓之後、忌殿之前ニ、立寮官穢
気之札テ、寮人不令往反ス。因之斎内親王、留＝
坐於離宮
院、過七日之後、以廿二日祓清、令参於二宮＝
給已了。而後斎
宮注此由奏聞。仍被下宣旨、祭主・宮司・寮＝

左大臣源高、配流事。

頭、共被召上テ
於宮庭、以同七月廿三日、被対問之処、祭主ニ
元房陳申」35ウ
旨、尤有奉公之忠節者。即公卿僉議云、祭主尤可
蒙褒賞也者。又宮司南門御橋(階カ)之許ニ、打入髑髏有
沙汰テ、不被免下也。

冷泉天皇

安和二年、左大臣源高明卿、被企謀反之由有ニ
聞テ、以同
年三月十(廿)〔(五日、)〕中務少輔従五位下橘朝臣敏ニ
延・相摸介
藤原〔(千明・僧蓮茂等ヲ)〕被追捕テ、敏延ヲ被籠置於ニ
左衛門
弓場殿。〔(又千明・蓮茂等ハ、左右)〕獄ニ被禁固、被勘ニ
問以見
之由、所指申也。同年四月廿〔(六日、左大臣)〕殿ニ
被配流大宰
府。敏延ハ配流土佐国、千晴隠岐国、蓮茂佐度ニ
国了。」36オ
抑大司仲理者、彼左大臣殿相伝御家人也。而ニ
件謀反企、
可被成奨(就)之由、日夜朝暮、祈祷於二所太神宮ニ
之由、有
其風聞。可処重科之由、被下宣旨了。爰被尋問之処、
至于伊勢太神宮司者、未見被配流之例者。即被令勘
罪名之処、当除名之罪由、勘申云。仍以同二ニ
年三月廿九
日、大(太)政官被下式部省符偁、応補任伊勢太神ニ
宮司正六
位上大中臣朝臣公頼事。右大臣宣、奉勅、伊ニ
勢太神宮
司等、最是自非公家御祈祷之外、輙不可致臣下之
祈祷矣。而如聞者、彼宮司仲理、支党謀反、ニ
已致不善之

祈也。仍停止仲理之職、以件公頼、宜補任其＝
替者。省宜
承知、依宣行之。符到奉行。右中弁正五位下＝
兼春宮」36ウ
学士美濃介大江朝臣斉光、正六位上行左少史伴宿禰
保在者。依件官符、仲理已停止了也。
(円融院)
天元四年九月、太神宮御遷宮。
一条仁(衍)天皇
長保二年九月、太神宮御遷宮。而永頼祭主、依病悩、
不仕供奉。因之美作前司従五位下大中臣朝臣輔親テ、
代官トシテ、蒙宣旨、勤行御遷宮事。後古物分配之
日ハ、縫殿助宣茂祭主一男也。為祭主目代執行了也。
内裏焼亡。
寛弘二年十一月十五日、内裏焼亡。即内侍所ノ＝
神鏡焼
損畢。因件神鏡可被鋳替由、且陣ノ定被行、
且吉凶卜定。神祇官・陰陽寮并諸道博士等、＝

公卿」37オ
僉議未詳(テ)□、即各奏申。件宝鏡〔(ハ、是非人)〕間＝
之所為、
天地開闢之時、於高天原テ、鏡作ノ遠祖〔(天香古山命ノ)〕＝
以銅テ、八百万神達共ニ鋳造神鏡也。或云、天香古山命共鋳作鏡也者。件
鏡、〔(元ワ三面也。広皆以)〕方尺也。一面ハ伊勢国坐＝
ス。一面ハ紀伊国
坐ス。一面ハ内侍所坐〔(ス。是件)〕鏡也。子細具不記。加＝
之鎮置於
本所也云々。寛弘二年十二月祭使、祭主輔親朝臣也。
而祭庭供奉、奏了之後、廿一日帰京。而同廿＝
五日、為臨時
奉幣使参下。以同廿八日参宮之後、不堪帰京テ留テ、
祭主参向於太神宮テシ、与太神宮司佐国朝臣共ニ、＝
一殿ニシテ
越年。明正月一日、祭主・宮司共ニ元日神拝了。＝

被帰着於
一殿テ、神主献酒肴了。」37ウ

三条院
中臣祭主
長和二年九月祭使、王従四位下行神祇伯秀頼、＝（祭使□秀頼王。）
従五位上行神祇大副大中臣朝臣輔親、忌部正＝
六位上斎部
宿禰春光、卜部兼光等也。即依例、以十五日到着於
離宮院、大祓・直会了之後、明十六日朝ニ、忌＝
部春光宿
房ニ、随身駄落胎事ヲ見付タリ。爰祭主聞件事テ、（馬落胎。）
先駆使院之門ヲ全令塞固テ、依有穢気テ、雑人等
不可往反之由立札テ、司中兄部案主等ニ、尋問先例之
処、度会郡大領新家望尋男、同貞昌之許ヨリ、奉
古記文一通タリ。醍醐天皇御代、素（柔）子内親王御＝
時、延喜」38オ
二年六月御祭、十五日早旦ニ、離宮院内板敷下□（三）、犬死（犬死事。）
事有リ。仍内院南西御門ヲ塞固テ、不令往人等、
依有先例テ、斎王宿坐於祓殿院シテ、令参宮テ、豊明
之神事ハ、依例於川原殿院被勤仕了。又仁明天皇
御時、久子斎王御時、承和七年十二月十四日、＝（牛斃事。）
離宮寮司
院ニ牛斃セリ。仍寮頭幷次第官人等、不寄於彼院シテ、
祓殿幷可然之便宜ニ寄宿テシ参宮了。但内膳炊部等、
為例所奉仕御膳了。又桓武天皇御代、朝原斎内親王
御時、延暦五年九月御祭、十六日未時、［（脚力）］＝
自京参下
申云、内侍従五位下藤原朝臣栄子ノ親［（父左京）］大夫、（内侍服。）
以今月十四日酉時䜌（卒）去者。即乍驚内侍［（朝臣者、自離宮内）］」38ウ
院退出了。因之主神司ヲ召テ祓清テ、斎王御参宮＝
［（如例者。件日記）］文ヲ被曳勘テ、彼駅使院内ニ同宿ノ王・忌＝
部・卜部等
［（ワ、不参宮）］テシ、卜部代ニハ太神宮司卜部行正ヲ＝

以、二所御川之御祓

被勤仕シ、官幣ヲハ衛士ニ捧持テ、宣命・詔刀之＝

時ハニ、二宮ノ内人・

物忌父ニ令捧持テ、奉仕了。即件日記ハ祭主納給了。

後一条院

依大雨（七日）□□□時、（御）□遷宮。御饌同時也。

寛仁三年九月、太神宮御遷宮也。而件御遷宮夜、大雨

以水如沃。最無（間断）料也。仍以十七日寅刻テ、奉遷テ、＝

御饌供

奉同時也。既雖有非例事、依洪水難也。祭主輔親・

宮司為清供奉如例也。治安元年九月、外宮□□（御遷）

宮如例也。」39オ

伊賀守光清、被（配流）□□伊豆国事。

長元四年五月日、伊賀守従五位下朝臣光晴（清カ）□（被配）

流伊豆国ノ発ハ、彼国神戸御酒田一町苅取了。

因之二所太神宮御神酒、已以闕怠。仍神戸預注子細、

訴申於太神宮司。随則且牒送国衙沙汰、且上奏於

公家之程、訴神民之中ニ、偸為国司、被殺害之＝

由具也。

依彼訴テ、国司所被配流也。

長元四年六月、祭使、祭主〔（正）〕四位下行神祇＝

伯大中臣朝臣

輔親、依例到来於離宮院了。斎王亦依例、被着

於離宮テ、十五日夜ノ大祓・直会無逗留ク勤仕畢。而明

十六日朝ヨリ、細雨蕭々。然而祭主・宮司・寮＝

方、任例豊

受太神宮ノ御祭ニ供奉、次第神態・直会之間無事＝

了。」39ウ

十七日、太神宮御祭也。仍斎内親王依例参宮、着於

斎王殿。又男女官等同参詣。祭主・宮司参宮了。而御

玉串供奉以前ニ、忽大雨降テ、雷電穿雲光騒テ、

大雨、雷電、天地震動。

天地震動。仍参詣衆人迷以神（心）、成恐之間、斎＝

斎王俄放音、叫呼祭主。

王俄放音

叫呼給。祭主輔親朝臣ヲ召ス。仍祭主・禰宜等引率斎

（御）□託宣。

王殿参。而爰斎王御託宣云、我皇太神宮ノ第一別宮

荒祭宮也。而依太神宮勅宣テ所託宣也。故何者、寮

頭相通幷妻藤原古木〔　〕(古)會、及〔　　〕(数従者共ニ年)＝
来間狂言
ノ詞巧テ、我夫婦ニハ二所太神宮翔付御ナリ。男女＝
〔　〕(之子共ニ)
荒祭・高宮ノ付通給也。女房共ニハ今五所ノ□□(別宮ノ)＝
〔　〕(付給也ト)」40オ
号シテ、巫覡之事ヲ護陳テ、二宮化異之由ヲ□〔　〕(称。此尤)
奉為神明ニモ、奉為帝王ニモ、極不忠之企也。皇太神宮、
高天原ヨリ天降御之後、人間ニ未寄翔御ス。而件相通
夫婦ニ件無実之詞称出テ、以狂言、驚人間之耳目スコトハ、
甚無礼之企也。須一旦ニ与神罸也。然而為後代、＝
為天下ニ、
無止祭庭ニシテ斎内親王令託宣也。是則以件相通等、
令処重科テ、欲令配流也。依伊賀神戸之訴、伊賀守
光清被配流。謂其根元、極雖有狭少之事、依神事
御事之厳也。何況今夜託宣、尤神妙奇(特歟)怪事也。祭主
輔親以我託宣旨、早可上奏　公家也者。其御＝

託宣」40ウ
間ニ、御神殿御酒ヲ召コト数十杯也。其次和歌一首令詠
御ス。御酒盞ヲ祭主ニ下賜フ。随則祭主依宣テ、件
御盞ヲ賜預テ三献、即御和歌ヲ進上既了。御託宣之
旨、条々雖有モ、具不記。爰寮頭相通妻子共、＝
即時ニ従
神宮差使宮掌大内人度会弘行、大小内人・祝＝
部等、追越
御川之間、洪水俄湛テ、人馬雖不往反、依恐御＝
託宣テ、不廻
時刻、追渡了。即以寅時、御祭次第神事、任例勤了。
但斎内親王ノ御玉串、不令奉仕給。何況酒立・御節
不供奉。寮官人不着於直会之座、倭儛不供□(奉)也。
御託宣之中、雖無其制、偏依恐上件条〔　〕(々事等、)」41オ
所不供奉也。以明十八日辰時許テ、内親王□〔　〕(御心地)
平気給テ、四御門ヲ東妻ノ玉垣二間ヲ破開テ、御輿
寄テ、内親王ヲ奉令退出已了。抑御前ニハ御輿ハ有

制法テ、要日(腰)輿ヲ用之例也。然而依〔　〕(有件事、)御垣ニ
破開テ、
御輿ハ所寄也。自昔依有禁制、御門ヨリ〔　〕(者不寄也。而)
依洪水難、御行不早シテ、以酉時離宮院〔　〕(ニ令帰着給。祭主幷宮司)
同共奉仕了。豊明ノ解祭・直会、以亥ニ
時奉仕。但
斎王不着〔　〕(座川)原殿、寮官・主神司、件直会不坐
烈(列)。以同十九日、祭主記件御託宣之由。三員ニ
司幷太神宮
神主・寮官・主神司、進着名(署)テ、祭主解状幷寮解等
相副テ上奏了。内侍別当・女房、一々被奉御消ニ
息於」41ウ
本院又了テ、以同日亥時、斎王帰着斎宮了。其後以
七月六日巳時、太神宮六禰宜正六位上荒木田ニ
神主延基、権
禰宜大物忌父同氏貞、大少内人等五人、祝部ニ
等、外宮五禰宜
正六位上度会神主常親、権禰宜大物忌父氏茂、ニ
大少内人
五人、祝部等、寮頭館ニ到着テ、寮頭ノ造立秃二宇、城
外時出令四保住人焼掃既了。是則依祭主下文、神宮
所行申也。件秃ハ、荒祭・高宮御殿ト号造立也。
同年八月四日、宣旨到来偁、右大臣宣、奉勅、ニ
斎宮頭藤
原相通幷妻子等尋捕、慥加守護、依有可糺定事、
宣仰彼国、尋捕其身、加守護。随彼仰参□□□□(上。同月十二日、宣旨)ニ
〔　〕」42オ
到来偁、右大臣宣、奉勅、件宣旨ハ、寮頭被配ニ
流□(之)〔　〕(由也。)
旨具也。
寮頭相通ハ佐度国、妻古木古曾子ハ隠岐国ニ、宣ニ
同十八日宣旨到来偁、右大臣宣、奉勅、領送ニ
流人藤原
相通等・小木古曾等之使、左衛門府生秦茂近・ニ

右衛門府生
清内永光等、于今遅怠、早不進発之由、有聞。＝
仍早為
令進立也云々。使々部伴安枝・越知若光等也。＝
永光遣使、茂近(隠岐国使、)(茂近遣)遣隠岐国、佐度
国使。同月廿日宣旨偁、右大臣宣、奉勅、流人＝
藤原相通、
可配流佐度国之由、給官符先了。而可配流伊＝
豆国、宜加
下知。先出伊勢国堺、暫留路次国、相待後官符、令発
向配所者。同廿三日官符偁、右為順送流人藤＝
原相通、」42ウ
差件等人発遣如件。遣伊豆国官符也。同廿九日、
参宮勅使、参議〔(正四位下)〕行左大弁兼近江権＝
守源朝臣
経頼、王散位従〔(四位単王、)〕中臣正六位上行＝

禰宜加階事。

松樹松子中、見付碧玉一丸。

宝玉進(軒)官、有廊御卜、大吉也。

神祇権大祐
大中臣朝臣惟盛等。件〔(勅使氏房、号五)〕十七日御託宣之御
祈也。即祭主被寮大別当補已了。
長元四年九月十六日、二所太神宮禰宜等、加＝
階栄爵
已了。具不記。
同七年八月廿八日ヨリ初、七ケ日間、祭主正四位＝
下行神祇伯
大中臣朝臣輔親、籠候於太神宮テ、少司氏房共
公家御祈祷所被申也。是則依宣旨也。而間、＝
□(御前ノ)」43オ
松樹ニシテ、松子中ニ、有以碧玉一丸ヲ見付テ、□(乍驚ニ)
祭主ニ奉授ル。于時祭主被命云、掛畏皇太神ノ広
前ニ、日来祇テ、公家ノ御祈ヲ仕間、此ノ嘉瑞ノ宝
玉ヲ得タリ。此由尤可上奏也。注具由、勅使・祭＝
主幷神主
等唱(連カ)署、件玉進官了。随則被下宣旨於神祇官・陰

陽寮、於被令卜食之処、甚大吉之由、勘申了。＝

仍以同

年十月日、祭主ヲハ被叙従三位、少司氏房ヲハ被叙

従五位下畢。而同年十二月御祭ニ少司氏房号(衍)五品

之由ヲ号シテ、与大司永政座論。然而祭庭行烈(列)之時、

猶依大少次第奉供(供奉)了。」43ウ

依大水斎王不被参宮。同廿一日、参二宮事。

長元八年九月、御祭依例斎内親王参宮之間、

度会川東西岸洗溢流。爰依件洪水恐、従宇郡

門川帰着於離宮院テ、以同廿一日、二宮参宮給。但祭

使ノ祭主・宮司ハ、式日参宮了。十八日、豊明直会ニ、

斎王乍御坐離宮不供奉御。寮官同前也。廿一日御

参宮之次、勅使・宮司・神主等例禄給了。祭主例禄

料ハ助濂(源カ)常清令持所送遣也。

(三行空白)」裏表紙見返

《白紙》」裏表紙

太神宮諸雑事記第二
茅六十七合上

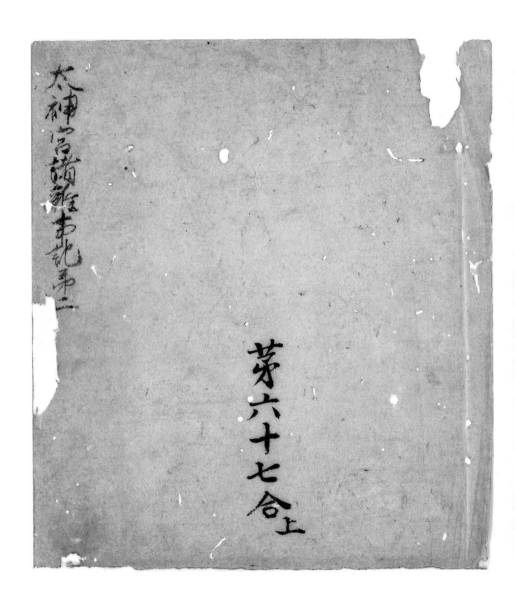

太神宮諸雑事記第二

太神宮金物等被奉加粧

東三条　儀朱雀院

長暦元年月日依　宣旨太神宮ノ正殿ノ堅魚木ノ

木尻ノ黄金左右瑞垣障板左右瑞籬懸瑞等乃金

物等被奉加粧、又月与見件状奈次宮等乃遣棒并御

垣御門扉等被令改造了、已依神宮解状祭主乃改而

所被申加也、但造宮使為信以鈴河山之木内宮御垣外

院殿舎等之材木仁造天、或所曳置或宇治河仁流寄ノ

傳進他山材木

而間有官蔵信氏人等伴材木非例之由内奏、随則他

山之材木早可傳進之由被下　宣旨了、仍山之ノ

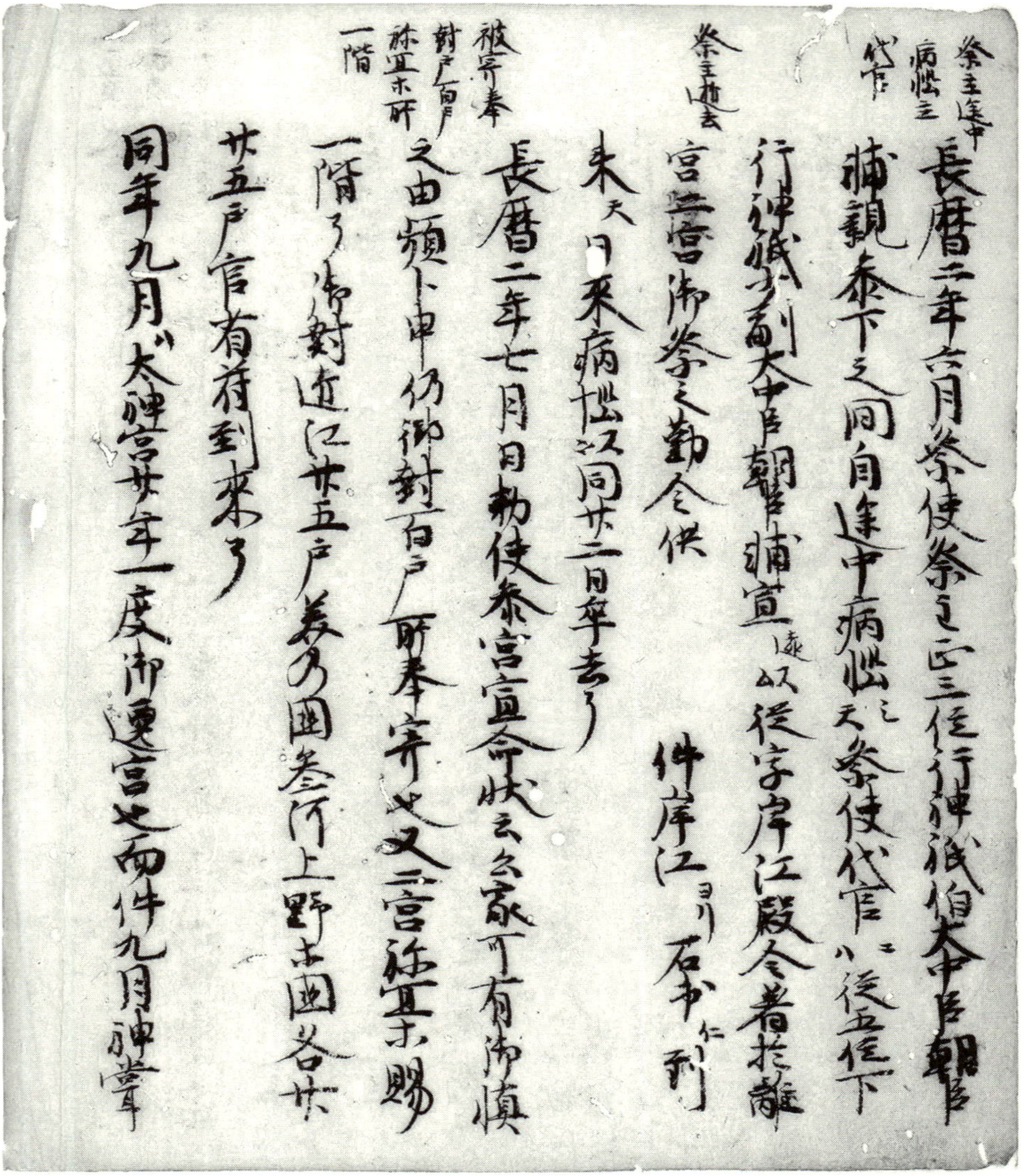
祭主遂中病悩之代官
長暦二年六月祭使祭主正三位行神祇伯大中臣朝臣
輔親参下之間自途中病悩之、祭使代官ニハ従五位下
行神祇少副大中臣朝臣輔宣〈遠〉以従宇岸江殿令着於離
祭主遂去
宮二宮御祭之勤令供　件岸江ヨリ石部ニ到
来天日来病悩以同廿二日卒去了
長暦二年七月日勅使参宮宣命状云々、欲有御慎
被宛奉封戸百戸祢宜等賜一階
封戸百戸之由頻ト申、仍御封百戸所奉寄也、又二宮祢宜等賜
一階了、御封近江廿五戸、美乃国参河上野等国各廿
廿五戸官府到来了
同年九月ハ太神宮廿年一度御遷宮也、而件九月神嘗

依内裏穢気被止例幣

参乃官幣依例天祭之為使可参下也而以今月十日夜天
内裏二穢気出来不被奉幣爰新祭主佐国内奏云当
月是恒例神嘗祭之上皇太神宮乃廿年一度遷宮也件
遷宮事ハ奈之乃中行之例也縦依内ノ穢気雖不被立官
幣寮使下天彼遷宮二可供奉也者爰云卿口宣二依天祭主
下向天之九月十五日到来於離宮院ノ然亡房将来供給
雑事之勤宮司専所不勤也仍祭主以此由示送於宮司
許之処返事云今日之例祭主補任之時以官符令兼知
奉行宮司之後従神事之例也而件官符未到加之内裏
穢気出来天官幣ヲ不被奉之由云々仍所不致供給之儲也

者即大祓乃所ニ参之不可被坐之由ヲ陳天三員宮司
依例天大祓畢天各罷於退了セ祭主ハ并太神宮司
詔刀師禰宜天手祓奉仕之由云々 十二日ニ豊受太神宮御祭ニ
三員司依例供奉但祭主ハ一鳥居之許ニシテ神拝畢天不参
庭不参之天直ニ参入於太神宮之由云々 爰外宮御祭畢天
宮司等参入於太神宮乃御塩湯所ニ宮司並以宮掌
太内人甚末田久常天神主之許ニ被令云畢ニ御塩湯所ニ
被来集天任例御遷宮之勤可被申行也者爰一禰宜
利方神主返事云、祭主ハ一殿ニ被坐也者一所被参集天
御遷宮ニ可畢殿舎曽内人等事可被定行也者即宮司
返事云、龍宮院ニテ沙汰ノ歟中口宣ヲ承天下向之由一所被陳也

而依内裏穢氣不被之官幣也者彼編所人乃被口宣タリ
尤可謂同穢所人也官符未到之間專祭主ト不可被稱天
若押天強ニ被供奉ハ宮司ホハ更不可供奉也者尋先例ニ
祭主不供奉シ天還宮之例ハ在リ宮司不供奉シ天奉還之
例ハ無之何者祭主ハ此祭使也宮司ハ御 等ヲ封納乃
職也者如此争論之間近テ亘晴ニ天宮司ホ之 旨之
以大中臣輔經天宮司代官トシ天祭主供幣件御還宮事ヲ
被申行ノ而同祭之乃傍觀人乃有官散位之輩祭主宮掌
如此之人ニ件寶殿乃瑞垣ホニ呼ニ相交天ヘ或ニ殿之内ニ入亂天
被取古物錦綾之間悉之奉登積種々神寶物ホ或直向
欄御階之上ニ登立天殿宇ホノ肩當ヲ錦綾ヲ奪取之間ニ

祭主使臣
官符未到之間押行御遷宮事
參寶殿
觀客可
乱合
殿

御體ヲ奉令傾動乚、仍禰宜等退ス、被乱行之事、若シ
注且上奏於公家、且觸仰於祭主之處、忽不被沙汰乚、推
移日月也

禰宜可上十三ケ条訴

長暦三年二月十五日、太神宮禰宜等京上ノ、一禰宜正四位
下荒木田神主利方、二禰宜従四位上延満、三禰宜従四位上重頼、
権禰宜従五位上延長、権禰宜従五位下宮主常守、宮掌大内人
従五位下度会弘行、引率之神民不可計盡也、捧神宮乃
訴十三箇条之第一、去年御遷宮使異殿乱入事、第二、
同度祭幣馬不被進之、祭使途中留置事、第三、以東以西神
神田可被寄事、第四、鳥名子男女十六人青摺衣裳
可着事、第五、可被加置二宮仕丁事、第六、宇治沿木

南郷浪人雜事可被免除事 第七二宮禰宜等給奉
合期可被致行事 第九禰宜内人給分神田官物同宮人
等不弁済事 第十依令二見郷〻調塩二百十斤
不弁済事 第十一神服麻績二織殿神戸等不備進
饗饌事 第十二所太神宮樋御馬飼蒭秣等不弁
済事 第十三太神宮氏人可裁預朝臣事 第十四度會宮
司与禰宜可被定置移縣官事件條〻中十二箇条裁
許被下 宣旨已了 但朝臣乃條ハ 追有沙汰云〻 仍件ニ不被
裁許

御遷宮夜
月読殿乱
入輩被祓
同事

長暦三年三月廿日依 宣旨去年御遷宮乃夜月読殿
乱入之輩於大膳職天 被祓同使史長者惟守朝臣義賢

也、頭弁源朝臣經長勘文并旧記日記ニ在リ、依件略之、天

〔三ヶ員司被停止警蹕〕三ヶ員司被停止警蹕　　同依四月神御衣祭并

六月祈前赤良曳浦祠祭示之　　大司忠頼所被

〔可科祓宣旨〕免下也、同三年三月十二日依宣旨科祓人々廿一人中

豊受太神宮大物忌父度會貞晴、太神宮大内人荒木田氏

〔科大祓解却見任〕晴、同氏元、同貞元、同茎本宮掌大内人同利彦、同元常、

大物忌父同兼頼、長上秦主見、權時眞野今友、已上

十人科大祓、解却見任、但前大宮司永政、前大司為清、

祭主一男也、木工允大中臣頼成、造太神宮使同義任、

同判下宗孝、齋宮助同季方、追捕使同成佐、前

齋宮助伴為利、佐伯秀乃眞、散位眞任、多治武近

姓名不知一人、已上十二人科上祓ノ是等皆参之傍親亦之件祓ハ
依去年御遷宮乱入之、無所被行也、勅使大中臣神祇
大副惟興朝臣、下部神祇権大副兼忠宿祢亦也、長
二所太神宮禰宜等可停止京上宣旨
暦三年三月十三日宣旨偁、二所太神宮禰宜等自今以後
不得入京、若有背此旨之輩者、永停止見任、若有可
訴事者、撰任禰宜一人、聴上道者、同年四月一日午時ニ
斎宮内侍従五位下源朝臣託宣偁、我皇太神宮第一別宮
託宣ニ可停止荒祭宮司所職由
荒祭宮也、而依太神宮の勅宣天、所託宣也、何者去年
遷宮之間ニ、非例の事甚多也、其中賤陋乱入之事
是荒祭宮司ノ所為不可勝計、是ハ非状事以無止之

錦綾天奉納於正殿之故也、依此錦綾之帰望ハ将
幣錦綾不可奉納正殿事
来モ如此非常事未可有者也、自今以後此錦綾
ヲ正殿ニ不可奉納ス、永以停止、早可別納者、就中於
今度乃遷宮者、祭主佐国之不思有於期リ、為家危
被糺正天早停止所職了、任彼弟天可補任祭主職也
祭主且其不記、爰寮頭従五位下源朝臣頼重注具之
状以同二日相副寮解上奏了、仍同十五日以係宣旨
祭主罪名
寮以奏上之託宣状分明返奏天、随則以同月廿日
且被停止祭主且罪名ヲ被下勘於明法早了、同年五
月十二日宣旨、権内大臣宣、奉勅、二所太神宮官幣并月

可奉納東寶殿
臨時幣帛自今以後永應東寶殿奉納已以爲例矣
事ト
備可奉納正殿
者同廿二日太神宮禰宜等奏状云官幣并織御衣不奉納
正殿之次奉拜見遷檀者也而依宣旨被停止也
待其年御遷宮可被開正殿之次並則從雜御出非常遷檀
其由哉從雜不奉納官幣恒例御祭勅使參宮
御參宮之時任例奉開正殿御門戸其次奉拜見御形
遷檀者與多宣奉勅九月御祭并勅使參宮之時依
任祭主
氣與前
請者六月廿三日宣旨也 同六月三日任祭主氣與朝臣也
祭主佐國
配流
伊豆國
同月廿六日前祭主佐國被配流伊豆國已了 同月廿七日
夜子時ニ内裏燒亡畢 同年七月十四日勅使參宮王内膳
長致通王中臣祭主正五位下行神祇大副氣與朝臣也 件内裏

託宣可召返前祭主佐國

内

焼亡事所令祈禱給也、同年七月十二日斎宮内侍ノ
託宣傳我是之皇太神宮ノ第一別宮荒祭宮也、而依皇太
神宮勅宣今更所託宣也、天下四方の人民ハ皆皇太神
宮乃御寶也、其中ニ大中臣并荒木田氏自皇太神宮天上ヨリ
天降坐時ヨリ継々氏継門天ヤ代々世々ニ奉仕来補任ノ神
民也、因之自往代之時公家モ未被處重科セラレヌ、而去年
遷宮之時件佐國カ身有息リ、仍可處重科之由神宣
揚給也、仍所被流罪也、息天多ノ人民ホカ為可有其類模
也、早遣寮使可召返也テヘリ、仍寮以輔親卜且以言請

可召返
宣旨備
依老病返
面逢中
同被召返之

中務清佐并史生百済未衣木天召返件佐國異具領
託宣之状参聞於公家ノ、随則以同廿九日被下宣旨

召返流人佐國賜位記已了、抑佐國被送配所國之间
老病難堪、途中三重郡河後郷數月逗留之間、依件
託宣被召返也、祭使中臣清佐即佐國之孫也、抑依件
遷宮之乱行天、為令謝其由、去五月廿九日宣命之勅使
公卿使
以同廿一日天参宮、使参議從三位行左京大夫兼侍従備
中權守藤原朝臣經任、王致通王、中臣宣正六位上行神
祇大祐大中臣朝臣元範等也、種々神寶幣物并馬
銀師子ハ依託宣其祭宮々令進給也、仍勅使宰相
依宣旨参入其祭宮給ヘリ、但王中臣ハ不参ト、件宣命
状ニ、遷宮濫行之由、依祢宜等申状、或停職或科祓

至于祭主佐國若且勤仕務停止ノ而驚託宣之共
明法ニ令勘罪名天欲處　忽幣帛等ハ承次東
被停止盛興
祭主職
寶殿ニ可奉納也テ　同年八月　祭主盛興朝臣ヲ
還任若狭
守
被停止以同日被還任若狭守既ノ以同月十八日差
佐國又
本位
勅使令祈申給宣命云前祭主佐國罪名令勘申天
雖令配流依去七月十六日之託宣即復本位自路召
還畢ノ着祭主盛興已ヲ依託宣停止其職又召着爾例天
他官還任又ノ掛畏キ皇太神此状ヲ平久聞食無咎祟ツ
護幸給ヘト申使王内膳長信清王中臣女右方元範等也
同年八月廿九日辰時ニ中宮職ニ倒臥天令頓滅給ノ
關白殿ノ御養子也而御產之後逕十日天御沐浴之

同日雷電震動大雨如沃天天地共不静仍中宮御湯
殿ヨリ登御之間所令頓滅給也
同年十二月廿三日神祇大祐大中臣永輔蒙祭主宣旨天
明年二月之祈年祭之勅使下之　祭主永輔参下初参
御卜奇補祭主者
九月之例前祭主亘盛與被遷任若狭守之後有官
散位氏人競望如雲因之於神祇官被卜食之後
以丙合者可被補祭主之由無勅定早矣内裏焼
亡之後為家御坐京極給ヘリ　所依宣旨大副卜部宿祢
兼忠中臣官人等参集天卜食之處件大祐永輔丙合
被祭主ニ補任了

依洪水難祭主着布衣參宮之間於船渡所祭主亭等從寮人等口論事

長暦四年六月祭使祭主永浦依洪水之難天着
布衣烏帽天參宮而度會河船渡之間祭主与寮
掌千利丿俄口論之間寮人等出来天祭主之亭等春
屬打損明白也仍祭主令怒天河東ヨリ随身官
幣天帰着於離宮天為寮人等官幣被打撤之次ニ
執幣大長等被打後之由觸訴於寮頭之處寮頭及
頗奏聞畢云々被陳之旨尤有私リ件事更不知行
事也若有寮人之過怠者卜居河東可被示案内也
無止官幣ヲ自途中持返天被示之旨非他計
親王咲乞之令也奉為神明為家勇不忠之勤云也
持返官幣之例有無如何者就中被召同千利之

殿中ニ云、祭主宮司参宮之時ハ、自離宮院各束帯被
参宮之例也、被渡船之間、更参宮已ニ不知之程、下人等十二
串無礼之詞天、手以雑言供奉所司ㇾ下部等已参宮之春
属請着蓑笠天、其良何人不見弁、同申来事也者、炎寮
頭被命云、寮人等無遁急若可被召奏者、寮ニ又可上奏
也、而間宮司並任祭主ノ云、係天、奉為御朝奉為給家
奉為斎王又為祭主已、以尤不穏事也、早和平天可被
参宮也者、祭主就件詞、宮司共束帯参宮了

為大風豊受宮正殿并東寶殿等顛倒

長暦四年七月廿六日夜子時、西風俄ニ吹テ、豊受大神宮
正殿東西寶殿、瑞垣御門等悉地顛倒給、既畢仍當
番大物忌是受度会貞春、御炊物忌是受大同吉元、権禰宜一両人

御正體
奉渡御
氣殿

亦巴洪水洗山西風拂地天敗人馬往反不通リ然而祭主
永輔ハ自野依村乗海船字山田川原ニ着宮司重保ハ
自小社乗ケ船山田ノ古川ヨリ差入神宮北御門乃社
庁ニ着奉拝見更ニ無為方術天仍御氣殿庭ニ洗
浄天以同廿七日戌時天正殿并三所相殿乃御體ヲ奉
遷鎮畢ノ而遂所外宿ノ禰宜等不参會天昇殿供
奉ノ處ニ禰宜ノ所用不足仍御炊物忌父吉元祭主儀
授登三男ノ権禰宜職天昇殿之役令供奉ノ左右前後ノ
取物御寶殿等不如法ス只絹垣許状已以略叙同廿八日
御稲御倉ヲ洗浄奉遷御神寶物リ鋪設御倉ヲ洗天
御衣絹等ヲ奉納ノ外幣殿ヲ洗浄天朝夕御饌ヲ

奉備リテ祭主注事由且上奏公家且奉造假殿已
畢随即以八月七日被下宣旨天奉遷於假殿已ノ而
今年是廿年一度御遷ノ年也仍造宮使散位従五位下
大中臣朝臣明輔依以所奉急造也同九月九日御遷宮勅
將來御神寶物不條例調天以紙檜　五位下大中臣
朝臣輔宣天老定辭代天史一人并　官掌ノ木
卷副天件御寶物奉如主已ノ而後同日夜之子時
内裏燒亡　内裏燒亡因之當月之恒例官幣依件穢氣不可進之由
為定ノ爰有限御遷宮ノ勤也縱雖不被奉官幣亦奉
祭主可下之由内奏之處所申有理早可奉下偁奉ノ
遷宮之由被下宣旨已畢ノ仍祭主以十五日リ部任例ノ

着到於離宮院天大祓ニ坐畢天、参還宮夜事依例申
行ル二宮乃垂供養石疊之座畢直會三獻御遊ノ名
為倭舞及離宮之解祭豊明ノ供奉如恒例也、同年九月
公卿使
着日参宮勅使参議従三位行右近衛中将藤原朝臣良頼
王致通中臣神祇權大副輔親宣郷卜某也、宣命状ニ豊受神
宮非常顛倒之由被祈申也、又内外院之焼亡之内院前也
宮司並任
脹解
長元三年壬九月十二日大宮司並任遺毋長脹解抔件並
任者任被宣旨脹解之間ハ以任用宮司未今摧行天後任之
後可遂件重任也、而依競望輩之訴被召神祇官之
處、勘申云、件宮司上件天脹解之後、未不復任之、中間三人
脹解之後院復任異也、者蒙陣定云、件復任宮司之

天下不静之例ホ多者依件定天 並任朝臣 復任傳臣已
由公卿僉議既了 但以重任宣旨将来所皆欤 仍以同四年
二月廿二日被補任従五位下大中臣朝臣明輔已了
同年四月三日太神宮假殿遷宮了 抑検先例 二所太神
宮及七所別宮御遷檳之時 以祭主解状上奏之天申請
修理使随宣旨奉仕假殿遷宮之例也 而祭主永輔
朝臣不上奏於公家之天 以私物奉仕御修理并又新古両
宮遷之用途物未之 不申請之天祭主宮司共所致用私物
奉也 諸事如恒之
同年六月御祭ニ 春日内親王依例外宮参宮之間依洪水之

難字郡戸川原ヨリ離宮院帰御天之以七月二宮参入
給天御畢直會饗食禄如例
同五年二月廿三日二所太神宮禰宜等加階栄爵ノ件
位記使王致通中臣正六位上輔親也
六年十一月六日臨時勅使参宮王正親長信清中臣祭主
永輔朝臣也件使参宮天之治刀之同官幣奉納之程儀二
雷電鳴響天大雨如沃爾今驚怖之程彼此云祭主請
預官幣参下之程以今月二日字伊架野天之戎者法師乃
上道之同彼宗随身乃物共士卒取天走前ホト已ノ時二
法師路邊ニ留居テ待付祭主天所云前陣ニ祗侍執
幣為之祓奉集取物中景物一丸同祓柙取已ノ彼天

不浄ノ物也早被糺返者同云何物ソト法師ノ云其五郡之
住人字甲賀介藤原惟蔵カ妻カ骸骨也而依存生之
遺言天比叡乃法花堂ニ為安持上也ト申畢仍驚鈴
賀川中ニ追付天召問ニ朱士男之處實正之由陳申ノ
因之卜部神祇大副仍ミ催病祭則改ヲ以天度々祓清天下向已
同工家令集於神宮給御馬モ從山中儀ニ病悩シ天水草ヲ乞
不食僅飯高驛家ニ押付天供給郡司ニ預天祭主ハ離宮
院ニ到着シ天逐三箇日天御馬ヲハ押付カ乢若依如此穢天斎
雷電大雨疾トラシ　御内宮三節五延満神主ハ於假宮中ニ
不供奉也

寛徳二年正月十八日奉幣勅使王二頭長式道王中臣
神祇大副輔宣朝臣件勅使ハ天皇御薬極重御坐ニ
依其御祈祷也爰外宮の御殿所ニシテ御幣を開封之
処太神宮の御幣ヲ取違ヘテ侍奉ケリ仍勅使神主ホ驚
怪テ更衛士ヲ召返テ如元ニ外宮の御幣取テ儀奉
之間時剋自然推移リ神拝豆ホ云前皇御薬時
寮頭無興御祈祷乃勅使トシテ参宮之間太神宮ニ
殿御戸早不開給テ時剋推移シ神主ホ相構テ奉開奉
納官幣其後不経幾前皇崩給ト云々
同年正月十五日斎内親王奉授一品位給之　尚十六日

而時天皇御位下御坐即日于院同十九日午時斎内親王御入
遷殿ニ下坐、是則本院御以十八日亥時依参着也、件日
天皇崩御畢ノ、同年四月廿八日斎内親王退京也ノ
承平元年春之比、豊受太神宮御饌殿ニ鼠参入天、二宮
朝夕御饌物ヲ甚食散セリ、因之宮人神主内人等相構天雖
塞穴モ、件御饌備毎日食損、仍一鼠将来天、雖打殺五六
十の鼠倍来、更不留、仍宮司兼月御材木造備天、一時之
内天井奉造リ、是則雖有非例事、為防件鼠也、但件
夫工ニ宮司以澤衣死下所令勤仕也
同三年六月御祭ニ、二所太神宮禰宜未加階栄爵已ノ

具有別日記也、同九月八日、嫥子内親王参着斎宮、群行
中臣祭主従五位上行神祇大副兼輔親朝臣也、野宮使寮以
正五位下平朝臣雅康并斎宮寮勅使史伴並国也、
仍宮司明輔依為造宮使、二ヶ度借給勤仕、抑斎宮御
群行之間、非常事多々出来ナリ、九月八日、栗田口ニテ
馬足ニテ大指ヲ斃ル、甲賀頓宮ニハ長奉送使ノ侍従中納言藤
原朝臣信長ノ御屠ニ馱斃ス、鈴河頓宮ニハ女別当雑
色与寮ノ従雑色打合テ各頓互流ヲ、一志頓宮ニハ使部
求随身馱餓ニ斃ヒス、是則十三日朝ニ見付ナリ、仍十五日ノ
御祭参宮事、祭主可定申之由、某内被仰下處

参之申云尤可為穢氣之者而移非違使右衛門尉
惟宗為方申云更不可為穢ス早可有御参宮也何者
依件定内親　参宮一定乎天竹河乃御禊之後斎王
儀ニ御行ニ御坐ノ又国之斎宮ハ西鳥居許ニ御輿ヲ
奉下居天中臣宣旨并左右近江守藤原朝臣参寓也
由ヲ儀定給天直ニ御行殿ニ御輿ヲ可奉仕之由被定了
屢ニ寮頭被申云御行殿ハ如此非常乃御行而遷坐
之由ニ而何事乃寂所ニ先穢所殿ニ着御哉於事尤有
憚徧今日許ハ御殿乃内ニ令入坐給天明日御行殿ニ可
遷坐之由具也依件定着給从十四日卯時御行殿ニ移

斎王雅用ハ依祢着斎宮寮今日許令着此所也着下此行殿

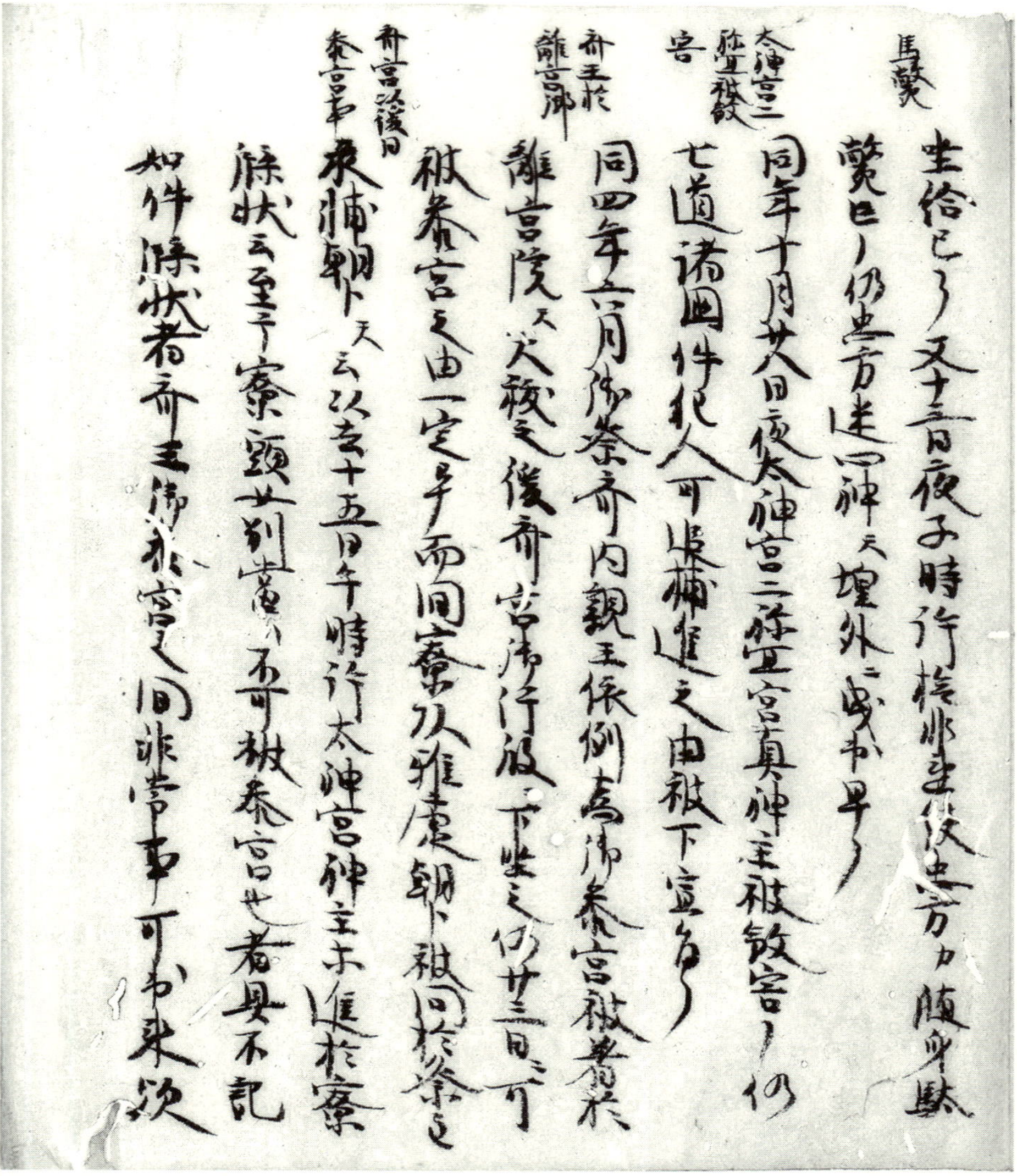
馬驚
坐給已了、又十三日夜子時行幸非常依出方ヵ随身駄
驚已了、仍出方迷四神天、埋外ニ成出早了
太神宮二殿並被鋳宮
同年十月廿八日夜、後太神宮二殿並宮真御主被鋳宮了、仍
七道諸國仰犯人可搦捕進之由被下宣旨了
斎王於離宮御
同四年正月御参斎内親王依例為御参宮被参着於
離宮院天、又被定後斎宮御行幸ニ下坐之、仍廿三日ニ可
被参宮之由一定矣、而間寮及雅康朝臣被同於参宮之
斎宮以後日参宮事
康補朝臣天云、以去十五日午時行太神宮神主未進於寮
解状云、至于寮頭並別当者、不可被参宮也者、其不記
如件解状者、斎王御参宮之間非常事可出来歟

斎王参宮間有事
如何者参之云更無被信用畢可被参宮也仍以廿三
日斎宮参宮之、参入の間宮中ニ鳥居許ニ内人物忌等
数十余人許乎祝部等天之女別当并彼家司の手ニ致
童等ハ斎参入於宮中之者也寮官之女別当ハ依月障不
被供奉致童天不参入也者仍無事被供奉已了以巳時許天
太神宮参宮給天斎王斎王殿ニ参入給ハ女房女官ハ後天
参入之間甚参神殿所ニ数多内人物忌等押天毎手ニ
捧火天女別当并乎ニ致童等号忌火之由無止女房女
官乃之中ニ入乱天忌火因之内侍卿并諸女房達退隠
已ノ随帰斎内親王モ御歩給寮頭以下官人諸司共

退返了、于時祭主ト命於二宮神主之斎并泰宮所中
乱行之企何者神主陳状云、寮頭并別当被行之旨奉
為神宮ニ非常事示第之也、何者太神宮御領字吉
貴御薗預麻績近吉ヲ、女別当御厨司乎致里任意テ
補縛テ、且令食犬尿、且禁固其身テ、于今不免ス、又同御厨
見御薗司時孝ヲ、致害、先死人、丹生布山住人紀重常同
常晴為直等ヲ也、而今号寮威テ、不被令紀正ス、又豊
受太神宮御領吉摩国伊呂賀所ニ見御厨ヲ寮頭麻
生御厨之内ト号テ、致訴論テ所被妨供奉之勤也、仍寮
以女別当ハ不可被奉宮之由所申行也者、何祭主申下之テ
且召件乱行内人等、可沙汰是非、且寮頭上奏於公家

被下糺問使斎宮間神人等乱行事云々

同年九月十三日ニ依宣旨天左少弁佐近江守藤原朝臣泰憲右大史中原朝臣實定并史生官掌使部等斎宮ニ到著天以使部大司養任許ニ遣内案之状云以去六月天斎王参宮之間禰宜等成乱行せり者為被件事糺問ニ依寮解所被差下早催其禰宜并宮司共参向可申件沙汰也者宮司申之獲病妻死去經服之間不堪沙汰云々禰宜等申宮御祭禮臨過十五日祭主宮司神主共可申沙汰せらく而間以十五日祭使王泥浦王中臣祭主永輔忌部卜ア不離宮院ニ到著権司忠頼少司時經等斎内親王寮男女官勅使右少弁并大史史生官掌

使部等併以參宮已了、即宣命状ニ依件乱行斎内
親王乃無心狂例神態也、不奉仕給退還之由聞食
驚天令祈申給也、尚昔日祭主宮司神主等共ニ參集
於斎宮離宮院天、件次第定勘記畢、具在記
禰宜内人祝部七百余人京上
同五年六月廿日太神宮一禰宜延満神主三禰宜氏範四禰宜
延長等司平大夫内人祝部神民七百余人天京上し
事、發者去年六月ニ斎内親王御參宮之間乱行依
之、筆勅使右少弁与祭主永輔成同心天神主申文ヲ不
進官之由、為奏聞於公家也
同六月十二日朝の御饌令頂持於大物忌ニ父菊用之子信

御井水旱失事

物忌丈氏助吉元来共持参之間奉從職已了仍上奏
已了同六月参使神祇少祐正六位上大中臣朝臣公輔也参
主依輔朝臣依神宮之訴所不被下也同七月一日宣旨
偁随注進神事違例也者云々不記件違例ハ去月吉
御饌奉誤事ヲ被令卜食ニ依勤申之件神事違
例条々中ニ承暦二年春比ヨリ御饌料ノ御井水旱
失已了仍云ノ宮の御前の水汲天御饌ヲ備進之抑皇
太神宮天降御之時ニ始天御饌ヲ備進の水ハ非當朝の
水天村雲命ノ太神の詔勅ヲ蒙テ高天原の天忍石の
長井水ヲ持下天其上分ヲ八盞盛備進天残ノ水

御井水
旱失条

以天忍井水ト宣テ豊受神宮乃坤方ノ岳ノ行序ニ御井ヲ
新堀テ其御井座ニ天忍井水ヲ入加テ當朝ノ水ニ和合
シテ末ノ世ノ御饌備進料ニ移置給水也仍以彼水テ
自爾以降所奉調御饌也但以寛平八年三月之比
件御井水俄ニ失之時禰宜等上奏之日且差勅使令
祈申給且大物忌之父之人祓上穢祓清救令供奉之由具也
同八月廿七日勅使参宮王親正成清王中臣権大祐惟經
宣命状ニ件御饌奉誤之由乃御祈也辭別申賜ノ去
年六月御祭ニ斎王参宮之間神民等乱行之由同年
九月御祭之次雑人等同謀所備進テ是非難決シ

乱同使

重遣使者天、参宮之處帥禰宜延満ホッ令同注之、弁使之
同ニ依實ニ可注給之由の沸祈等也、其不記、同日左少弁
藤原朝臣師家左少史惟宗史生官掌使部ホ離宮院ニ
到着ノ参宮主為件使ニ被免下遣タリ、随則太神宮一禰
宜延満二禰宜延基三禰宜氏範四禰宜延長五禰宜重
經六箇年之陳申天、勘記畢子細在別日記、具不記
同九月参使王孝資王中臣神祇權少副元範ホ也、参宮之
處帥依上奏ノ沙汰不被免下ス、同廿五日依平野御行幸
之御勅使参宮王ニ親王成清王中臣少祐為輔ホ也
大雨洪水
奉幣使等
外宮一宿
而以手時豊受太神宮ニ参入即玉串供奉之時ヨリ

大雨如濺之天洪水如海宇治橋流落天宮河水洗
岸天人馬不通仍件勅使外宮二ヶ宿之天以明十六日内宮
参宮已了同年十月日太神宮権禰宜正六位上荒木田
神主言頼随身大小内人神民卅余人参上已了事趣ハ
祭主の所為上奏於公家之間三ヶ門中行之間被下宣旨
云祭主永輔所為任申状雖令糺定之更于対多神民
者早可下遣也但可拘神人一人許留可義件沙汰也
者仍神民返下了天言頼一人留了同十二月廿日寮以雅康
并内侍共参上了専放ハ斎宮本院内大殿ノ依仮事
依殿下為補朝下行寮事
山城守藤原為輔朝臣下向之天以助外従五位下河内祢宿

執下事應宣令執申下天柯行除務天即下ニ件奉幣使下付
封天更奏寮頭ニ不参執行也仍京上也但内侍ハ奉及妻
也人との説云山城守乃下向天戸ニ付對事ハ頗可有慎歟
者同十二日祭使權少副元範奉下祭主同前依沙汰所被

大風洪水
充下也同六年九月奉幣使王致資王中臣權少副元範充也

仍勅使不來會
而始自十三日雨降天十四日大風洪水所々道橋流浮天都之人

大祓
驛家不着天相構天雖為下遂ニ十五日離宮大祓ニ不

十六日着
離宮
來會ス仍宮司依例天勤仕ノ十六日戌時許ニ勅使

宮司不相
待豊宮
御祭了
離宮
到着離宮院せり宮司等ハ不相待勅使天丹ニ豊受
太神宮乃御祭事ヲ勤天亥時許ニ離宮院ニ還來即

勅使の中臣卞鷲麿於葉内宮司之處大司義任返答
云致ヲ大司少司者為奉納御衣ニ以今朝天参入太神宮
已ノ間彼御衣勤畢之後外宮ニハ所参入也而權大
司忠頼ツ留並離宮院ニ天且奉侍勅使且調備荷
前御調絹等天典豊受宮ニハ可参入之由成約束天所参宮
也而權司外宮ニ参入云々使参否之由不聞葉内ス者
依勅使遅参天去留荷前御調物等ツ不可逗留セト思天
所参入也者當神邑ノ集狀云 如此参使遅参之時ハ早
拒例之御祭ツ被奉仕之後於官幣者退被奉納之例
也武囙在限御祭次第 神態未可奉仕之由祢宜神主口状

所勤仕也、即以明年七月依可有天外宮御遷宮、注古記
文云、以去長保三年六月天、祭使宮司等依洪水之難、依被
坐離宮院不被参宮ス、因之以大中臣良明天為司代勤仕
御装束リ、彼時弁官長保晴滋宣奉之、既是有也、官宣之旨具有記別
在日記
仍以今月二宮可被参入之由、勅使宮司議定畢、是
後未未時許ニ太神宮神主等注文到来云、今日御饌供
進天之、離宮院退出之間、見ルハ古宮鋪設御倉之跡東方ニ
馬落胎明白也、即勅使宮司大驚天、宣被召先例之
間、勅使宮司各束帯之天、同終件返答被相待之處已

無音也、重違司使天、僅以此時許天、司目代幷小遣使所
家祀経奉向於勅使御許申云、一禰宜延満神主口状云、
参臨齋宮云也、但穢気乃有無ハ神宮未難定申也云々、
勅使命云、神宮乃恩得天陳申之旨、更不可思慮也云々、
如此波之間、件夜御祭已以闕怠畢、以明十八日辰時

遠穢所道奉宮事

同代祀経又参入中臣坊申云、夜尸申退之旨依在所
穢令朝重被遣留天、昨日乃後司符請文見侍ハ、以其
状中云、如此觸穢未来之時ハ、穢所乃道ヲ遣退テ被奉
宮之例也、早任先例可被奉宮之由見也、而入夜之間ニ
文乃上状許ヲ見天、右状ヲ不見徹之、只付使者男口状天

野中捏莖凉事也者変物使難祓鶏合其令益
之其後以同日午時許天從宮送大司御許消息云
依馬産事御祭觧怠已了至于今者過穢日可被
依穢延行御遷宮例
參宮也者即副送去天元四年九月御遷宮之時例文
其状云九月十六日外院有馬産事過三日後十七日奉
一日内外宮御祭勤次第神事
仕遷宮事云々若依件例可參宮也云々仍以同廿二日
參入宮豊受太神宮天玉串供奉官幣奉納且會三
獻饗饌之勤始御祭例至于御遊次第鳥子名參云々
勤者十六日二勤仕了以申剋參入太神宮勅使宮司神主

依例玉串行事ノ天参入於御前之間雨少々降天
四御門砌ニ各行烈之時一禰宜延満神主申云如是雨
氣之時ハ於斎玉殿奉仕宣命詔刀并玉串之例也
而ニ清遊者四御門ニ天奉仕之例也者爰勅使中臣
元範朝臣申云今度御祭毎事相違セリ猶而ニ宣
命ハ任例石畳ニ天欲奉仕也云々而雨氣頻間勅
使成従石壺坐天宣命詔刀玉串行事如恒之宜祢
奉納直会饗饌之間御遊若宮鳥子等之勤如
不被免下
御祭奉仕ノ雖宮餅祭豊明遊任神戸依木任例
参仕之後大雨如沃也祭主永輔猶依同前汲沃所

不被免下也
同六年十二月七日宣旨同十八日到来偁権中納言藤原朝臣
經輔宣奉勅為被告祈已卜定之由欲奉遣幣帛
使之處頗有觸穢屢以近例令卜食神祇官勘申
云奉為公家無咎依神事違例之上祭中不浄
所致之者神事違例之祟不可不慎是宮司神主等不
致肅敬多如祭祀之所致也以往當於如此之時可注申
違失事之由雖令下知偏稱陳謝身之意趣不注申
為違例之神事何以言已更踈略已云替為祈識
祈禱之職豈致神事違例之咎哉不行其責而

有宜仰彼宮殊致精誠件事慎可從莫令違越者
宮宜承知依宣行之同廿日太神宮禰宜等依件宣旨進
於官庭奏状云依宣旨檢案内前祭主輔親卿卒去
之後祭主永輔始從事之時先申下二所太神宮禰宜等
越奏條ゝ之由宣旨文其後偏施無道之威勢恣令
仰佈神郡神戸住人等所張行神事違例已以繁
多矣因之累代以後無止供神祭料物等都以闕怠
中嚴重之神態勤懈怠也爰禰宜等係守音識禱祀之
職奉爲公家下奉爲神上明條ゝ注其由雖上奏
默而無裁礼之間連年宮中帶物怪託宣太度ゝ也仍

以去七月具注条々差権禰宜荒木田神主言頼雖令上奏
未蒙裁報然而彼言頼在京之今両度補朝臣
身者乍居京都放轄乃使神郡神戸令呵責神民等
如蹤鋤如此依不堪々勘責有限供祭物等以懈怠
中従内人等正員等寄戸等所当之官物依例収納令進於二宮
外今無残矣然而宮司義任即並任祭主同代之職以
件正員等寄戸等代衣祭主給物等也供祭之納之由雖
陳訴併以勘返 現年二宮常供并御供料田業及従宜
内人分給神田併号祭主宮司君田没収之[illegible]官符了

官物上合着備進供祭之先例也凡至于神事違
例者祭主宮司解状也凡宣之日経登于等之可陳
申也但去九月神嘗御祭或因闕怠事第一神事違
例也是已非他事只宮司義任為神宮事無恭之
故何者御来外院穢気之時前々依穢所遠道被
供奉之前例二宮経登不任古日記注進已了抑為宮
司件注文不開見而以豊原之詞申送勅使許令拘留恒
例御祭并官幣等也豈非二宮御祭次第神態之辞
別宮離宮院々解祭直会御遊皆延怠也彼宮司解
奏載有今神郡神戸民向不以御祭之宮司不督致之

處已羅神威於幽途、嚴重例過之壞也、而祭主永
輔朝臣、深依神慮、忘憚神民、違犯賄賂、令致民之愁、宮
司義任、高載神具、強令貢供祭鎮、有執奥之計、蓋如此
癸之筆也、前々注進例由、雖言上祭主宮司、忍取捨不
上奏、經過三ヶ年之、仍積習前事、今度申文二通之中
祭主永輔不被宣下
進一通、宮司一通、自此御奏聞已畢、同年十二月御祭
使權大副惟經參下也、祭主永輔朝臣ハ、内宮神主注申神
事、違例祭主所負祭々之由并前斎宮奏宮訖行
次、然未被状所不被宣下也
同七年二月祈年祭使、權少副元範朝臣參下也、祭主依

同前沙汰〻所不被免下也、同三月廿七日太神宮一禰宜延満
三禰宜氏範、四禰宜延長、五禰宜重経、未剋并大少内人
祝部神民ハ百余人参上、是ノ祭主沙汰早速依不被
使也
同六月御祭使前駿河権守大中臣朝臣頼宣参下、祭主
依同前沙汰〻所不被免下也、同九月御祭使王成満王中臣
少祐石輔本也、件祭使ニ依去五月六日大赦ニ免祭主永
輔親卿可被免下之由示之、而太神宮神主等之愁云、皇太
神宮異於天下諸社之者、以當赦人未令供奉祭庭也者
依件愁状所不被下也

為宿使
同年十二月五日勅使参宮、参議従三位行右兵衛督源
朝臣経成（但権非違使別当）王致輔王、中臣散位従五位下大中臣輔
頼、宣命奉給、件賛幣馬亦其不記、神官幣奉納之
間、豊受宮禰宜等参寄於勅使座給石壺之許、天参支
衣浦所行非例、々々申ノ旨不記、同十二月御祭使捻
大祐惟経参下、并亦依同前咎、所不被免下也
（天喜元年よ）同八年正月六日夜、大司義任宿館焼亡之次、度会多気
飯野三ヶ郡文書・国田籍帳乃三重朝明負弁、四ヶ郡文
當僕国神戸文書帳、亦惣司中代々公文皆悉焼亡失了
（神郡并當他国神戸文書、并郡司宿館焼亡次、皆悉焼亡了）
天喜元年四月廿八日丁酉、豊受太神宮假殿遷宮也、依件遷

依豊受宮假殿御遷宮ノ事参差永補被免下

宮行事参逗亦補朝ノ遶所被免下也件参宮ヲ従去

永暦四年六月以来ヲ全五十年所不被免下也而今

度遶所被免下也

斎王内蔵白丈式部御喪

同二年七月日斎内親王乃御内蔵伯父前式部卿入道

宮入滅給ノ爰斎内親王ノ斎院ハ皆是以日易月

例ヲ今依此例天八月御禊九月御祭ニ参宮給已

乃其間免無事也

伊佐奈岐宮御料盗取事

同四年六月十九日恒例伊佐奈岐月読宮の御祭也而件

伊佐奈岐宮物忌父字羽西貞成犯殿供奉之次御料ヲ

盗給已畢仍太神宮ノ禰宜従四位下荒木田神主延基補

職貞成所令略問之處依實義状過状畢ノ仍上奏

於公家又畢ヶ随則被令卜推之處神祇官陰陽寮共勘
申云奉為公家無咎也但本所神民之中神事違例
咎事出来歟云々具不記
同四年九月神御衣奉織之同日未大風頻降天人民の作田
畠物併皆損亡是則依度々洪水之難也而恒例式日ニ
件御衣ヲ為供進仁麻績乃舩人亦催雇天当日朝ニ申
立之程逗留在天麻績機殿御衣奉納韓櫃櫛田川
神衣御衣式日相違事
西岸ニ申立畢神服機殿御衣ハ未申立給天機殿ニ流
失ス以十五日両機殿御衣同時ニ櫛田川ヲ奉渡天同月
成時進納於神宮已了一年之内二度御衣ヲ既式日遡

事尤重違例也云〻、同祭使祭主従四位下行神祇大副永
輔王致資王忌部頼友卜部兼大副並親宿祢兼副
着離宮院畢ノ、斎内親王依例着給天、十五日乃夕部乃
祭主宮司 大祓ニ依例坐弖ノ而大祓以前ニ祭主与大司義任
口論 卿ト俄口論之同時魁椎移天、千万上下乃人〻併驚
耳目天、既口舌少事与リ甚極大事出来シリ始從成時
近于今畢天、一生悪言云〻、具不記僅事傳天大祓
如例、二宮乃御祭勤仕ノ、以同廿一日祭主宮司各京上
御衣式日 違例事 即上奏於公家之次ニ、二横殿乃神部か式日ヲ違例天シ
上奏 御衣供進之祭ハ、宮司解息之由具于祭主申文也

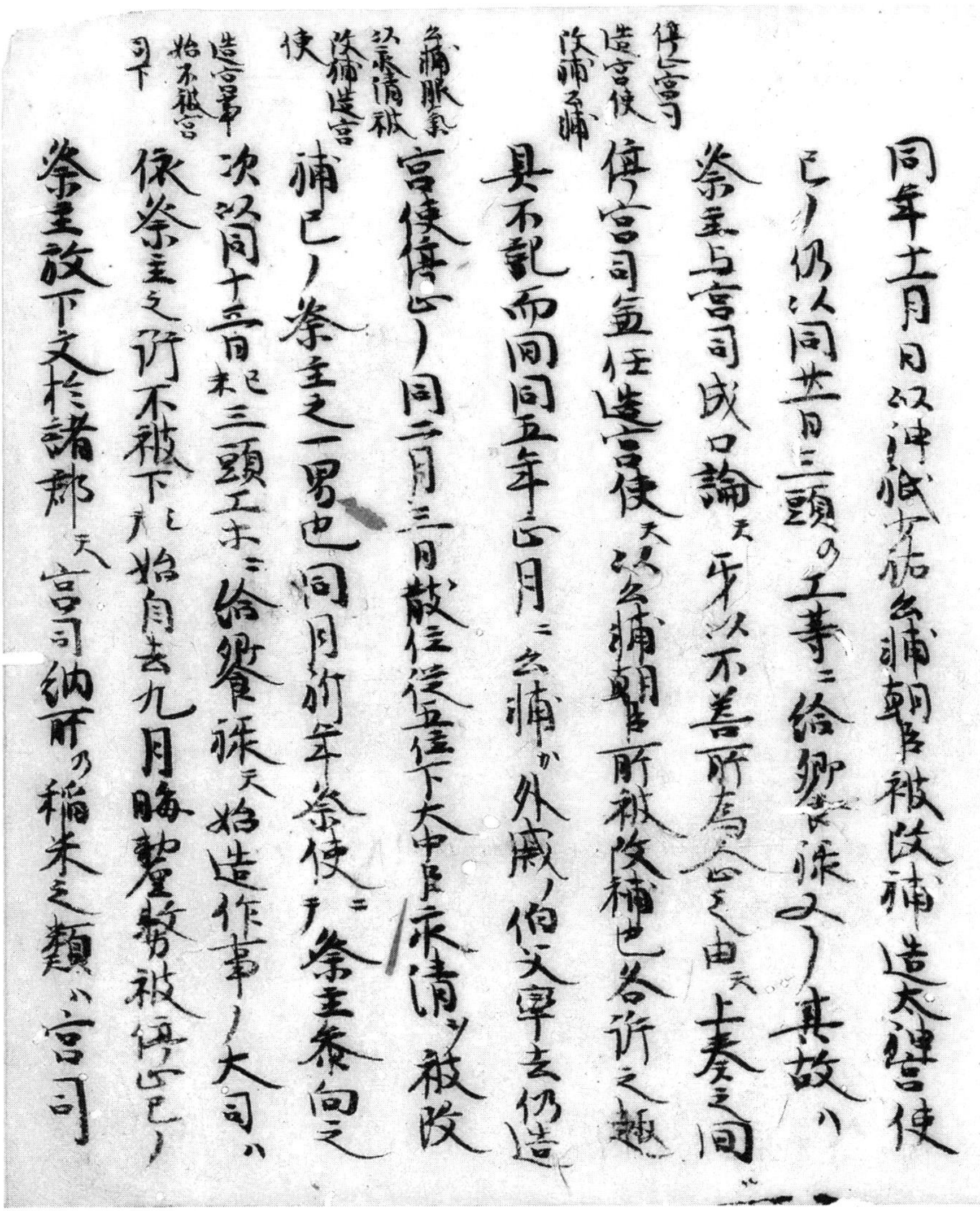
同年十一月日以神祇少祐大中臣輔朝臣被改補造太神宮使
已ノ仍以同廿日三頭の工等ニ給饗禄了ノ其故ハ
祭主与宮司成口論天乎以不善所為心之由天上奏之間
停止宮司
造宮使
改補大中臣輔
停宮司兼任造宮使天以大中臣輔朝臣所被改補也各訴之趣
具不記而同五年正月ニ大中臣輔か外戚ノ伯父卒去仍造
大中臣輔服解
以永清被
改補造宮
使
宮使停止ノ同二月三日散位従五位下大中臣永清ヲ被改
補已ノ祭主之一男也同月祈年祭使ニテ祭主参向之
造宮事
始不被宮
司下
次以同十二日未已三頭工等ニ給饗禄天始造作事ノ大司ハ
依祭主之訴不被下知天始自去九月晦勤務被停止已ノ
祭主放下文於諸郡天宮司納所乃稲米之類ハ宮司

可下符進也　斎宮御服立毛仕丁米之代及男女官人
等ヵ年ゝの未行之代拂底天下行已畢　祭主の使撿非
宮司上奏　祭主注　被對申
違使等所蔵行也同四月十三日宣旨到来偁大宮司
重任奏状偁為祭主遂検封諸郡納所米十[illegible]石
市奉稲四万余束下用太神宮造料工夫等食料
又須[redacted]戸三烟或贖掠領或無由裁死他人ゝ之旨不
可糺返由　被下宣旨
并者右大臣宣奉勅有事実者可返行也者官使
下向於祭主許雖而無実之由進請文畢云ゝ具不記
同五年六月祭使権少副正輔参下也須祭主下向也
而以去年九月十五日祭主宮司口舌仍各上奏於公家之

同被停止宮司勤仕務了而参之今年二月下向之大宮
司納物未進以且下用爰依宮司愁状被可糺返之由
為御遷宮事後参並被免下也
被下宣旨也其沙汰之間所不被下也同七月十五日参之
下向了此ハ太神宮乃臨時遷宮近々也件遷宮事為令急造
所被下也但依宣旨所下向也
同八月廿日大司下向了是又依件臨時遷宮之勤也同九月五日
参並上道為参使為下向也
神衣祭日不供奉事
同九月十三日宮司依臨時使参下勅使弁代中弁経方史元範
左大
右大史中原師範史生一人官掌作物一门長上亦依例
一々勤了臨時勤之了同九月十七日恒例神御衣祭日闕怠

不供奉事ノ義ハ宇鍬方ノ御麻生園預清原秀延か
申来天太神宮の天平賀奉造料乃板屓タル獻横切
放セシノ仍大司若検非違使常忠天糺真偽之間
秀延迯隠天不参會使者仍検封彼住宅也ニ時
太神部上里女少神部為女ホ申之可奉御衣織料の
御麻作畠於秀延住宅被検封也仍御衣不可供奉
之由ヲ陳訴天過日来之程ニ神服の御衣ハ式日ニおいて進天
宇稲木川原ニテ麻績ノ御衣ヲ相待之間ニ時剋式日已
過リタリ仍十五日午ノ時許ニ參宮被下向之程大神部常榮ホ
祈申於参宮之所被令云々服御衣ハ無懸欤然則早可

供奉之者、仍以十五日夕ア奉納已了、但御衣ハ権司ノ所
供奉也、大司・少司ハ離宮院大饗ニ供奉、祭使逢座並
如恒、斎内親王寮官同前也、抑斎王御外戚伯母以去
八月御禊　有九月官　南門事
八月下旬入滅已了、仍八月御禊ニハ九月四日於南門被
奉仕已了、御参宮之幣者斎王可宮中之旨従所自
殿被仰下之間、斎宮寮院ハ如此傍親〔式部〕御忌服之
参以同月乃例也者、任先例可令参宮給之由進上請
文了、仍以件請文所令進於斎宮御也、因之豊受太神宮ニ
御参宮如恒、又太神宮御遷宮之勤如恒、同五年十二月
十八日参宮勅使王致資王、中臣元範朝臣等也、宣命云

去九月十四日神御衣ニ宮司神民ト向背乃氣在天甚狼
御衣服闕怠之由云々、以来廿二日令供奉之由云々不具記、裨
件御衣以件廿二日成神部代令備進天、所被令供進也
詔刀畢之後、東寶殿ニ奉納之天、一宿之後ニ禰宜ニ給ノ
其参宮御料ハ御前ニ御棚ヲ為結天、其上奉置同一
宿之後、内人物忌ニ給畢、即件大少神部ニ頒内戸田
當年官物ハ宮司放使勘納畢
康平元年歟
同六年七月廿日宣旨傳應畢、撰補禰宜人来九月
飯高神戸
御神酒
闕怠
御祭供進去二年十二月同三年六度両度闕怠
飯高神戸御神酒事云々不記、事發ハ前大宮司

義任彼神戸検田ヲ行之由愁訴天、闕怠御神酒也、
以去三年六月十二日依宣旨天、左大史中原師範、右大史生
惟宗資行件成道等ヲ差使天、以同月七日天義任与
神戸預対
同停止職
掌科祓
事
神戸預行内推清被対問之処、推清所為前後相違
既成放入人罪之重也、仍被停止件推清職掌、科大祓
已了、同年七月廿日宣旨件推清科大祓事也、使中臣
大中臣公庭、卜部神祇大祐卜部兼国等也、宣旨状偁奥日
宣奉勅、件推清去天喜二年十二月同三年六月両度
御祭之間、寄事於所詔、闕怠御神酒、須任格條専
科上祓也、而猥依放入人罪之謀略、忝致無止神事之

御邑己饒乙田為私領、徒假神戸職、不致司庫之弁
者乎、仍科大祓、差件人義進如件、而依件宣旨、以同

祓没神戸預

年八月二日、稽非違使河内重澄、被没補神戸預已了

祭主宮司

同年八月廿九日宣旨偁、依天祭主永輔朝臣宮司為任

本宮派名事

朝臣、而派名所被令勤申也、事発者、以去九月月大日
神服衣シ弐日不令供進ス、又甚妙御衣御遷之答也、但
至祭主者、不可懸件事也、抑為神麻続機殿神部等
京上天之、愁訴祭主之日、須早裁下令致件勤也、抑為与
宮司相違之間、出来天宮司令處重科ト、恩専不裁許之
同之宮司之許之、無其穏天之、件甚妙御衣御遷之事ハ、祭主

織殿大少之舍也ト被定天、祭主乃冥罰者共被令勘也、何況件大少
神戸罪者
神部等同所被令勘罪科者也、同年九月祭使王咸清
事
王中臣少副元季、執行等也、祭主ハ依神御衆決停止
祭主宮司
罪者同不
被去祭使
依無被
立之
祭主宮司之勘生所被令勘罪科者也、仍所不被下也云
今度幣馬之中一疋於鈴河驛家俄病煩、仍勅使被留
逢中幣
馬一疋
病悩
同先例於郡司并駅子等之處申云、如此幣馬病悩之時ハ
被預郡司等天、槓平之時被令送進之例也、近則去寛仁
治安之比十二月祭使天、故三位祭主之御時、件幣馬之煩不
行天、仍預留郡司之許、令致飼之後ニ、追被進之例也者
留飼件牛共天、取郡司請文被預置已了、仍為後代

所謂是也
天喜六年戊戌八月廿九日改康平元年
立心柱榊 為放牛被 食損御杣 行祈謝 御卜
康平元年十月廿八日ニ豊受太神宮乃新宮心柱ニ立進レ
御杣ヲ放牛食損已了、仍上奏之処、随則神祇官陰陽
寮ニ勘申云、奉為公家無咎、本所ニ神事違例之故也云々
公家使
康平
同年十二月五日奉幣勅使参議従三位行備中権守藤原
朝臣経季、王致輔王、中臣権少副名輔也、大宮司為任ハ依
件御衣沙汰所不被免下之、仍権大司未補所修奉也、同二年
祈年穀使 祭主奉下 祭主請調
二月祈年祭使ニ祭主永輔参下、依去天喜五年九
廿行
月十三日荒妙御衣之勘依有闕怠、祭主并宮司未罷名

宮司同大小神ア解却見任　祓令勘之處、祭主贖銅卅斤、宮司同前也、且又大少神
部二人者解大祓解却見任畢、而後祓下於法家宣旨
云、祭主宮司未會赦之後可從神事哉否ト、勘申云、穢
祭主宮司未會赦之、後各穢清不從神事　清可從也者、仍祭主ハ科上穢、宮司ハ科中穢天各穢清之
後所祓充下也
御杣木奉流進同天人流死　同二年三月十九日、豊受太神宮乃東寶殿棟持柱二本
高宮棟持柱二本及太宮乃外院ノ御杣木百余物ヲ自
槎柄少川以杖百人曳奉流之間ニ、癡率テ男一人流天死
去ヒ了時五六町許持去天、奔並ミノ仍造宮使神祇
御杣木下有死人　少副元範朝臣驚給吳人例之處上件之比太神宮御

造宮使儀
死去事
被改補造
宮使大中
臣頼幹
権任五位秀
頼沐水
同流死

造作之時屋殿乃流出材木ヲ字川合渕並天経日来見
件材木之時ニ材木下死人有不知姓名而同造宮使儀
死去ノ其替ニ以大中臣氏頼幹被改補造宮使ノ仍氏頼幹
上奏状依宣旨作替材木天奉造ノ年記不明文
長暦年中ニ当宮造宮使大中臣朝臣明輔之時御殿
材木ヲ字流並於居瀬川天欲曳上之程当宮権任
従五位下秀頼神主以七月七日天臨于件川上字樋手
瀬渕天沐水之同流死已ノ仍驚造宮使件材木ヲ忽
流下天宮川辺ニ廻入天字駅家瀬上ニ曳上天造作已ノ
因之造宮使元輔注子細上奏早ノ仍以同年三康平三

月十九日被下宣旨、当上大司並任被沙汰之處、度會郡
擬大領新家惟長内人阿古光木依責被日来弁申
了、随則宮司並任所申、甚濫无實也、早造宮使元範
無僻怠可奉造、但至于棟持柱竪奥木者、内院料也
棟持竪奥枝木可造替由被下宣旨
造替他木可勤仕之由宣旨已了
同年二月廿日臨時勅使参宮、御占件大司並任依被燧柄
奉幣宮司無沙汰不被免下
少川の死人依甚濫沙汰所不被免下也
同六月廿日造物所長上未下向、是則准太神宮例、豊受
豊受太神宮正殿金物准太宮例可可被奉施被注寸法
太神宮正殿御金物可被奉施也、仍寸法為注所被下也
造宮使元範朝臣所申請也、同七月廿日夜、外宮九〻柱九

心柱霞殿 榊ヵ放牛 又被答損 損已

霞榊与放牛ニ又被着損已ノ仍造宮使元範朝臣ニ奏
之處早可立替之由宣旨已ノ即如前禰宜与山向内人任
宣旨奉替已ノ

宮庭使等 参宮 正殿金物 四面高欄 男柱等今 度始奉加 庭依宣旨 使申請也

同九月十二日宮庭使泰宮弁代従五位下行神祇少副大中
朝臣輔右少史惟宗朝臣負国史生官掌木工長上等
任宣旨奉庭並又霞勘早但正殿の金物并四面高
欄御階男柱等今度初所被奉庭之元範朝臣為
造宮使所申加也

織殿等神戸 復任本職 供奉 神主頼元 六任之合

同十四日神御衣ニ麻ノ大神部重友少神部直友等復任
本職供奉既了 同九月豊受太神宮平安勤仕畢る

位記帯
供奉遷
宮

亦神主頼元既六位也、仍位記幷令位記帯可被令供奉於
遷宮之由、祭主経巻聞早了、而位記到来之前有限御
遷宮今夜也、因之祭主賜下文於太神宮司、即奉行之後
件頼元帯位記畢、殿供奉已了、武文云、二所大神宮禰宜
遷宮之時、更帯位記供奉者

太中臣頼経
被詫左兵門
之場依宮
時致之事

同十月廿三日、祭主〻〻宅別当散位従五位下大中臣朝臣頼経
被詫於左兵門之場已了、事發者宇治郷度会宮時儀
任言云、我皇太神宮之第一別宮荒祭宮也、而祭主永輔
朝臣之〻〻年来神事違例、依之所詫宣之詞、条〻也、其不
記、而件宮時ニ頼経朝臣為祭主の月代天下に、散位非違使

新家成員追捕之間彼随身の前ニ中天件宮時死去
了依此沙汰所被召上也
同十二月五日陣頭の沙汰之件成員ハ殺犯人也其罪不
遁擬与神民ハ非従罪之限者被下文令射敦宮時ハ
頼経朝臣尤当勘奉者罪科不遁者云々
同年十二月十日宣旨云應令奉上太神宮司大中臣朝
臣任経並美田神之延奏并親聴神民遁時所申
詞等事左右大臣宣奉勅宜具不化仰同三
年二月日一経延奏奉上ノ以同三月十九日於右中
弁藤原朝臣伊房之許天宮司神主等被對問備左

大臣宣傳須任例令所司之便所当同神主等也抑当
至于伊勢太神宮祢宜者異於天下諸社御ス太神宮の屏
殿供奉者也仍加會釋於私所天所当糺也宮時之
託宣并可致宮之荼無承氣縱可弁申也者各陳状
具不記

直會太神
宮参宮之寺
三人寮大下
之神司許
有飯酒肴
金所司一分
酒肴是之
飢渇故

同六月祭使少副元範来下柳件某世同既飢餓せり
日之外宮直會ハ酒肴也内宮乃直會ハ祭使并三人宮
司寮官人主神司許ハ坏飯也而于所司一分ホ皆酒肴之
同年六月十二日乙巳未時太神宮の御前杉樹の巽方差タル
枝従本之五條五尺許登天俄折落タリ仍宮司神主上奏

太神宮御前松樹枝伐折落
祈序御ト
朝夕御饌膳進流気殿御飯十六坏内二坏失給ノ
伊勢守義孝配流隠岐國

〻而同廿三日被卜食之處神祇官陰陽寮勘申云奉為
公家無事本所御事違例并依汚穢事斎内親王
可慎御也又天下口舌闘乱兵革可有歟云〻
同七月十六日豊受太神宮朝夕御饌依例天御気殿ニ
膳進上ノ而二宮正體の御飯十六坏之内二坏失給ノ仍
任宮司神宣注文上奏之處被令卜食之處勘申云依神
事違例所祟給也又公家重可令慎給也云〻
同三年八月三日伊勢守義孝被配流於隠岐國已了
事發ハ以去元年七月天件守為藤田入部一志郡之處
郡司伴元宿祢之住宅ヲ焼拂已了而伴宿祢ハ作奏

郡司豊受太神宮之御領字阿射賀御厨司並任也例
供祭物徴納之間同以焼失了依件訴天被流遣也
斎宮直
地奏言事
同九月祭使王延清王中臣捷少副輔親卿下向之斎内親
王以今月九日下坐於御行殿給任例過七日後十六日ニ
直遣ニ奉宮仕之間其時天離宮の大殿所御輿寄ス供
奉諸司共御穢奏言了同年十月九日太神宮ニ祢宜
氏範神主上洛已了依宣旨宮時之深為申也即氏
範陳状具不記
備進御
気殿御饌
御飯六坏
失給了
同十二月十三日豊受太神宮乃御気殿ニ備進ル御饌の
御飯六坏已失給リ仍上卿之處ト申云本所并斎内

於御気殿
御饌御器
並宮柱失
給了
祭主永輔朝臣
宅焼払之
関白殿下
被坐之
賤敬之

親王殊可令慎給也又天下病悪飢渇兵革事〻与
可有欲者云々
同四年（庚午）五月十二日同御気殿天（云々）如前御饌ノ御飯并宮柱
失給了仍上奏随則又被令卜食之処奉所ノ神事違
例也又疾病兵革等也就中玄家尤可慎御也者同六
月晦日祭主永輔朝臣宅焼払已了事發ハ関白殿
御車ノ築垣ノ違形ニ懸還天令損給云々又御共ノ小舎人ノ
中納言殿ノ御車同前ニ天破損已了自之從関白殿遣
検非違使三人天被焼払已了就中中井大納言殿御
薨去之同ニ無憚費人作事ヲ甚非常也云々但件宅材木ハ

勘所修理料ニ放免者歟、亦以テ被令運移已了

造所行事
并大工三人
被禁固

即造所司代并小工三人、亦被追捕禁固了、但件大工依

有神民天、不被遣勘所ニ天、便所禁固云々

々

頼経可被

同四年七月九日頼経朝臣可被除之由被下宣旨已了

除由宣旨

同廿日天下大赦已了、同十月九日宣旨云、可令停止供

殿並常供

奉神事豊受太神宮一殿並常供神之事、件神已為

不奇預
神事由

疾瘵ニ疾者不奇預神事之由依神宮之訴也、是則癩病之

洗馬小童

同五年六月御祭之同神宮坤方字川合淵ニ天馬洗小男

一人溺死
去ゝ路之

一人放馬溺死去已了、仍以十六日早旦天神已注此由申送

御使道被
参宮之
例也

於宮司ノ許、驚被旨同先例之處、件川合淵ニ度々人流

死之時多之也、徒已人テ一殿の西砌テ御禊奉仕テ祓奉
入之例也、又宮中之間并内人等乃宿館ニ牛馬落胎斃
穢之時、遠道参入供奉之例也、仍代々古記文甚之無院
隠之事也、者今度ニ道遠可被参入之由所申送也、祭
使并内親王宮司同以参宮、但任例馬壊供奉与参入テ
一殿ノ西砌ニテ御禊奉仕テ祓供奉ノ更無事也、抑頭伊勢
守藤原朝臣忠高朝参二頭盛憐朝臣同供奉ノ
同六年二月祈年祭使少副元範参下祢宜祭ニ勅使
参入豊受大神宮ニ宣命詔刀畢テ直会三献始之間
高宮内人申云、高宮御幣帛ヲ請取テ令奉拝見之處ニ

高宮御幣
絹御幣焼
損召問
神戸專當
處近江國
栗太宿
所焼亡事
失焼亡
不申事由依
祓奉宮
進怠状
祓御幣依
干幣代

生絹乃御幣一筥ヵ行請今焼損給也者仍驚召問
神部贄幣衛士等之處申云近江国栗太郡の貫首
之宅ニハ勅使の御供給屢饗来ヨリ備ヘタリ治田郡専當
之許ニハ神部衛士等ハ粮備也の進向彼所天御幣ヲハ
門内の案上ニ捧置天假屋之内ニ可奉宿御幣御棚
可造之由令催知下人等之間不意ニ火事出来天焼亡ノ
仍驚ニ官幣ヲハ荷持天退去已ノ仍任實正在郡司等
進其由申文也更件官幣何可大厄侍哉者太神宮官
幣奉納之間無事也但此由勅使上奏之處被下宣旨
偁件焼亡事ハ使已還向途中天言上事由可随哉

定也、不同事、斎宮尤有忌、仍進忌了、但以同月廿日
差使女祐大中臣浦長等、件祓料被替進已了
康平六年五月廿三日、斎内親王御字俶子陵所聞
罷入滅了、然る斎宮斎院ハ、祖父母及兄弟九忌服不
斎王御服氣
御坐之例也、以日易月之前例、所謂服五月ハ五日
服三月ハ三日、服一月ハ一日、是兼例之例也、仍無間御遷
殿ニ御坐天、内膳炊部司等の御膳物ハ不供之天、只ハ進物
所与川御飯御菜等進了、無本服五月也、仍五箇日所
下坐也　同六月祭使神祇少祐浦長参下、斎内親王
参宮了、但当日御禊ハ、以今月十日奉仕天、令供奉

公卿使

給之、依以日易之例也、同八年四月十九日公卿勅使
参宮奉幣儀、正三位行右大弁兼近江権守源朝臣隆俊
王内膳正致資王、中臣権大副惟経、忌部、卜部ホ也、子細
宣状具也、

宇治瀧成科大祓解任ノ依二所太神宮白散祠怠也

治暦元年八月十一日、太神宮鎰取秦宗常、散位高橋瀧
成ホ、科大祓、解任ノ使権大祐惟宗、卜部兼懐宿祢ホ
也、事発者、去年二月一日乃二所太神宮御膳乃白散祠
怠之咎ニ依天下宣旨所被行也、

御井水失

同年五月六日与リ七月ニ天大旱魃シ天、豊受太神宮乃御饌乃
御井水失之由、依禰宜等注文、宮司上奏、仍被卜推之処、

公家御慎之上天下疾病也云々

飯高神戸預復任本職

同年治暦元年九月廿四日宣旨偁應令如舊勤行飯高神戸預
職河内維清事云々具不記　去天喜二年十二月同三年六月
御祭被神戸恒例神酒闕怠ノ仍依件咎以去康平
元年七月廿七日科大祓解任畢ノ而今年所被復任也

雷電振動四方如暗夜氷降大柑子許也

同二年五月十三日丙申氷降天雷電振動之四方如暗夜之
午時ヨリ迄于未時ニ大柑子許ノ氷降天牛馬犬ハ人ノ中
走迷ヒ田夫殖女ハ衣服皆ツ被打破大少鳥ハ飛落天
被打殺之事亦有宮司上奏畢　同二年八月廿五日丁未

假殿御遷

太神宮假殿御遷宮也　炎祭事ハ依故宮時之例沙汰全八

依太神宮解状祭主被免下

箇年之間所不被免下也、而依太神宮解状為令勘件

御遷宮之雑事所被免下也、爰以八月七日盆日ニ

大雨洪水

祭主下向天、大司乃俘蘓館ニ宿居、而間始自同廿三日

朝天細雨降天、廿四日ハ大雨降天、既大洪水弥湛天如海

宮川の水湛《甚》猛ニシ天、大少舡所不通也、祭主宮司相構

宮川ヲ渡天、神宮参入、而河西大少内人物忌并人馬共ニ

往還不通之間、不参宮、仍職掌供奉乃人々既以不足

御遷宮日時雨并大水相違之時

也、又御修理之夫工同以不足也、而雨乃降事ハ以水如流之

御遷宮

因之遷宮時剋相違天之、戌亥時天、御出奉遷之間乃雨

御體寶物御装束未湿御坐也

遷御間雷電儀式相違

氏人等内々密奏祢宜咎

祢宜

参宮之遷宮間依違例沙汰不被下

除信天無間断仍以昔御笠天御體之上ニ差隠奉天
假殿ニ渡御坐之間御被并御装束神寶物等
併以湿損御天御正體ヲ奉始天左右相殿乃御體
同以湿氣御坐之由云々已遷御之間ニ雷電霏雲天
供奉職掌人々迷以神天行歩不静之儀式作法每
年相違已ノ如此事未神郡乃有官散位乃中臣氏人等
内々ニ密奏因之祢宜等之咎不忠之由已有聞天無隠
同二年九月御祭使王致資王中臣権大祐惟經等也
斎内親王御参宮如恒参至ハ件御遷宮之間違例
依有沙汰不被参着下也

公卿使
治暦
同年十一月廿一日参宮勅使参議従三位行右大弁兼宮
大別当藤原泰憲卿王信清王中臣少祐元範朝臣也、宣
命状云、去八月廿五日假殿御遷宮の違例之由、令祈申
給也、仍同廿八日件勅使参入於斎宮先西陣ニ寮頭並
懐朝寮助文季、主神司中臣範任等各束帯之天両
陣ニ参着天之、西陣開天、西面東戸ニ許ニ令参入給天下
板敷侍坐、纐纈端畳二帖、茵一枚、従本陵盃日ニ所
被下也、従御前被物五重、龍紋織物、紅清縒裳、唐
衣也、寮頭給天、勅使奉ル、即勅使退出天、南面ノ

御前ニ天奉拝賀ノ天御退出物所ニ退出天装束ヲ解畢
冠直衣着天坐纐綱論疊二帖上邊一枚繧繝二帖
左右居高坏三本三天献御酒ホス于時勅使盞ヲ給
織物女房裝束一具宮神司中臣範任給蘇芳褂
一襲御衣給黄褂一襲衣一番刀同給草乾一襲裳ホ
更又西面参坐給天女房御對面万事令問給ノ
治暦
同二年十二月祭使権少副公輔朝臣参下斎内親王
依例参着離宮院十五日大祓依例ノ次十六日朝勅使
以検非違使惟式着使神祇許ニ来云昨日自飯高驛ノ
家利立天御装ヲ令持神部ホハ前陣ニ立天参下ニ勅

使ハ還比後天参下之間ニ前立ル男士返對申云者綴
牛皮兵杖等之者左従四人称合天専不致礼敬天過遁
被衛士射死了
俊之径ニ執幣衛士乃咎特之間件騎兵ホ不論是非来
士ソ射死天罷過也者後ニ来良等乃男共ニ此由タ
騎兵二人被射殺了
令作知之径権追捕使藤原高行被射落已ノ又検非
違使式時カ随身男一人被切損タリ此間合戦之間ニ件
騎兵二人被射殺已ノ又歩兵二人ハ捕得之由ヲ云テ此既
後陣ニ来ルレ下人等乃所為也仍作驚ニ御幣
随身天シ前立天進来也者即神主乃返答云久件事
左右称且等難沙汰事也乙執幣衛士家前ニ被

諸行之寮
射九ナリ綏雜石中件前ナ已循被衛言ニ有憎ト
傳奉宮
退奉祭
如之後ミ人ミ哥多合戰之程射殺人リ世此尤不穩事ト
也被奉宮事可依公家定也者仍奉宮留畢天
勅使注解状言上已了
下向使
勘記合戰間事
同年十二月廿六日宣旨明正月五月到來使神祇權
大祐大中臣惟經右史生佐伯親ナ龍使部二人示也
件勅使等不着於離宮院ミ天小俣村乃少人乃宅ニ來
着天ミ二宮神主宮司祭使權少副共任宣旨件合戰乱
行之由弁定使勘記云ミ具不記
今年祈年
祭之幣ノ
今度幣
同三年二月十日宣旨偁應令奉供去十二月ミ次幣

可令参宮事

幣事、右権中納言藤原朝臣経輔宣、奉　勅、下知使大
今度御幣相共奉幣、者、宮司宜承知依宣行之者、
同年十一月十日勅使王中臣祐輔長也、相参宮ス、同
年十二月御参、権大副共〻に、石階ニ着天、先十二月御
幣乃詔刀申ニテ後ニ、今ニ度乃勅使乃御幣ノ宣命申ス
宣命状ニ無他事、件御幣途中ニ天穢氣出来天、不進納
由ヲ令祈申給ヘル也、抑古記文云、醍醐天皇御代昌泰元

鈴河山盗人来事

年十二月十二日、参使下向之間、鈴河山ノ内白河ニ強盗出

奉幣使…年十二月…幣途…非常事

来天、上道乃人物取天、彼此合戦之程、勅使乃従者二人
来、箭ニ天中矢天死去、盗人乃方ニ二人被射殺己テ、仍不参

奉幣使已　祇伯雅望　三日法雅　事従並　於度會川　以瑙馬頓　御奉

御輿前立天過還後、来廿七日十禰川仍宣嘗途維

□ヲ其後使参向仕事、仍以同年二月廿一日ニ使王十□

神祇大祐良□　等参宮宣命状ニ云、去十二月月次之幣

帛依例着使奉出立給フ、而使参下ノ間ニ途中天非常

事有ケリ、使衛士丁幣帛ヲ令捧持天彼ノ處ヲ逍退天畢

弐日如跡ニ令奉仕事ハ、寔是皇太神ノ無限御頓ノ所致也

慨中啓天云々、具不記、宇多天皇御代仁和四年十二月廿三

日勅使参宮王神祇伯雅望王中臣大祐時常忌部少祐

斎部祐雄、出也、而度會川ニ於テ祓之間、祐雄ハ従者ノ等依ニ

馬ヲ被踏天、頓臥己了、仍祐雄ハ急ニ他ノ男ニ乗替天参宮之ノ

神嘗祭使参宮間度宮川於河中死人船ニ流寄事

陽成天皇御代ニ、元慶三年九月祭使侍従貞名王、中臣□主
神祇大副有本朝臣也、而十六日参宮之間、宮川洪水
仍船渡之間ニ、勅使并宮司貞世同船天渡之程ニ、於河中
死人流下天、件船ニ流懸天、早不流下、因之他船ニ招寄天
至着東岸ニ渡留天、即載度穢清天、参宮供奉ノ但
宮幣ハ忌部氏士共前陣ニ渡也、即使等留京天参向
其由仍被令卜食ニ、奉為公家無咎、天下疾疫兵革之事
出来者、仍其由祈祷勅使参宮具不記、件祓穢文
祭使不帰朝ト祈謝、去十二月十五日以還今年二月十四日ニ離宮
院ニ於テ祓清天、其祈明供令坐之官 勤仕ノ文ニ明也云々

勘無間新検非違使退出[…]之天宿[…]日者
驛事當其之勤無懈怠也
同九月奉使王以親信清王中臣権少副永輔近也
斎王依例参着離宮院給天十五日以大神宮
日巳時御河殿下坐ノ仍以同廿五日天二宮参宮已了
同年十二月日東同尉平季衡斛上旅使神祇大祐
中臣惟経小部検大副無懈怠也事[…]前今年
三月三日奄藝郡坐稲生社乃奉日也而検非違使所
内常[…]駿河前司平[…]朝臣乃従者[…]
尉[…]信者[…]百姓三人被射

損亡ノ其ノ受者等ハ矢庭ニ死亡ニ了、悍重父子ハ僅ニ存
命セリ件ノ下手人ハ壹志郡字ハ比原御厨住人等也
仍参宮承捕年来家損勘卅九ケ年之間雖不下向
参宮又令追捕之間御厨内住人三百余家内外共
負已ノ仍住人各依 宣旨科穣勘出ノ又被致言之
神民ハ以替人ヲ被令弁替已ノ果因可御弁ノ預大所
武則被致言之時ニ故越前ヨリ正度朝臣依宣旨令参
被人の住其所且住人等所弁替已ノ
同年十二月廿日勘申時未令男中ヲ冠

十二月晦時ハ大殿祭御[illegible]日〻[illegible]
吟味せ[illegible]但五ヶ日経者無目條卜申、以去六月十二
七日、勅使[illegible]弁[illegible]輔長、以祈年祭給フ宣命
明年二月一日ニ日蝕可有之由、昂体慎可有之由
所被祈申也

同四年二月祈年祭使少副元範参下也、而廿八日
暁、豊受太神宮正殿康雄神主宮司ニ送消息状
今月廿七日亥時、豊受神宮御殿鳴也、而ニ恒例御殿鳴
牛ノ尅
良方ニ当テ、牛ノ産ニ侍者宮司宣衡朝臣[illegible]
恙垣戒氣時不及下
参詣仍御殿鳴之處、以著之未刻[illegible]小諸氣[illegible]参事

穢気時此外宮渡道奉例所見

朝廷ノ御鏡之勤仕事甚重事也又以人穢氣事出来之時
過外宮天直道ニ太神宮ニ参入ル例有哉否如何事
依先例随可注進也者神宮勘申云例天如此之事
外宮ニ穢氣事出来之時専不及言奏只過三ケ日御鏡
供奉之例往古近代之流例也又臨時奉幣使恒例祭
使ハ当参宮之時天未出来穢依前例難取又
外宮之如此勅使直道ニ被参入於太神宮之例未聞
於件事者至于被参向者左右勅使御心也於神宮者
難定是非也就中当月乃先子日ハ禁山乃御神
則年一度定日也穢気等可憚事

宮司ニ之申、如此不善不慮之由、一向可之旨

祢宜被職祭之所ハ、遠道神事供奉之先例也

但遠外宮直道神於不御宮之例ハ、未聞事也

奉為勅使御在之有因之過三ヶ日、参宮人道直

宮司共官奏已了、同四月十九日天皇崩給了、同廿五

三日奇王下坐了

同四年二月奉幣使神祇少副従五位上大中臣朝臣七杯奉上

永輔朝臣、始自康平二年十二月御参、近亨治暦二年

惣八ヶ年之間、依故宮時教宮之沙汰、不被下宣旨之、皇太神

宮御殿乃御遷宮、去二年八月不知不法之後、被抑被置

祭主永輔宮遷例之次不被下遣而及三十ヶ年之間天下炎旱此
若有御新帝御時所補前帝之時勅使之依之新天御代之間不被発下也
左祓宣示仰当月祭使属被定下以令月九日被下神祇官之旨
申之條祭主永輔朝臣年来之間不被差遣祭使依何不
之過怠哉無由勘録可言上也者爰返奏状傳前帝之
御祭主之永輔依無所犯不堪定申彼咎誤也若
名張合議于時名張之僉議云浅雑無指過怠既不受神事
此等件事由空過十ヶ年也而何新帝之御代被令供奉哉云々
遁者於事無穏便尤似可有憚也者以次官令秘之
進之所宣又不宜也仍早改其新卜神明卜宣詳已前祭

使也、氏請官符宣旨、依以今月二日神祇
宣旨、仰下行幸事有也、件日又奉幣使可被立也、件日
行幸ノ日、依元服可勤仕也、早可参會也者、仍参下
二宮、供祭無事奉仕ノ、同十八日少納言、同十九日辰剋
可奏上之由、召使下向仍、彼使同廿日夕
入京已ノ、廿日御行幸の日、役勤仕ノ、爰元服
御麻、天祭神祇官、同進之處、被宣旨傳、今度奉幣
使ハ依元服為祭主、可令下向、係執申太神宮也、若
彼立ル、王従五位上、成清、十五日参
神祇権少副大中臣、乾

寛平同年四月十一日辛未、始行祭主（？）九二言、宿注文
職シ、補任之剋也、仍於神宮大内人甚木田吉足（？）
神宮大内人度會貞雅其補任已了、件日小民新宮
御禄旧之日也、祭主（？）……
同年九月御祭使王内膳長章平資王中臣参着、
川……寺……於大神宮ニ参入之間、祭使宮司等到於宮
器天樹浦田坂ニハ西向テ、件宮路也、東宇治田行事ト
云道也、其面ト云所ニシ徹テ川上ニ参宮也、其後ニ宮人等
去禄ニ云所ニ居住下人死去、仍彼死去之間許……
遠河以……任神宮注文、所条……九十三日……文也

同前ニ参宮之
治暦四年十二月ノ祈祭祭主元範朝臣参宮七禰宜ハ
於二禰宜大中臣常生依先例加階正五位下、仍参
宮籠精進天退出之後、同日乃未時許内裏焼亡ニ至于
参宮着依例十五日ニ到着於離宮院之間大司乃義
権司信通少司如範司中雑職人等并検非違使
敷上中下併以天祭主御許ニ見参了、以同時許例ト
参棧敷ヲ擬被奉仕之間ニ神役官益取一人随身伯
御消息一封天到来、件消息状日上
係祭主元範之宿所ニ死人穢出来、而限忌天請

件下神祇官以書状預〻幣〻下向之首至于斎宮…途中要便所ニ

（参〻待〻）豈天随状可左右也者即参之之御坊ニ参入之人〻ニ至ハ

（参〻之許 八省院）上中下人〻併觸穢之内ニ成ル天借又称シテ不勤仕何…

（穢ノ）然者宮司共ニ参言事ノ停ノ但式日有限御祭の事ハ依

（斎宮致時 為穢中垂）手觧急前ニ女司致時ノ記者也天司の代官天下ト二宮

（御祭ノ）祭使ノ事ノ人〻勤仕ノ天十八日解祭之豊明乃神嘗者

（豊明神事 然而斎内）度會ハヲ西頭宮太士草天勤仕ノ仍十二月晦日

（過勤仕ノ）雖斎院可有其遣天自彼年奥鎗之勤ヲ件大中臣

（元日大祓 而ホ〻末）吉是僅令勤仕ノ正月元日の恒例の太卿以朝様

（代〻勤之 中世牛）踏歌之勤モ件大中臣…宮司代に仕ノ且三月毎夜乃

御燈油之勤、然皆造宮司之所謀也、並ニ依件穢気天
闕怠之在京ヲ無止恒例神事モ依件穢気天懈怠之由
是則依権少副氏神主之内奏也、爰祭主ノ旅宿所ノ
家主右馬寮属姓不知光則ニ付検非違使天令勘糺
被糺問件穢気之處、弁申之、祭主元ヨリ乾白地之間
未宿於光則之私宅天経廻之程ニ、光則之許ニ従令
来ノ下女一人、病悩過一両日ヲ非常之事天男女寄令
退出之由、祭主被申、光則モ以内ニ依存恩給天件病女
下女令負背天便人之許ニ病遣之程ニ、少家ハ人申天久
宣旨ニ被定來、然臣祭主宿之間也者、其家ハ不宿之由申請

依傍所天指申實書ノ事是則傍随近邊者往還人ニ
見所見知也事非死人ト申ノ然而求其實偽件
婦女ノ肩擔テ女ノ呂對天任法被糺正之處非死人ス
（非死人由）作下生ニ肩出之由依實ニ陳申ノ呪并近邊往還
（作下生テ　其由也）人ニモ作下生事其實之由無實也ト謹申了ノ仍云補朝臣カ
（元是非依件）内麻元實之由具也仍其由過状畢ト愛祭主元範
（觸穢沙汰　随申幣）朝下依件沙汰随申止幣帛天自去年十二月十二日明二日
（去年十二月十五日至二月廿日離）廿三日丁天離宮院ニ祗候其後二月廿二日ニ勅使参宮倍
（祭主）王依清中臣王殿廿九大中臣親長参也件十二月御
（二神宮　廿七）幣ハ今度幣ノ様令随給之由無之宣命状不記ニ

但宣命状云、其説被擯々、猶南之難禁々、仍為決真偽ニ
神祇官陰陽寮ニ令卜食、處共皆有穢氣由申せり
日之云々、是也、依件沙汰、去三月祈年奉使ニ前和雲
守頼宣朝臣参下也
治暦五年乙酉四月日改延久元年、延久元年六月
奉使散位大中臣永清参下之処、依彼死人沙汰
不被下也、同七月一日乙巳時巳始迄于未一点天日蝕如暗夜云々
ー候山亞
宗ー堤守
同廿日始被下宣旨於太神宮司天、阿倭山之堤計使
ホツ差遣天、伊賀伊勢志摩大和紀伊国木乃悪害
ホツ令同天、彼山乃要人散位紀為房同近助同宗道

朝臣文谷并男女子共ニ被追討已了、但同年九月三日昇
始天同廿二日職ノ奉進宣文ノ大将軍左衛門尉従五位下源
朝臣ハ泰宗、伴判官ハ従大掾入伴山ル副将軍前駿河守
平維興朝臣ハ自伊勢国飯高郡入伴山ヨリ伴平前司随
兵三千余人也、於歩兵者不知其数也、依件事天太神宮ニ
被下宣旨已及于五ケ度也、是為令古伊郡之要害也
同年九月御祭使王ニ親正、信清王、中臣前出雲守頴長
頼宣朝臣并十六日豊受太神宮御祭ニ祭使等共ニ依例天
参宮ノ上、王事行事宣命俗了天、為奉納官幣ニ正殿ノ奉
開之処、御鑰澁固天、更不被開給ス、仍始自一禰宜康雄神主
一二三禰宜神主等三代ニ奉執ニ更不被開給、然同時驚権務天

夜御臨幸後夜〔〕欲天仍神主等勅使并宮司ニ申云西寶殿與
東寶殿之中天以御裝束物之安置處也天及于數度天
令穢清天又六負禰宜等皆參登天開奉ニ遂不被開給ス
因之禰宜等降下天一禰宜申云去長暦年中依遷宮
次後公家乃被進官幣物等依應奉納東寶殿之由被
起請申於二宮畢ノ而依禰宜等申請狀天九月御祭并
臨時勅使參宮之間ハ正殿ヲ奉開天且奉拜見但積
有寶且官幣ヲ應奉納之由所被改定也而今度ハ正
奉納東寶
殿
殿已不被開御ス者雖有非例依便宜天東寶殿ニ奉
納如何者勅使義諾仍奉納ノ臨于曉天次第神事
勤仕太神宮御參ハ任例奉仕ノ但以御事勅使并宮

司神主上奏了

奉幣正殿御鎰不合用給事

同年壬十月七日奉宮勅使王五位長王中臣少祐輔長季

令進給ノ金銀御幣御馬等也、宣命状云、去九月御祭

豊受太神宮乃正殿御鎰乃不被用給之由令解申給云々

今度ホ不用給奉納東寶殿云々

具不記、但以去十二月天、同太神宮寶物等令奉給云々、如九月

御祭ニ正殿乃御鎰損溢固天不被用給サリケレハ、同東寶殿ニ奉

納セリ、其等御祈也、件太神寶乃使中臣撰大祐惟經云々

具不記

公卿正殿御鎰用事

同十一月十二日長久元年也甲辰、公卿勅使参宮、参議正三位行春宮權

大夫藤原朝臣資房、王從五位下益則王、中臣祭主正五位

下行神祇少副大中臣朝臣元輔也、即被下宣命同十一月八日偁、

權大納言源朝臣長宣奉勅、早祭主宮司祢宜等相共

構開如舊修補件豊受宮正殿御鑰二口（奥否不記）宣旨状ニ
件御鑰乃事ホ所令祈申給也 仍勅使宮司共ニ豊受太
神宮ニ参入シ天 玉串供奉宣命治乃如例ノ天 祭主御祈ニ
参入シ天 御前乃御階之許ニ候天 六位並外従五位下頼天神主
以令随身御鑰天 参登玉天 御鑰シ構開天 令實検之處 已四
右乃御鑰乃古一方ニ被押燃天 後品給リ 其外ニ破損なし

御鑰構開
并令繕補
所奉納也

即實検之後 三ケ假治 内人其先并鍛冶大中臣吉友シ治天
即日内令繕補天 如元ニ所奉納也 但其間ハ外宮ニハ権司
信通シ令候天 大司為義 少司如此等ハ 勅使ニ奉供天
太神宮ニ参入供奉ノ天 従内宮帰向参シ天 件御鑰シ所被
奉納也 即其由解文言上已了

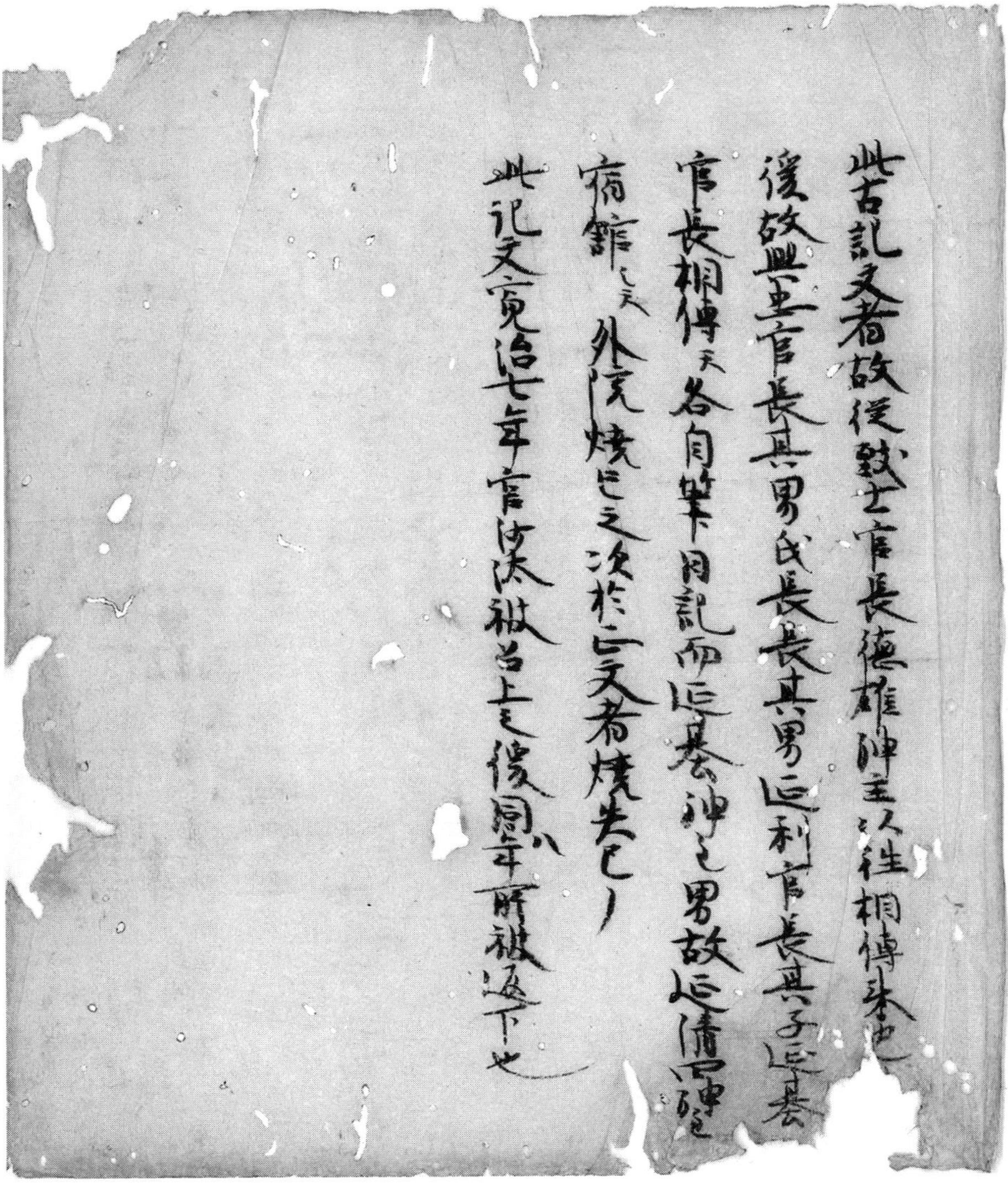
此古記文者故従散位官長徳雄神主以往相傳来也
後故興忠官長其男氏長々々男延利官長其子延基
官長相傳天各自筆日記而延基神主男故延清神主
宿館云々外院焼亡之次於二宮文者焼失已了
此記文寛治七年官使沙汰被召上之後同八年所被返下也

太神宮金物等、被奉加粧。

第六十七合上

太神宮諸雑事記第二」表紙

《白紙》」見返

太神宮諸雑事記第二

東三条後朱雀院

長暦元年月日、依　宣旨、太神宮ノ正殿ノ堅魚木ノ
木尻ノ貫木左右瑞(端)、泥障板左右瑞(端)、鞭懸瑞(端)等ノ金
物等、被奉加粧ル。又、月与見・伊佐奈岐宮等ノ＝
造構、并御
垣御門扉等、被令改造了已。依神主解状、祭＝
主ノ改而
所被申加也。抑造宮使為信、以鈴河山之木、＝
内宮御垣・外
院殿舎等之材木ニ造テ、或所曳置、或宇治河ニ流寄了。

停止他山材木。

而間、有官散位氏人等、件材木非例之由内奏。＝
随則他
杣之材木、早可停止之由、被下　宣旨了。仍＝
止之了。」1オ

祭主途中病悩、立代官。

長暦二年六月、祭使祭主正三位行神祇伯大中臣朝臣
輔親参下之間、自途中病悩テシ、祭使代官ハニ従五位下
行神祇少副大中臣朝臣輔宣ヲ以、従字岸江殿、＝
令着於離

祭主逝去。

宮。二宮御祭之勤令供〔　　〕件岸江ヨリ石出ニ到
来テ、日来病悩、以同廿二日卒去了。

被寄奉封戸百戸、禰宜等所一階。

長暦二年七月日、勅使参宮。宣命状云、公家＝
可有御慎
之由、頻卜申。仍御封百戸所奉寄也。又二宮＝
禰宜等賜
一階了。御封近江(国脱)廿五戸、美乃国・参河・上＝
野等国、各廿
廿(衍)五戸。官省符到来了。

依内裏穢死、被立例幣。

同年九月ハ、太神宮廿年一度御遷宮也。而件九=
月神嘗」1ウ
祭ノ官幣、依例テ、祭主為使可参下也。而以今月=
十日夜テ、
内裏ニ穢気出来、不被奉幣。爰新祭主佐国内奏=
云、当
月是恒例神嘗祭之上、皇太神宮ノ廿年一度遷宮也。件
遷宮事ハ祭主ノ申行之例也。縦依内ノ穢気雖不=
被立官
幣、罷下テ彼遷宮ニ可供奉也者。爰公卿口宣ニ=
依テ、祭主
下向シテ、九月十五日到来於離宮院了。然而房装=
束供給、
雑事之勤、宮司専所不芸也。仍祭主以此由、=
示送於宮司
許之処、返事云、今尋先例、祭主補任之時、=
以官符令承知
奉行宮司之後、従神事之例也。而件官符未到、=
加之内裏
穢気出来テ、官幣ヲ不被奉之由云々、仍所不致供=
給之儲也」2オ
者。即大祓ノ所ニ、祭主不可被坐烈(列)之由ヲ陳テ、=
三員宮司
依例テ大祓畢テ、各籠於忌殿了也。祭主ハ召太神宮司
詔刀師種光テ、手祓奉仕之由云々。十六日ニ豊受=
太神宮御祭ニ、
三員司依例供奉。但祭主ハ一鳥居之許ニシテ、神拝=
畢テ、祭
庭不参シテ、直ニ参入於太神宮之由云々。爰外宮御=
祭畢テ、
宮司等、参入於太神宮シテ、御塩湯所ニ、宮司立、=
以宮掌
太(大)内人荒木田久常テ、神主之許ニ被命云、早ニ(々)御=
塩湯所ニ

被来集テ、任例御遷宮之勤、可被申行也者。爰＝
一禰宜
利方神主返事云、祭主ハ一殿ニ被坐也者、一所被＝
参集テ、
御遷宮ニ可昇殿禰宜・内人等事、可被定行也者。＝
即宮司
返事云、離宮院ニテ沙汰了。就中口宣ヲ蒙テ、下向＝
之由、所被陳也。」2ウ
而依内裏穢気、不被立官幣也者。彼触穢所人ノ＝
被口宣タリ。
尤可謂同穢所人也。官符未到之間、専祭主ト不＝
可被称テ。
若押テ強ニ被供奉ハ、宮司等ハ更不可供奉也者。＝
尋先例ニ、
祭主不供奉シテ、遷宮之例ハ在リ。宮司不供奉シテ、＝
奉遷之
例ハ無シ。何者、祭主ハ此祭使也。宮司ハ御〔（鎖鎰）　〕＝

等ヲ封納ノ
職也者。如此争論之間、迄于寅時ニテ、宮司等無＝
〔（承引）　〕心。因之
祭主佐国官符未到之間、押行御遷宮事。
以大中臣頼経テ、宮司代官トシテ、祭主佐国件御遷宮事ヲ
被申行了。而間祭主ノ傍親ノ有官散位之輩、祭主郎等、
如此ノ人々、件昇殿ノ禰宜等之中ニ相交テ、或正＝
祭主傍親輩、可乱入正殿。
殿之内ニ入乱テ、
捜取古物錦綾之間、忝モ奉踏損種種神宝物等、或高
欄・御階之上ニ登立テ、禰宜等ノ肩当ノ錦綾ヲ奪取＝
之間ニ、」3オ
御体ヲ奉令傾動レリ。仍禰宜等退テ、被乱行之交名ヲ
注、且上奏於公家、且触訴於祭主之処、忽不＝
被沙汰、已推
移日月也。
禰宜京上、十三ケ条訴。
長暦三年二月十五日ニ、太神宮禰宜等京上了。＝
一禰宜正四位
下荒木田神主利方、二禰宜従四位上延満、三＝

禰宜従四位上重頼、
権禰宜従五位上延長、権禰宜従五位下宮常、=
宮掌大内人
従五位下度会弘行、引率之神民、不可計尽也。=
抑神宮ノ
訴、十三箇条也。第一、去年御遷宮夜、昇殿=
乱入事。第二、
同度祭、幣馬不被進、祭使途中留置。第三、以=
東以西神(衍)
神田可被寄事。第四、鳥名子男女十六人、青摺衣裳
可着事。第五、可被加置二宮仕丁事。第六、=
宇治・沼木」3ウ
両郷浪人雑事可被免除事。第七、二宮禰宜等給奉
合期可被宛行事。第九(八)、禰宜・内人給分、神=
田官物、同氏人
等不弁済事。第十(九)、伊介・二見郷々調塩二百十斤
不弁済事。第十一(十)、神服・麻続二織殿神部等、=

御遷宮夜昇殿乱入輩、被紏問事。

三員司被停止釐務。

可科祓宣旨。

不備進
饗饌事。第十二(十一)、二所太神宮櫪御馬飼、薪秣等不弁
済事。第十三(十二)、太神宮氏人、可裁預朝臣事。=
第十四(十三)、太神宮
司与禰宜可被定置移牒官事、件条々中十二箇条、裁
許被下　宣旨已了。但朝臣ノ条ハ追有沙汰云々。=
仍早ニ不被
裁許。
長暦三年三月廿七日、依　宣旨、去年御遷宮ノ=
夜昇殿
乱入之輩、於大膳職テ被紏問。使史長者惟守朝=
臣義賢」4オ
也。頭弁源朝臣経長。勘文子細別日記ニ在リ。依=
件略問テ、
三員司被停止釐務〔　　〕間、依四月神御衣祭幷
六月荷前赤良曳御調糸等之〔　　〕大司忠頼所被
免下也。同三年三月十二日、依宣旨科祓人々廿=

科大祓、解却見任。

一人中之、
豊受太神宮大物忌父度会貞晴・太神宮大内人＝
荒木田氏
晴・同氏公・同貞公・同荎本・宮掌大内人同＝
利岑・同久常・
大物忌父同兼頼・長上案主日置惟時・真野今友、已上
十人科大祓、解却見任了。前大宮司永政・前＝
大司為清
祭主一男也。木工允大中臣頼成・造太神宮使＝
同義任・
同判官宗孝・斎宮助同奉方・追捕使同成佐・前
斎宮助伴為利・佐伯秀高・藤原真任・多治(比脱)武＝
近・」4ウ
姓名不知一人、已上十一人科上祓了。是等皆祭主傍親等也。＝
件祓ハ、
依去年御遷宮乱入之愁(訴脱)、所被行也。祓使大中臣神祇
大副兼興朝臣・卜部神祇権大副兼忠宿禰等也。長

二所太神宮禰宜等、停止京上宣旨。

暦三年三月十三日宣旨偁、二所太神宮禰宜等、＝
自今以後、
不得入京。若有背此旨之輩者、永停止見任。＝
若有可
訴事者、権任禰宜一人、聴上道者。同年四月＝
一日午時ニ、
斎宮内侍従五位下源朝臣託宣偁、我皇太神宮＝
第一別宮
荒祭宮也。而依太神宮ノ勅宣テ所託宣也。何者、去年
遷宮之間ニ、非例ノ事、甚巨多也。其中昇殿乱入之事、

託宣可停止祭主・宮司所職由。

寔祭主・宮司ノ所為、不可勝計。是ハ非他事、＝
以無止之」5オ

幣錦綾、不可奉納正殿事。

錦綾テ、奉納於正殿之故也。依此錦綾之悕望ハ、将
来ニモ必如此非常事等可出来也。自今以後、此錦綾
ヲ正殿ニ不可奉納ス、永以停止、早可別納者。就中於
今度ノ遷宮者、祭主佐国之不忠有於期リ、公家全
被糺正テ、早停止所職ニハ、任次第テ、可補任祭＝

主職也。
条々具不記。爰寮頭従五位下源朝臣頼兼、注具之
状、以同二日、相副寮解上奏了。仍同十五日ニ
以、依宣旨、
寮頭参上シテ、託宣状、分明返奏テ。随則以同月卅日、
且被停止祭主、且罪名ヲ被下勘於明法早了。同年五
月十二日宣旨偁、内大臣宣、奉勅、二所太神ニ
宮官幣、式日」5ウ
臨時幣物、自今以後、永応東宝殿奉納。已以為例矣
者。同廿二日、太神宮禰宜等奏状云、官幣幷ニ
織御衣等、奉納
正殿之次、奉拝見湿損者也。而依宣旨、被停止也。
待廿年御遷宮、可被開正殿歟。然則縦雖御坐ニ
非常湿損
〔　〕其由哉、縦雖不奉納官幣、恒例御祭、勅ニ
使（衍）参宮
御参宮之時、任例奉開正殿御門戸、其次奉拝見御所

湿損者。内大臣宣、奉勅、九月御祭、幷勅使ニ
参宮之時、依
請者。六月廿三日宣旨也。同六月（廿脱）三日、任祭ニ
主兼興朝臣也。
同月廿六日、前祭主佐国、被配流伊豆国已了。ニ
同月廿七日
夜子時ニ、内裏焼亡畢。同年七月十四日、勅使ニ
参宮。王内膳
長致通王、中臣祭主正五位下行神祇大副兼興ニ
等也。件内裏」6オ
焼亡事、所令祈祷給也。同年七月十六日、斎宮内侍ノ
託宣偁、我是皇太神宮ノ第一別宮荒祭宮也。而依皇太
神宮勅宣、今更所託宣也。天下四方ノ人民ハ、皆ニ
皇太神
宮ノ御宝也。其中ニ大中臣幷荒木田氏、皇太神宮、ニ
天宮ヨリ
天降坐時ヨリ、継氏継門テ、代々世々ニ奉仕来輔ニ

祭主罪名。

可奉納東宝殿事。

猶可奉納正殿。

任祭主兼興、前祭主佐国配流伊豆国。

託宣可召返前祭主佐国由。

可召返宣旨、佐国依老病逗留途中、同被召返之。

公卿使。

佐ノ神
民也。因之自往代之時、公家モ未被処重科者也。＝
而去年
遷宮之時、件佐国カ身有怠リ、仍可処重科之由、神宣
揚然也。仍所被流罪也。怠テ多人民等カ為可有其規模
也。早遣寮使、可召返也云々。仍寮頭頼兼朝臣、＝
且以主神司
中臣清佐、幷史生百済末永等テ、召返件佐国、＝
具具(衍)注
託宣之状、奏聞於公家了。随則以同廿九日、＝
被下宣旨、」6ウ
召返流人佐国、賜位記已了。抑佐国、被送配＝
所国之間、
老病難堪、途中三重郡河後郷、数日逗留之間、依件
託宣、被召返也。寮使中臣清佐、即佐国之孫＝
也。抑依件
遷宮之乱行テ、為令謝其由、去五月十九日、宣＝

被停止兼興祭主職、遷任若狭守。

命之勅使、
以同廿一日テ参宮。使参議従三位行修理大夫兼＝
侍従備
中権守藤原朝臣経任、王致通王、中臣正六位上行神
祇少祐大中臣朝臣元範等也。種々神宝・幣物・＝
御馬・
銀師子ハ、依託宣、荒祭宮ニ令進給也。仍勅使宰相
依宣旨、参入荒祭宮給ヘリ。但王・中臣ハ不参ト。＝
件宣命
状ニ、遷宮濫行之由、依禰宜等之申状、或停職、＝
或科祓。」7オ
至于祭主佐国者、且釐務停止了。而驚託宣之共(告)、
明法ニ令勘罪名テ、欲処〔　〕亦幣帛等ハ、永以東
宝殿ニ可奉納也云々。同年八月〔　　〕祭主兼興＝
朝臣ヲ
被停止、以即日被遷任若狭守既了。以同月十＝
八日、差

佐国亦本位。

勅使、令祈申給。宣命云、前祭主佐国罪名、令二
勘申テ
雖令配流、依去七月十六日之託宣、即復本位、二
自路召
還早了者。祭主兼興ヲモ依託宣、停止其職。又尋二
旧例テ、
他官遷任又了。掛畏キ皇太神、此状ヲ平ク聞食、二
無咎祟リ、
護幸給ヘト申。使王内膳長信清王、中臣少祐元範等也。
同年八月廿九日辰時ニ、中宮俄ニ倒臥テ、令頓滅給了。
関白殿ノ御養子也。而御産之後、逕(径)十日テ、御沐二
浴之」7ウ
間、雷電震動、大雨如沃テシ、天地共不静。仍中二
宮御湯
殿ヨリ登御之間、所令頓滅給也。
同年十二月廿六日、神祇大祐大中臣永輔、蒙二
祭主宣旨テ、

御卜可補祭主者。

明年二月之祈年祭之勅使トシ、祭主永輔参下。初参
九日也。抑前祭主兼興、被遷任若狭守之後、有官
散位氏人、競望如雲。因之於神祇官被卜食之後、
以丙合者、可被補祭主之由、兼日勅定畢。爰内裏焼
亡之後、公家御坐京極給ヘリ。即依宣旨、大副卜二
部宿禰
兼忠、中臣官人等参集テシ、卜食之処、件大祐永二
輔、丙合
被祭主ニ補任了。」8オ

依洪水難、祭主着布衣参宮之間、於船渡所祭主郎等従寮人等口論事。

長暦四年六月、祭使祭主永輔、依洪水之難テ、着
布衣烏帽(子脱)テ参宮。而度会河船渡之間、祭主与寮
掌千利、俄口論之間、寮人等出来テ、祭主之郎等眷
属打損明白也。仍祭主忿怒シテ、河東ヨリ随身官
幣テ、帰着於離宮テ、為寮人等官幣被打穢之次ニ、
執幣火長等被打綾(淩)之由、触訴於寮頭之処、寮頭
頼兼朝臣云ク、被陳之旨、尤有私リ。件事更不知行
事也。若有寮人之過怠者、乍居河東ニ、可被示二

案内也。
無止宮幣ヲ自途中持返テ被示之旨、非他計、〔　　〕
親王吹毛之企也。奉為神明・公家、旁不忠之＝
芸也。〔
〕持返官幣之例、有無如何者。就中、被＝
召問千利之」8ウ
処、申云、祭主・宮司参宮之時ハ、自離宮院各＝
束帯被
参宮之例也。被渡船之間、更祭主ト不知之程、＝
下人等中ニ
申無礼之詞テ、互以雑言供奉所司ノ下部等。已祭主眷
属、皆着蓑笠テ、其貌何人不見弁間、出来事也＝
者。爰寮
頭被命云、寮人等無過怠、若可被官奏者、寮モ＝
又可上奏
也。而間、宮司兼任、祭主ヲ云誘テ、奉為神明、＝
奉為公家、

奉為斎王、又為祭主、已以尤不穏事也。早和平テ可被
参宮也者。祭主就件詞、宮司共束帯参宮了。
為大風、豊受宮正殿幷東宝殿等顛倒。
長暦四年七月廿六日夜子時、西風俄ニ吹テ、豊受＝
大神宮
正殿・東西宝殿・瑞垣御門等、払地顛倒給既畢。仍当
番大物忌父度会春真・御炊物忌父同吉元・権＝
禰宜一両人」9オ
等也。洪水洗山、西風払地テ、敢人馬往反不通リ。＝
然而祭主
永輔ハ自野依村乗海船、字山田川原ニ着、宮司＝
兼任ハ
自小社乗少船、山田ノ古川ヨリ差入、神宮北御＝
門ノ社
御正体奉渡御気殿。
許ニ着ニ、奉拝見、更ニ無為方術テ、仍御気殿忽ニ洗
浄テ、以同廿七日戌時テ、正殿幷三所相殿ノ御体ヲ奉
遷鎮畢ヌ。而遠所外宮ノ禰宜等、不参会テシ昇殿供
奉ノ処ニ、禰宜ノ所用不足。仍御炊物忌父吉元、＝

祭主俄
授登号権禰宜職テ、昇殿之役令供奉。左右前後ノ
取物御宝殿（物）等、不如法ス。只絹垣許歟。已以略。ニ
以同廿八日、
御稲御倉ヲ洗浄、奉遷神宝物リ、鋪設御倉ヲ洗テ、
御糸絹等ヲ奉納了。外幣殿ヲ洗浄テ、朝夕御膳ヲ」9ウ
奉備リテ、祭主注事由、且上奏公家、且奉造仮殿已
畢。随即以八月七日、被下宣旨テ、奉遷於仮殿ニ
已了。而
今年是廿年一度御遷（宮脱）了年也。仍造宮使散位従五位下
大中臣朝臣明輔、弥以所奉忩造也。同九月九ニ
日、御遷宮料
装束・御神宝物等、依例調テ、以神祇権〔　　〕（大副従）ニ
五位下大中臣
朝臣輔宣テ、差定弁代テ、史一人、并〔　　　〕ニ
官掌等
差副テ、件神宝物奉出立已了。而後同日夜之子時、

内裏焼亡。

公卿使。

内裏焼亡。因之当月之恒例官幣、依件穢気、ニ
不可進之由、
公定了。爰有限御遷宮ノ勤也。縦雖不被奉官幣、至于
祭主可下之由、内奏之処、所申有理。早可参下供奉
遷宮之由、被下宣旨已畢。仍祭主、以十五日ニ
夕部任例」10オ
着到於離宮院テ、大祓ニ坐烈（列）テ、件遷宮夜事、依例申
行ニ、一宮ノ玉串供奉、石壺之座烈（列）、直会三献、ニ
御遊ノ名
召、倭儛及離宮之解祭、豊明ノ供奉、如恒例也。ニ
同年九月
廿九日、参宮勅使、参議従三位行右近衛権中ニ
将藤原朝臣良頼、
王致通、中臣神祇権大副輔宣朝臣等也。宣命ニ
状ニ、豊受神
宮、非常顛倒之由、被祈申也。又内裏之焼亡ニ
之由、同前也。

宮司兼任服解。

（長久）
長元三年壬（閏）九月十二日、大宮司兼任、遭母喪＝
服解。抑件兼
任者、任彼宣旨、服解之間ハ、以任用宮司等、＝
令推（権）行テ、復任之
後、可遂件重任也。而依競望輩之訴、被尋神祇官之
処、勘申云、件宮司、上代三人服解之後、永＝
不復任ス。中間三人
服解之後、既復任具也者。爰陣定云、件復任＝
宮司之時、」10ウ
天下不静之例等多者。依件定テ、兼任朝臣復任＝
停止之
由、公卿僉議既了。但以重任宣、将来所望歟。＝
仍以同四年
二月廿二日、被補任従五位下大中臣朝臣明輔已了。
同（四脱）年四月三日、太神宮仮殿遷宮了。抑撿先例、＝
二所太神
宮及七所別宮、御湿損之時、以次第解状上奏シテ、＝

申請
修理使、随宣旨、奉仕仮殿遷宮之例也。而祭主永輔
朝臣、不上奏於公家シテ、以私物、奉仕御修理、＝
兼又新古両
宮色々用途物等モ、不申請シテ、祭主・宮司共所宛＝
用私物
等也。諸事如恒（例脱）之。
同年六月御祭ニ、斎内親王、依例外宮参宮之間、＝
依洪水之」11オ
難、字郡戸川原ヨリ、離宮院帰御シテ、以十七日、＝
二宮参入
給テ、御玉串、直会、饗禄如例。
同五年二月廿三日、二所太神宮禰宜等、加階＝
栄爵了。件
位記使、王致通、中臣正六位上輔兼等也。
（同）六年十一月六日、臨時勅使参宮。王正親長信＝
清、中臣祭主

〈永輔朝臣也。抑件使参宮シテ、詔刀之間、官幣奉＝
納之程、俄ニ
雷電鳴響テ、大雨如沃。即令驚恠之程、彼此云。＝
祭主請
預官幣参下之程、以今月二日、字伊栗野ニシテ、＝
戒者法師ノ
上道之間、彼等随身ノ物、衛士奪取テ走前コト已＝
了。時ニ
法師路辺ニ留居テ、待付祭主テ訴云、前陣ニ罷侍執
幣為ニ、被奪取物中、褁物一丸、同被押取已了。＝
彼ハ」11ウ
不浄ノ物也。早被糺返者、問云、何者ソト。法師ノ＝
云、安西郡之
住人、字甲賀介藤原惟盛カ妻カ骸骨也。而依存生之
遺言テ、比叡ノ法花堂ニ為安（置脱）、持上也ト申畢。乍＝
驚鈴
賀川山中ニ追付テ、召問ニ衛士男之処、実正之由、＝
陳申了。
因之、卜部神祇少副伊岐宿禰則政ヲ以テ、度々＝
祓清テ下向之
間、公家令進於神宮給御馬モ、従山中俄ニ病悩シテ、＝
水草ヲモ
不食、僅飯高駅家ニ押付テ、供給ノ郡司ニ預テ、祭＝
主ハ離宮
院ニ到着シテ、迳（径）三箇日テ、御馬ヲハ、押付タルナリ。若＝
依如此穢テ、所
雷電大雨歟ト云々。仍内宮一禰宜延満神主ハ、乍＝
候宮中ニ
不供奉也。」12オ
寛徳二年正月十八日、参宮勅使、王正親長致＝
通王、中臣
神祇大副輔宣等也。件勅使ハ、天皇御薬極重御坐ニ
依其御祈祷也。爰外宮ノ御塩所ニシテ御幣ヲ開封之
処、太神宮ノ御幣ヲ取違テ持参ケリ。仍勅使・神主等驚

恡テ、更衛士ヲ尋返テ、如元ニ外宮ノ御〔　　〕二
取テ供奉
之間、時剋自然推移リレ。抑禰宜等云、前皇御薬時〔
〕寮頭兼興、御祈祷ノ勅使トシテ参宮之間、太二
神宮正
殿御戸、早不開給シテ、時尅推移、神主等相構テ奉二
開、奉
納官幣。其後不経幾、前皇崩給ヘリト云々。
同年正月十五日、斎内親王、奉授一品位給已二
了。以同十六日」12ウ
酉時、天皇御位下御坐即日号院。同十九日午時、斎二
内親王御
匣殿ニ下坐。是則本院御〔　〕以十八日亥時、二
依参着也。件日、
天皇崩御早了。同年四月廿八日、斎内親王帰京了。
永承元年春之比、豊受太神宮御気殿ニ、貂参入二
テシ、二宮

朝夕御膳物ヲ悉喰散セリ。因之、宮人・神主・内人二
等、相構テ雖
塞穴モ、件御膳猶毎日喰損。仍一貂狩出テ雖打二
殺、五六
十ノ貂倍来、更不留。仍宮司兼日御材木造儲テ、二
一時之
内、天井奉造リレ。是則雖有非例事、為防件貂也。但件
夫工ニ、宮司以沢(浄)衣充下、所令勤仕也。
同三年六月御祭ニ、二所太神宮禰宜等加階栄爵二
已了。」13オ
具有別日記也。同九月八日、嘉子内親王、参二
着斎宮。群行
中臣祭主従五位上行神祇大副永輔朝臣也。即祭二
使。寮頭
正五位下平朝臣雅康、兼斎宮覆勘使史伴兼国等也。
仍宮司明輔、依為造宮使、二ケ度供給勤仕。抑二
斎宮御

群行之間、非常事多々出来レリ。九月八日、粟＝
田口ニシテ
馬足ニ犬踏斃ル。甲賀頓宮ハニ、長奉送使ノ侍従中＝
納言藤
原朝臣信長ノ御房ニ駄斃ス。鈴河頓宮ハニ、女別当雑
色与寮頭雑色打合テ、各頓血流出。一悉(志)頓宮ハニ、使部
等随身駄俄ニ斃亡ス。是則十三日朝ニ見付リナ。仍＝
十五日ノ
御祭参宮事、祭主可定申之由、案内被仰之処、」13ウ
祭主申云、尤可為穢気也者、而撿非違使右衛門尉
惟宗公方申云、更不可為穢ス、早可有御参宮也。何者、
依件定、内親〔(王御)〕参宮一定畢テ、竹河ノ御祓＝
之後、斎王
俄ニ御汗ニ御坐了ヌ。因之、斎宮ハ西鳥居許ニ暫御輿ヲ
奉下居テ、中納言殿幷左少弁近江守藤原朝臣泰＝
憲、此
由ヲ議定給テ、直ニ御汗殿ニ御輿ヲ可奉仕之由、被定之

斎王雖月水、依初着斎宮寮。
今日許、令着御所也着下御汗殿。
馬斃。
太神宮二禰宜被殺害。
斎王於離宮郷。
斎宮以後、同参宮事。

処ニ、寮頭被申云、御汗殿ハ、如此非常ノ御汗御遷坐
之由云々。而何事ノ最初ニ先穢所殿ニ着御哉。於事尤有
憚。猶今日許ハ、御殿ノ内ニ令入坐給テ、以明日ニ
御汗殿ニ可
遷坐之由具也。依件定着給。以十四日卯時、＝
御汗殿ニ移」14オ
坐給已了。又十三日夜子時許、撿非違使忠方カ随身駄
斃已了。仍忠方迷心神テ、堭外ニ曳出早了。
同年十月廿八日夜、太神宮二禰宜宮真神主、＝
被殺害了。仍
七道諸国ニ件犯人可追捕進之由、被下宣旨了。
同四年六月御祭、斎内親王、依例為御参宮、被着於
離宮院テ、大祓之後、斎宮御汗殿ニ下坐之。仍廿＝
三日ニ可
被参宮之由、一定畢。而間、寮頭雅康朝臣、＝
被問於祭主
永輔朝臣テ云、以去十五日午時許、太神宮神主＝

斎王参宮間、有事。

等、進於寮
牒状云、至于寮頭・女別当ハ、不可被参宮也者。=
具不記。
如件牒状者、斎王御参宮之間、非常事可出来=
歟。」14ウ
如何者、祭主云、更不可被信用、早可被参宮=
也。仍以廿三
日、斎宮参宮ニ参入ノ間、宮中二鳥居許ニ、内=
人・物忌等
数十余人、引率祝部等テ云、女別当幷彼家司ノ平三致
重等ハ、不可参入於宮中也者。爰寮方云、女別=
当ハ依月障、不
被供奉。致重又不参入也者。仍無事被供奉已=
了。以丑時許テ、
太神宮参宮給テ、斎王、斎王殿ニ参入給テ、女房・=
女官ハ、後テ
参入之間、荒祭神拝所ニ数多内人・物忌等出来テ、
毎手ニ
炬火テ、女別当幷平三致重等、号尋求之由、無=
止女房・女
官ノ之(衍)中ニ入乱テ尋求。因之、内侍朝臣幷諸女=
房達、退帰
已了。随即、斎内親王モ御出給。寮頭次第官人・=
諸司、共」15オ
退返亦了。于時祭主、命於二(神)宮神主云、斎王=
参宮所、出(成)
乱行之企何者。神主陳状云、寮頭・女別当ノ被=
行之旨、奉
為神宮ニ、非常事等条々也。何者、太神宮御領、字志
貴御薗預麻績近吉ヲ、女別当ノ家司平致重、任意テ
捕縛テ、且令食犬屎、且禁固其身テ、于今不免ス。=
又同御粥
見御薗司時季ヲ殺害セル犯人、丹生出山住人紀=
重常・同

被下糺問使斎宮間、神人等乱行事。

常晴・為直等ヲ(衍)也。而令号寮威テ、不被令紀正ス。又豊
受太神宮御領、志摩国伊志賀所々見御厨ヲ、寮頭麻
生御浦之内ト号テ、致執論テ所被妨供祭之勤也。仍寮
頭・女別当ハ不可被参宮之由、所申行也者。仍＝
祭主遣下文テ、
且召件乱行内人等可沙汰是非、且寮頭上奏於＝
公家」15ウ
云々。同年九月十三日ニ、依宣旨テ、左少弁近江＝
守藤原
朝臣泰憲・右大史中原朝臣実定幷史生・官掌・＝
使部等、
斎宮ニ到着テ、以使部大司美任(義)許ニ遣内案(案内)之状＝
云、以去
六月テ、斎王参宮之間、禰宜等成乱行セリ者、為被＝
件事糺問ニ、
依寮解所被差下、早催具禰宜等、宮司共参向、＝
可申件

禰宜・内人・祝等、七百余人京上。

沙汰也者。宮司申之、旧妻死去、軽服之間、＝
不堪沙汰云々。
禰宜等申云、御祭以後、過廿五日、祭主・宮＝
司・神主、共可
申沙汰也云々。而間以十五日、祭使、王範輔王、＝
中臣祭主永輔、
忌部・卜部等、離宮院ニ到着。権司忠頼・少司＝
時経等、
斎内親王・寮男女官・勅使右少弁・右大史・＝
史生・官掌・」16オ
使部等、併以参宮已了。即宣命状ニ、依件乱行、斎内
親王ノ無止恒例神態ヲモ不奉仕給退還之由、聞食
驚テ、令祈申給也。以同廿六日、祭主・宮司・＝
神主等、共ニ参集
於斎宮駅館院テ、件沙汰弁定、勘記畢。具不記。
同五年正月廿日、太神宮一禰宜延満神主・三＝
禰宜氏範・四禰宜

延長等、引率大少内人・祝部・神民七百余人テシ、=
京上了。
事発者、去年六月ニ斎内親王、御参宮之間、乱=
行沙汰
之条、勅使右少弁、与祭主永輔成同心テ、神主=
中文ヲ不
進官之由、為奏聞於公家也。

御井水旱失事。

同(年脱)六月十一日朝ノ御饌、令頂持於大物忌父菊(兼)用=
之子・傍」16ウ
物忌父氏助・吉元等、共持参之間、奉泛(汚)穢已了。=
仍上奏
已了。同六月祭使、神祇少祐正六位上大中臣=
朝臣公輔也。祭
主永輔朝臣、依神宮之訴、所不被下也。同七=
月一日宣旨
偁、応注進神事違例也者云々。不記。件違例ハ、=
去月十一日、
御饌奉誤事ヲ被令卜食ニ依勘申也。件神事違
例条(々)□中ニ、(去脱)永承二年春比ヨリ、御饌料ノ御井水、旱
失已了。仍土ノ宮ノ御前ノ水汲テ、御饌ヲ備進也。抑皇
太神宮天降御之時ニ、始テ御饌ヲ備進ノ水ハ、非当朝ノ
水。天村雲命ノ太神ノ詔勅ヲ蒙テ、高天原ノ天忍石ノ
長井水ヲ持下テ、其上分ヲ八盞盛備進テ、残ノ水」17オ
以天忍井水ト宣テ、豊受神宮ノ坤方ノ岡ノ片岸ニ、=
御井ヲ
新堀テ、其御井底ニ天忍井水ヲ入加テ、当朝ノ水=
ニ和合
シテ、末ノ世ノ御饌備進料ニ移置給水也。仍以彼水テ、
自爾以降、所奉調御饌也。但以去寛平八年三月之比、

御井水旱失条。

件御井水、俄于失之時、禰宜等上奏之日、且=
差勅使、令
祈申給。且大物(忌脱)父三人科上祓、祓清被令供奉=
之由具也。
同八月十七日、勅使参宮。王親(正脱カ)正成清王、中=

臣権大祐惟経。
宣命状ニ、件御饌奉誤之由ノ御祈也。辞別申賜フ。去
年六月御祭ニ、斎王参宮之間、神民等乱行之由、同年
九月御祭之次、雖令召問、訟訴猶遺テ、是非難＝
決シ。」17ウ
糺問使。
重遣使者テ、祭主永輔、禰宜延満等ヲ令問注(テ)□弁決之
間ニ、依実ニ可決給之由ノ御祈等也。具不記。同＝
日、左少弁
藤原朝臣師家・左少史惟宗・史生・官掌・使＝
部等、離宮院ニ
到着了。祭主為件沙汰ニ、被免下遣リタ。随則、太＝
神宮一禰
宜延満・二禰宜延基・三禰宜氏範・四禰宜延＝
長・五禰宜重
経・六闕、祭主陳申テ勘記畢。子細在別日記。＝
具不記。
同九月祭使、王孝資王、中臣神祇権少副元範＝
等也。祭主
永輔依上奏沙汰、不被免下ス。同廿五日、依平＝
野御行幸
之御(祈脱)、勅使参宮。王正親正成清王、中臣少祐＝
公輔等也。
而以午時、豊受太神宮ニ参入。即玉串供奉之時ヨリ、」18オ
大雨洪水、奉幣使等外宮一宿。
大雨如沃テシ、俄洪水如海。字小田橋流浮テ、宇治＝
河水洗
岸テ、人馬不通。仍件勅使、外宮ニ一宿テシ、以明＝
十六日(廿カ)内宮
参宮已了。同年十月日、太神宮権禰宜正五位＝
下荒木田
神主言頼、随身・大小内人・神民卅余人、京＝
上已了。事発ハ、
祭主ノ所為上奏於公家也。即立公門、申訴之間、＝
被下宣旨
云、祭主永輔所為、任申状、応令糺定也。至＝

于数多神民
者、早可下遣也。但可然神人一人許、罷留可＝
承件沙汰也
者。仍神民返下了テ、言頼一人留了。同十一月＝
廿一日、寮頭雅康、
并内侍共京上了。其故ハ、斎宮本院内大殿ノ依仰事、

依殿下、為輔朝臣行寮事。

山城守藤原為輔朝臣下向テシ、以助外従五位下河＝
内(宿禰)禰宿」18ウ

執印事。

弘重令執印テ、押行寮務テ、即印ニ件為輔朝臣、付
封テ、更寮頭ニ不令執行也。仍京上也。但内侍ハ＝
寮頭妻
也。人々ノ説云、山城守ノ下向テシ、印ニ付封事ハ、＝
頗可有慎歟
者。同十二(月)日祭、使権少副元範参下。祭主同＝
前依沙汰所被
免下也。同六年九月祭使、王致資王、中臣権＝
少副元範等也。

大雨洪水、仍勅使等不来会大祓。

而始自十三日雨降テ、十四日大風洪水、所々道・＝
橋流浮テ、郡々ノ
駅家不着テシ、相搆テ雖怠下モ、遂ニ十五日ノ離宮ノ＝
大祓ニ不
来会ス。仍宮司依例テ勤仕了。十六日戌時許ニ、勅使

十六日着離宮。

到着離宮院セリ。宮司等ハ不相待勅使テシ、早ニ豊受

宮司不相待参宮、御祭帰離宮。

太神宮ノ御祭事了テ、亥時許ニ離宮院ニ返来。即」19オ
勅使ノ中臣、乍驚触於案内宮司之処、大司義任返答
云、致于大司・少司者、為奉納御衣ニ、以今朝テ＝
参入太神宮
已了。即彼御衣勤畢之後、外宮ニハ所参入也。而権大
司忠頼ヲ、留置離宮院テ、且奉待勅使、且調備荷
前御調絹等テ、豊受宮ニハ可参入之由、成約束テ、＝
所参宮
也。而権司外宮ニ参入云、祭使参否之由、不聞＝
案内ス者。
依勅使遅参テ、無止荷前御調物等ヲ、不可延引也ト思テ、

所参入也者。爰神主ノ陳状云、如此祭使遅参之=
時ハ、早
恒例之御祭ヲ被奉仕之後、於官幣者、退被奉納之例
也。式日在限御祭、次第神態等、可奉仕之由、=
依神主口状」19ウ
所勤仕也。即以明十七日、依司符テ、外宮神主=
進注(注進)古記
文云、以去長保三年六月テ、祭使・宮司等、依=
洪水之難、乍被
坐離宮院不被参宮ス。因之、以大中臣良明テ為=
司代、勤仕
御祭事了。彼時禰宜、彦晴・滋兼・秀光・氏=
忠等也。〈沙汰之間事具不記。別〉
〈違穢所道、参宮事。〉
〈在日記。〉仍以今日、二宮可被参入之由、勅使・宮=
司議定畢之
後、未未(衍)時許ニ、太神宮神主注文到来云、今朝、=
御饌供
進テシ、禰宜等退出之間見ハル、古宮鋪設御倉之跡東方ニ、
馬落胎明白也。即勅使・宮司大驚テ、重被尋先例之
間、勅使・宮司各束帯シテ、日終(終日)件返答被相待=
之処、已」20オ
無音也。重遣司使テ、僅以戌時許テ、司目代撿非=
違使新
家範経、参向於勅使御許申云、一禰宜延満神=
主口状云、
落胎実正也。但穢気ノ有無ハ、神主等難定申也云々。
勅使命云、神主ノ思得テ陳申之旨、更不可思慮也云々。
如此沙汰之間、件夜御祭已以闕怠畢。以明十=
八日辰時、
目代範経、又参入中臣坊申云、夜部申送之旨、=
依無所
拠、今朝重擬遣尋テシ、昨日ノ後司符請文見侍ハレ、以其
状中云、如此触穢出来之時ハ、穢所ノ道ヲ違退テ、被参
宮之例也。早任先例、可被参宮之由見(具)也。而=

入夜之間ニ、
文ノ小状許ヲ見テ、右状ヲ不見徹テシ、只付使者男口＝
状テ」20ウ
所申、極荒涼事也者。爰勅使、雖被驚命、甚無益
也。其後以同日午時許テ、従(神脱)宮送大司御許消息云、
依馬産事、御祭解怠已了。至于今ハ、過穢日、可被
依穢延行御遷宮例。
参宮也者。即副送去天元四年九月御遷宮之時例文。
其状云、九月十四日、外院有馬産事。過三日、＝
以十七日、奉
仕遷宮事云々者。依件例、(過三箇日脱)可参宮也云々。仍以同＝
廿二日、
不被免下。
一日内外宮御祭、勤次第神事。
参入宮(衍)豊受太神宮テ、玉串供奉・官幣奉納・直会三
献・饗饌之勤、如御祭例。至于御遊次第、鳥＝
子名等之
勤者、十六日ニ勤仕了。以申尅、参入太神宮。＝
勅使・宮司・神主、」21オ
依例玉串行事了テ、参入於御前之間、雨少々降テ、

四御門砌ニ各行烈(列)。于時一禰宜延満神主申云、＝
如是雨
気之時ハ、於斎玉(王)殿、奉仕宣命・詔刀・御玉串＝
之例也。
至于御遊者、四御門テト奉仕之例也者。爰勅使中臣
元範朝臣申云、今度御祭、毎事相違セリ。猶至于宣
命ハ、任例石壺テシ欲奉仕也云々。而雨気頻(無脱)間断。勅
使成従、石壺坐テシ、宣命・詔刀・玉串行事如恒シ。官幣
奉納・直会饗饌次第・御遊名召・鳥子名之勤、如
御祭奉仕了。離宮解祭・豊明・遠江神戸儛等、任例
奉仕之後、大雨如沃也。祭主永輔、猶依同前＝
沙汰、所」21ウ
不被免下也。
同六年十一月七日宣旨、同十八日到来偁、権＝
中納言藤原朝臣
経輔宣、奉勅、為被告斎王卜定之由、欲奉遣幣帛
使之処、頻有触穢屡以延引。仍令卜食、神祇＝

官勘申
云、奉為公家無咎。依神宮神事違例之上、寮中ニ不浄
所致也者。神事違例之祟、不可不慎。是宮司・＝
神主等、不
致斎敬、夢(蔑)如祭祀之所致也。以往当於如此之＝
時、可注申
違失事之由、雖令下知、偏指陳取諸身之意趣、＝
不注申
為違例之神事。何只立己心、更踈略亡公務、為斎誡
祈祷之職、豈致神事違例之咎哉。不行之甚、＝
責而」22オ
有(余脱)。宜仰彼宮殊致精誠、件事慎而後、莫令違越者。
宮(司脱)宜承知依宣行之。同廿日、太神宮禰宜等、＝
依件宣旨、進
於官庭奏状云、依宣旨撿案内、前祭主輔親卿卒去
之後、祭主永輔始従事之時、先申下二所太神＝
宮禰宜等

越奏停止之由宣旨也。其後偏施祭主之威勢、恣令
抑屈神郡・神戸住人等、所張行神事違例、已以繁
多矣。因之曩代以後、無止供神祭料物等、都＝
以闕怠。宮
中厳重之神態、動懈怠也。爰禰宜等、依守斎＝
誡祷祀之
職掌、奉為神明、奉為公家、条々注具由、雖上奏、
黙而無裁糺之間、連年宮中物恠託宣太度々也。＝
仍」22ウ
以去年具注条々、差権禰宜荒木田神主言頼、＝
雖令上奏、
未蒙裁報。然而至于言頼、在京于今。而永輔朝臣、
身者乍居京都、放膀了。使神郡・神戸、令呵＝
責神民等、
如踰(踏)剣。如此依不堪之勘責、有限供祭物、重＝
以懈怠。就
中禰宜・内人等、正戸・寄戸、所当官物、依＝

例収納、合（令）進於二宮、
升合無残矣。然而、宮司義任、即兼任祭主・＝
目代之職、以
件正戸・寄戸等、代宛祭主給物等也。供祭正＝
納之由、雖
陳訴、併以勘返。況乎二宮常供節供・料田業、＝
及禰宜・
内人分給神田、併号祭主・宮司名田、恣収公。＝
是皆至于」23オ
官物・上分者。備進供祭之先例也。凡至于神事違
例者、祭主・宮司所致也。糺正之日、禰宜等条々可陳
申也。但去九月神嘗御祭、式日闕怠事、第一神事違
例也。是已非他事。只宮司義任、為神宮事蔑爾之
故。何者出来外院穢気之時、前々除穢所、違道被祭主永輔不被免下。
供奉之前例、二宮禰宜等、任古日記注進已了。＝
然而、宮
司件注文不開見。而以荒涼之詞申送勅使許、＝

令拘留恒
例御祭幷官幣等也。豈非正宮御祭。次第神態・六所
別宮・離宮院々解祭・直会・御遊、皆延怠也。＝
彼宮司所
為哉。方今神郡・神戸、是自爾以降、祭主・＝
宮司等、管政之」23ウ
処、已耀神威於遐邇、厳重別区之境也。而祭主永
輔朝臣、深休（沐）神徳、恣愕神民、重耽賄賂、令＝
致民之愁。宮
司義任、高載（戴）神恩、強貪供祭、鎮有執魚之計。盍如忘
筌之輩也。前々注違例由、雖言上、祭主・宮司、＝
恣取捨不
上奏禰宜注文云々。仍積習前事、今度申文二通之中、
進一通宮司、一通自然洩奏而已者。同年十二月、御祭
使権大祐惟経参下也。祭主永輔朝臣ハ、内宮神＝
主注申神
事違例・祭主所為条々之由、幷前斎宮参宮乱行

沙汰、未被決、所不被免下也。
同七年二月、祈年祭使権少祐元範朝臣参下也。=
祭主依」24オ
同前沙汰、所不被免下也。同三月廿七日、太=公卿使。
神宮一禰宜延満・
三禰宜氏範・四禰宜延長・五禰宜重経等、引=
率大少(小)内人・
祝部・神民ハ(大字八)百余人、重上(京脱)已了。祭主沙汰、早=
速依不被
決也。
同六月御祭使、前駿河権守大中臣朝臣頼宣参下。祭主
依同前沙汰、所不被免下也。同九月御祭使、=
王成清王、中臣
少祐公輔等也。抑祭使ニ依去五月六日大赦、々=
免祭主永
輔朝臣、可被免下之由云々。而太神宮神主等之=
愁云、皇太

神郡并雷(当)他国神戸文図等郡、宮司宿宅焼亡、次皆悉焼亡了。

神宮異於天下諸社也者。以会赦人、未令供奉=
祭庭也者。
依件奏状、所不被下也。」24ウ
同年十二月五日、勅使参宮。参議従三位行右=
衛門督源
朝臣経成、但撿非違使別当。王致輔王、中臣散位従五=
位下大中臣朝臣
頼宣。令奉給神宝・御馬等、具不記。抑官幣奉納之
間、一禰宜延満神主、参寄於勅使座給石壺之=
許テ、祭主
永輔所行非例一々申了。具不記。同十二月御祭使権
大祐惟経参下。祭主依同前沙汰、所不被免下也。
天喜元年歟
同八年正月六日夜、大司義任宿宅焼亡之次、=
度会・多気・
飯野三ケ郡文図・田籍・安乃・三重・朝明・=
員弁四ケ郡、及
当隣国神戸文図帳等、惣司中代々公文、皆悉=

依豊受宮仮殿御遷宮事、祭主永輔被免下。

斎王内戚白父式部御薨。

伊佐奈岐宮御衾盗取事。

焼亡失了。
天喜元年、四月廿八日丁酉、豊受太神宮仮殿遷二
宮也。依件遷」25オ
宮行事、祭主永輔朝臣、纔所被免下也。件祭主、従去
永承四年六月以来々、全五ケ年所不被免下也。而今
度纔所被免下也。
同二年七月日、斎内親王ノ御内戚伯父前式部卿入道
宮、入滅給了。爰斎内親王ノ斎院ハ、皆是以日易月
例云々。今依此例テ、八月御禊、九月御祭ニ参宮給已
了。其間免無事也。
同四年六月十九日、恒例伊佐奈岐・月読宮ノ御二
(件脱)祭也。而伊
佐奈岐宮物忌大(父)宇羽西員成、昇殿・供奉之次、御衾ヲ
盗給已畢。仍太神宮ノ禰宜従四位下荒木田神主二
延基、捕
搦員成身、令略問之処、依実承伏、過状早了。二
仍上奏」25ウ

神衣御衣、式日相違事。

於公家又畢。随則被令卜推之処、神祇官・陰二
陽寮共勘
申云、奉為公家無咎也。但本所神民之中、神事違例、
口舌事出来歟云々。具不記。
同四年九月、神御衣奉織之間、日来大雨頻降テ、二
人民ノ作田
畠物、併皆損了。是則依度々洪水之難也。而二
恒例式日ニ、
件御衣ヲ為供進ニ、摩(麻続)読ノ船人等催雇テ、十四日二
朝ニ出
立之程、逗留在テ、摩(麻続)読機殿御衣奉納辛櫃、櫛田川
西岸出立畢。神服機殿御衣ハ、未出立給テ、機殿ニ御
坐ス。以十五日、両機殿御衣、同時ニ櫛田川ヲ奉二
渡テ、同日
戌時、進納於神宮已了。一年之内二度御衣ヲ既二
式日過」26オ
事、尤重違例也云々。同祭使、祭主従四位下行二

祭主・宮司口論。

御衣式日違例事上奏。

神祇大祐永（副）
輔、王致資王、忌部頼友、卜部権大副兼親宿‖
禰等、到
着離宮院早了。斎内親王依例着給テ、十五日ノ夕部ノ
大祓ニ、依例坐烈（列）了。而大祓以前ニ、祭主与大司兼任
朝臣、俄口論之間、時尅推移テ、千万上下ノ人々、‖
併驚
耳目テ、既口舌少事ヨリ、甚極大事出来レリ。始従戌時、
迄于子畢テ、互悪言云々。具不記。僅事停テ、大祓
如例。二宮ノ御祭勤仕了。以同廿一日、祭主・‖
宮司各京上、
即上奏於公家之次ニ、二機殿ノ神部カ、式目ヲ違例シテ、
御衣供進之条ハ、宮司懈怠之由、具于祭主申文‖
也。」26ウ
同年十一月日、以神祇少祐公輔朝臣、被改補‖
造太神宮使
已了。仍以同廿一日、三頭ノ工等ニ、給饗禄又了。‖

停止宮司造宮使、改補公輔。

公輔服気以永清被改補造宮使。

造宮事始、不被宮司下。

其故ハ、
祭主与宮司、成口論テ、互以不善所為企之由テ上‖
奏之間、
停宮司兼任造宮使テ、以公輔朝臣、所被改補也。‖
各訴之趣、
具不記。而間、同五年正月ニ、公輔カ外戚ノ伯父‖
卒去。仍造
宮使停止了。同二月三日、散位従五位下大中‖
臣永清ヲ被改
補已了。祭主之一男也。同月祈年祭使ニテ、祭主‖
参向之
次、以同十三日己未、三頭工等ニ給饗禄テ、始造作‖
事了。大司ハ
依祭主之訴、不被下シテ、始自去九月晦、釐務被‖
停止已了。
祭主放下文於諸郡テ、宮司納所ノ稲米之類ハ、宮‖
司」27オ

宮司上奏祭主忩撿封事。

可糺返由、被下宣旨。

可下符進キ斎宮御服・土毛・仕丁等之代、及男ニ
女官人
等カ年々ノ未行之代、払底テ下行已畢。祭主ノ使ニ
撿非
違使等所散行也。同四月十三日、宣旨到来偁、ニ
大宮司
兼任奏状偁、為祭主忩撿封諸郡納所米□□□(七百余)石・
出挙稲四万余束、下用太神宮造料・工夫等食料、
又頂戸三烟[*1]、或暗掠領、或無由裁宛他人々之旨、不
安者、右大臣宣、奉勅、有事実者、可返行也者。官使
下向於祭主許。然而無実之由、進請文畢云々。具不記。
同五年六月、祭使権少副公輔参下也。須祭主下向也。
而以去年九月十五日、祭主・宮司口舌。仍各ニ
上奏於公家之」27ウ
間、被停止宮司釐務了。而祭主今年二月下向シテ、宮
司納物等、悉以且下用。爰依宮司奏状、慥可ニ
糺返之由、

為御遷宮事、忩祭主被免下也。

神衣式日不供奉事。

被下宣旨也。其沙汰之間、所不被下也。同七ニ
月十五日、祭主
下向了。此ハ太神宮ノ遷宮近々也。件造宮事、為ニ
令忩造、
所被下也。但依宣旨所下向也。
同八月廿日、大司下向了。是又依件遷宮之勤ニ
也。同九月五日、
祭主上道、為祭使為下向也。
同九月十三日、宮荘(勘脱)覆使参下。勅使、弁代神ニ
祇少副元範・
右(左歟)大史中原師範・史生・官掌・作物一(所)門長上等、依例
一々勤了。覆勘又了。同九月十四日、恒例神ニ
御衣式日闕怠、」28オ
不供奉。事ノ発ハ、字鍬方ノ御麻生国(園歟)預清原秀延カ
出来テ、太神宮ノ天平賀奉造料ノ板負タル駄横切
放已了。仍大司差撿非違使常忠テ、尋糺真偽之間、
秀延烈(列)隠テ、不参会使者。仍撿封彼住宅也。于時

太(大)神部重友・少神部兼友等申之。可奉御衣織料ノ
御麻、乍置於秀延住宅、被撿封也。仍御衣不可供奉
之由ヲ陳訴テ、過日来之程ニ、神服ノ御衣ハ、式=
日ニ出立進テ、
字稲木川原ニシテ、麻続ノ御衣ヲ相待之間ニ、時尅式日已
過リタ。仍十五日午時許ニ、祭主被下向之程、大神=
部常枝等、
訴申於祭主。即被命云、服御衣ハ無愁歟。然則=
早可」28ウ
供奉也者。仍以十五日夕部、奉納已了。但御=
衣ハ権司ノ所
供奉也。大司・少司ハ、離宮院大祓ニ供奉。祭=
使達座烈(列カ)
如恒。斎内親王・寮官同前也。抑斎王御外戚=
伯母、以去
八月下旬入滅已了。仍八月御禊ニハ、九月四日於=
南門被

八月御禊、有九月四日南門事。

奉仕已了。御参宮之条者、祭主可定申之旨、従関白
殿被仰下之日、斎宮・斎院ハ、如此傍親ノ御忌服之
条、以日易月ノ例也者。任先例、可令参宮給之=
由、進上請
文了。仍以件請文、所令進於斎宮御也。因之=
豊受太神宮ニ
御参宮如恒。又太神宮御遷宮之勤、如恒。同=
五年十二月
十八日、参宮勅使、王致資王、中臣元範朝臣=
等也。宣命云、」29オ
去九月十四日神御衣ニ、宮司、神民ト向背ノ気=
在テ、荒妙
御衣服闕怠之由云々。以来廿二日、令供奉之由=
云々不具記。抑
件御衣、以件廿二日、成神部代、令備進テ、所=
被令供進也。
詔刀畢之後、東宝殿ニ奉納テシ、一宿之後ニ禰宜等=

ニ給了。
荒祭宮御料ハ、御前ニ御棚ヲ忩結テ、其上奉置。同一
宿之後、内人・物忌等給畢。即件大少神部等、＝
預内戸田・
当年官物ハ、宮司放使、勘納早了。

飯高神戸御神酒闕怠。

同六年（康平元年歟）七月廿七日宣旨偁、応早撰補替人、来九月
御祭、供進去二年十二月・同三年六度（月）両度闕怠
飯高神戸御神酒事云々。（具脱）不記。事発ハ、前大宮司」29ウ
義任、彼神戸撿田ヲ行之由愁訴テ、闕怠御神酒也。
以去三年六月二日、依宣旨テ、左大史中原師範・＝
右大生（史）
惟宗資行、仲成道（件）等ヲ差使テ、以同月七日テ、義任与
神戸預河内惟清、被対問之処、惟清所為、前後相違、
既成故入人罪之重也。仍被停止件惟清職掌、＝
被科大祓
已了。同年七月廿七日宣旨、件惟清科大祓事＝
也。使、中臣

神戸預対問、停止職掌、科祓事。

大中臣公庭、卜部神祇大祐卜部兼国等也。宣＝
旨状偁、内大臣
宣。奉勅、件惟清等、去天喜二年十二月、同＝
三年六月、両度
御祭之間、寄事於訴訟、闕怠御神酒。須任格条、専
科上祓也。而猥依故入人罪之謀略、忝致無止＝
神事之」30オ
闕怠。況寵公田為私領、徒仮神戸威、不致司＝
庫之弁
者乎。仍科大祓。差件人発遣如件云々。依件宣＝
旨、以同
年八月二日、撿非違使河内重澄被改補神戸預已了。

被改神戸預。

同年八月廿九日宣旨偁依（衍）テ、祭主永輔朝臣、宮＝
司兼任
朝臣等ノ罪名、所被令勘申也。事発者、以去九日（月歟）、
神服衣ヲ式日不令供進ス。又荒妙御衣闕怠之咎也。但
至祭主者、不可懸件事也。然而、神麻続機殿神部等

祭主宮司等罪名事。

織殿大少神戸罪名事。

祭主・宮司罪名間、不被立祭使、以元範被立之。

途中幣馬一疋病悩。

京上シテ、愁於祭主之日、須早裁下令致件勤也。=
然而与
宮司相違之間出来テ、宮司令処重科ト、思専不裁許之
間ニ、宮司之許ニ、無其穏(隠)シテ、件荒妙御衣闕怠之=
事ハ、祭主」30ウ
之企也ト被定テ、祭主ノ罪名、共被令勘也。何況件
大少
神部等、同所被令勘罪名也。同年九月祭使、王=
成清
王、中臣少副元範朝臣等也。祭主ハ依神御衣沙=
汰、停止
祭主・宮司之釐務、所被令勘罪名也。仍所不=
被下也。而
今度幣馬之中、一疋於鈴河駅家、俄病煩。仍=
勅使、被召
問先例於郡司并衛士等之処、申云、如此幣馬=
病悩之時ハ、

立心柱榊、為放牛被喰損。仍被行軒廊御卜。

公家使。

被預郡司等テ、損(煩カ)平之時、被令送進之例也。近=
則去寛仁・
治安之比、十二月祭使シテ、故三位祭主之御時、=
件幣馬立煩不
行ス。仍預留郡司之許、令労飼之後ニ、追被進例也者。
即就件申状テ、取郡司請文、被預置已了。仍為=
後代」31オ
所記置也。
天喜六年戊戌八月廿九日、改康平元年。
康平元年十月廿八日ニ、豊受太神宮ノ新宮「心柱ニ立進レル
御榊ヲ、放牛喰損已了。仍上奏公家。随則、神=
祇官・陰陽
寮ニ勘申云、奉為公家無咎。本所ニ神事違例之故=
也云々。
(康平)同年十二月五日、参宮勅使、参議従三位行備=
中権守藤原
朝臣経秀、王致輔王、中臣権少副公輔也。大=

宮司兼任ハ、依
件御衣沙汰、所不被免下也。仍権大司等所供＝
奉也。同二年

祈年穀使祭主参下。祭主贖銅卌斤。

二月、祈年祭使ニ祭主永輔参下。抑依去天喜五年九
月十四日、荒妙御衣之勤依有闕怠、祭主并宮＝
司等罪名」31ウ

宮司同大小神部、解却見任。

被令勘之処、祭主贖銅卌斤、宮司同前也。至＝
于大少神
部二人者、科大祓、解却見任畢。而後被下於＝
法家宣旨

祭主・宮司等会赦之後、各祓清不従神事。

云、祭主・宮司等、会赦之後、可従神事哉否ト。＝
勘申云、祓
清可従也者。仍祭主ハ科上祓、宮司ハ科中祓テ、＝
各祓清之
後、所被免下也。

御材木奉流進間、一夫一人流死。

同二年三月十九日、豊受太神宮ノ東宝殿棟持柱二本・
高宮棟持柱二本、及太(本)宮ノ外院ノ御材木百余物ヲ、自
檣柄少川、以数百人夫等、奉流之間ニ、滝本ニシテ、＝
男一人流テ死
去已了。于時五六町許持去テ弃置又了。仍造宮＝
使神祇
少副元範朝臣、乍驚尋先例之処、上代之比、＝

御材木下有死人。

太神宮御」32オ
造作之時、忌屋殿ノ御材木ヲ、字川合渕置テ、経＝
日来、見
件材木之時ニ、材木下死人有、不知姓名。而間＝

造宮使俄死去事。

造宮使、俄
死去了。其替ニ以大中臣氏彝、被改補造宮使了。＝

被改補造宮使大中臣氏彝。

仍氏彝
上奏此由、依宣旨、作替材木テ奉造了。年記不＝
明。又
長暦年中ニ、当宮造宮使大中臣朝臣明輔之時、御殿

権禰宜季頼、沐(氷)木間流死。

材木ヲ字(於下)流置於尻瀬川テ、欲曳上之程、当宮権禰宜
従五位下秀頼神主、以七月七日テ、臨于件川上＝

棟持木・堅魚材木、可造替由被下宣旨。

奉幣宮司兼任不被免下。

字樋手
渕テ、沐水之間、流死已了。乍驚造宮使、件材＝
木ヲ忽
流下テ、宮川尻ニ廻入テ、字駅家瀬上ニ曳上テ、造＝
作已了。
因之、造宮使元範朝臣、注子細、上奏早了。＝
仍以同年〔康平二年〕三」32ウ
月十九日、被下宣旨、召上大司兼任、被沙汰＝
之処、度会郡
権大領新家惟長・内人阿古光等、依実彼日事弁申
了。随則宮司兼任所申荒涼无実也。早造宮使元範
無懈怠可奉造。但至于棟持柱・堅魚木者、内院料也。
造替他木、可勤仕之由、宣旨已了。
同年二月卅日、臨時勅使参宮。然而件大司兼＝
任、依彼憔柄
少川ノ死人依(衍)荒涼沙汰、所不被免下也。
同六月廿四日、造物所長上等下向。是則准太＝

豊受太神宮正殿金物、准太宮例、方(荘カ)可被奉病被注寸法。

心柱覆榊、為放牛又被喰損亡。

宮荘使等参宮。

正殿金物、四面高欄・男柱等、今度始奉加荘、依造宮使申所也。

織殿等神戸復任本職供奉。
神宮例、豊受
太神宮正殿御金物可被奉荘也。仍寸法為注所被下也。
造宮使元範朝臣、所申請也。同七月廿日夜、＝
外宮ノ「心柱ノ」33オ
覆榊、為放牛ニ又被喰損已了。仍造宮使元範朝＝
臣、上奏
之処、早可立替之由、宣旨畢。即如前、禰宜＝
与山向内人、任
宣旨奉替已了。
同九月十二日、宮荘使参宮。弁代従五位下行＝
神祇少副大中臣
朝臣公輔・右少史惟宗朝臣員国・史生・官掌・＝
木工長上等、
任宣旨奉荘、兼又覆勘畢。但正殿ノ金物、幷四面高
欄・御階男柱等、今度初所被奉荘也。元範朝臣、為
造宮使、所申加也。
同十四日、神御衣ニ、麻リ(続)大神部重友・少神部＝

神主頼元六位也。（令）合位袍帯、供奉遷宮。

大中臣頼経、被籠左衛門弓場、依宮時殺害事。

兼友等、復任
本職供奉既了。同九月豊受太神宮（遷宮脱）平安勤仕畢。=
而」33ウ
六神主頼元、既六位也。仍任式文、令位袍帯、=
可被令供奉於
遷宮之由、祭主経奏聞早了。而位記到来之前、=
有限御
遷宮今夜也。因之、祭主賜下文於太神宮司。=
即奉行之後、
件頼元帯位袍、昇殿供奉已了。式文云、二所=
太神宮禰宜、
遷宮之時、宜帯位袍供奉者。
同十月廿三日、祭主ノ宅別当散位従五位下大中=
臣朝臣頼経、
被籠於左衛門弓場已了。事発ハ、宇治郷度会宮=
時、俄
狂言云、我皇太神宮ノ第一別宮荒祭宮也。而祭=
主永輔
朝臣ノ年来神事、違例至セリ。託宣之詞条々也。具不
記。而件宮時ヲ、頼経朝臣祭主ノ目代トシテ、放擲=
非違使」34オ
新家成貞、追捕之間、彼随身ノ箭ニ中テ、件宮時死去
了。依（件脱）沙汰、所被召上也。
同十二月五日、陣頭ノ御定、件成貞ハ既犯人也。=
其罪不
軽。然而、神民ハ非従罪之限者、放下文、令射=
殺宮時ハ
頼経朝臣、尤当張本者、罪科不軽者云々。
同年十二月十日宣旨云、応令参上太神宮司大=
中臣朝臣
兼任、禰宜荒木田神主延基幷視聴神民庭（進）時所申
詞輩等事、左右大臣宣、奉勅云々。具不記。仍同三
年二月日、一禰宜延基参上了。以同三月十九日、=
於右中

弁藤原朝臣伊方之許テ、宮司・神主等ヲ被対問ニ
偁、左」34ウ
大臣宣偁、須任例令所司之便所召問神主等也。然而
至于伊勢太神宮禰宜者、異於天下諸社御ス太神ニ
宮ノ昇
殿供奉者也。仍加会釈、於私所テシ、所召糺也。ニ
宮時之
託宣、幷可殺害之条、無衣裏(表)慥可弁申也者、各陳状。
具不記。

直会、太神宮祭主・宮司・三人寮官・主神司許有飯酒。自余所司一分酒肴。是餲故。

同六月、祭使、少副元範参下。抑件夏、世間既飢餲リセ。
因之外宮直会ハ酒肴也。内宮ノ直会ハ、祭使幷三人宮
司・寮官人・主神司許ハ坏飯也。至于所司一分ニ
等、皆酒肴也。
同年六月十二日己巳、未時、太神宮ノ御前松樹ノニ
巽方差ルタ
枝、従本之土際五尺許登テ、俄折落リタ。仍宮司・ニ
神主上奏。」35オ

太神宮御前松樹枝、俄折落。

以同廿三日、被卜食之処、神祇官・陰陽寮勘申ニ
云、奉為
公家無事。本所神事違例、幷依汚穢事、斎内親王
可慎御也。又天下口舌・闘乱・兵革可有歟云々。

軒廊御卜。

同七月十四日、豊受太神宮朝夕御饌、依例テ御ニ
気殿ニ
膳進上了。而二宮正体ノ御飯十六坏之内、二坏ニ
失給了。依

朝夕御饌膳進。御気殿御飯十六坏内、二坏失給了。

任宮司、神主注文上奏。爰被令卜食之処、勘申ニ
云、依神
事違例、所祟給也。又公家重可令慎給也云々。

伊勢守義孝、配流隠岐国。

同三年八月三日、伊勢守義孝、被配流於隠岐国已了。
事発ハ、以去元年七月テ、件守為撿田入部一志郡ニ
之処、
郡司伊元宿禰之住宅ヲ焼払已了。而件宿禰ハ、乍ニ
為」35ウ
郡司、豊受太神宮之御領、字阿射賀御厨司兼ニ

任也。仍供祭物徴納之間、同以焼失了。依即(即依)件訴テ、被二配流也。

斎宮直地参宮事。

同九月、祭使、王延清王、中臣権少副公輔朝二臣等也。斎内親王、以今月九日、下坐於御汗殿給。任例過七二日後、十六日ニ直道ニ参宮。但以申時テ、離宮ノ大祓所御輿寄ス。供奉諸司、共御祓参宮了。同年十月九日、太神二宮二禰宜氏範神主上洛已了。依宣旨、宮時之沙汰為申也。即氏範陳状、具不記。

備進御気殿御饌御飯六坏、失給了。

同十二月十三日、豊受太神宮ノ御気殿ニ備進ルレ御二饌ノ御飯六坏、已失給ヘリ。仍上奏之処、卜申云、本二所幷斎内」36オ親王、殊可令慎給也。又天下病患・飢渇・兵革事等可有歟者云々。

於御気殿御饌御器廿四坏、失給了。

康平同四年五月十二日、同御気殿ニシテ如前御饌ノ御飯二廿四坏、失給了。仍上奏。随則又被令卜食之処、本所ノ二神事違例也。又疾病・兵革等也。就中、公家尤可慎二御也者。

祭主永輔朝臣宅伐払云々。被関白殿下御車懸故也。

同六月晦日、祭主永輔朝臣ノ宅、伐払已了。事発ハ、二関白殿御車ヲ、築垣ノ遣形ニ懸遣テ、令預(傾)給ヒ。又御共ノ二小野宮ノ中納言殿ノ御車、同前テニ破損已了。因之、従関白殿遣撿非違使三人テ、被伐払已了。就中、山井大納言殿御薨去之間ニ、無憚覚作事甚非常也云々。但件宅材二木ハ、」36ウ獄所修理料ニ放免、着駄等以テ、被令運移已了。

造所行事幷大工三人、被禁固云々。

即造所目代、幷木工三人等、被追捕禁固了。二頼経可被除由、宣旨。

但件大工、依
有神民テ、不被遣獄所シテ、便所禁固云々。
同四年七月十九日、頼経朝臣、可被除之由、＝
被下宣旨已了。
以同廿一日、天下大赦已了。同十月九日宣旨＝
云、可令停止供

禰宜常親、不可預神事由。

奉神事、豊受太神宮一禰宜常親神主事。件神主為
疾癈疾者、不可預神事之由、依神宮之訴也。＝
是則癩病也。

洗馬小童一人溺死去、而尋先例、違道被参宮先□(例)也。

同五年六月、御祭之間、神宮坤方字川合渕ニシテ、＝
馬洗小男
一人、放馬溺死去已了。仍以十六日早旦テ、神＝
主注此由申送
於宮司。仍乍驚被尋問先例之処、件川合渕ニ＝
度々人流」37オ
死之時多々也。然而入テ一殿ノ西砌ニシテ、御祓奉＝
仕シテ、被参
入之例也。又宮中之間、幷内人等ノ宿館ニ、牛馬＝
落胎斃
損之時、違道参入供奉之例也。仍代々古記文＝
具也。是既
院々事也者。今度モ道違(違道)可被参入之由、所申送＝
也。祭
使・斎内親王・宮司、同以参宮。但任例、馬＝
津倶志ヨリ参入シテ、
一殿ノ西砌ニシテ、御祓奉仕シテ、被供奉了。更無事＝
也。権頭伊勢
守藤原朝臣忠高初参。正頭兼懐朝臣、同供奉了。

高宮御幣絹渉焼損。尋問神部衛士

同六年二月、祈年祭使少副元範参下。抑件祭勅使ニ
参入豊受太神宮ニ、宣命・詔刀畢テ、直会三献始之間、
高宮内人申云、高宮御幣請取テ、只今奉拝見之＝
処ニ、」37ウ
生絹ノ御幣一色カ片端令焼損給也者。乍驚召問
神部贄(執)幣衛士等之処、申云、近江国栗太郡ノ貫首

処、近江国栗太宿弥焼亡出来焼歟。

之宅ハニ、勅使ノ御供給・房装束等ヲ儲タリ。治田郷専当
之許ハニ、神部衛士等カ料儲也。仍進向彼所テ、御幣ヲハ
門内ノ案上ニ捧置テ、仮屋之内ニ可奉宿御幣〔　〕（ヲハ）御棚
可造之由、令仰知下人等之間、不意ニ火事出来テ＝
焼亡了。
乍驚ニ官幣ヲハ荷持テ退去已了。仍任実正、在郡司等、
進其由申文也。更件官幣、何可大厄侍哉者。＝

不申事由依被参宮進怠状。被替進件幣。

太神宮官
幣奉納之間、無事也。注此由、勅使上奏之処、＝
被下宣旨
偁、件焼亡事、使已逗留途中テ、言上事由、可＝
随裁」38オ
定也。不問事、参宮尤有怠也。仍進怠（状脱）了。但＝
以同月（廿脱）五日、
差使少祐大中臣輔長等、件御幣被替進已了。

斎王御服気。

康平六年五月廿六日、斎内親王御字（兄）修学院阿闍
梨入滅了。然而、斎宮・斎院ハ、祖父母及兄弟＝
ノ忌服不
御坐之例也。以日易月之前例、所謂服五月ハ五日、
服三月ハ三日、服一月ハ一日。是承前之例也。仍＝
其間、御匣
殿ニ御坐テ、内膳炊部司等ノ御膳物ハ不供シテ、只進物
所ヨリ御飯・御菜等進了。但本服五月也。仍五箇日、所
下坐也。同六月、祭使神祇少祐輔長参下。斎＝
内親王、
参宮了。但去晦日御禊ハ、以今月十日奉仕テ、令＝
供奉」38ウ
給也。依以日易（月脱）之例也。同八年四月十九日、＝

公卿使。

公卿勅使
参宮。参議正三位行右大弁兼近江権守源朝臣隆俊、
王内膳正致資王、中臣権大祐惟経、忌部・卜＝
部等也。子細

宇治瀧成科大祓解任了。依二所大神宮白散闕怠也。

宣状具也。
治暦元年八月十一日、太神宮鎰取秦宗常・散＝

御井水失。
飯高神戸預、復任本職。
雷電振動、四方如暗夜、氷降大柑子許也。

位高橋瀧
成等科大祓解任了。使権大祐惟宗・卜部兼懐宿禰等
也。事発者、去年正月一日ノ二所太神宮御膳ノ二
白散、闕
怠之咎ニ依テ、下宣旨、所被行也。
同年五月六日ヨリ七月マテ、大旱魃シテ、豊受太神宮ノ二
御饌ノ
御井水失之由、依神主注文、宮司上奏。仍被二
卜推之処、」39オ
公家御慎之上、天下疾病也云々。
治暦元年
同年九月廿四日宣旨偁、応令如旧勤行飯高神戸預
職河内維清事云々具不記。去天喜二年十二月、同三年六月
御祭、彼神戸恒例神酒闕怠了。仍依件咎、以去康平
元年七月廿七日、科大祓解任早了。而今年所二
被復任也。
同二年五月十三日丙申、氷降テ、雷電振動シテ、四方ニ
如暗夜シテ、

仮殿御遷。
依太神宮解状、祭主被免下。
大雨洪水。

午時ヨリ迄于未時ニ、大柑子許ノ氷降テ、牛馬犬ハ人ノ中
走迷ヒ、田夫殖女ハ衣服笠ヲ被打破、大少(小)鳥ハ飛落テ、
被打殺之事等有。宮司上奏畢。同二年八月廿五日丁未、
太神宮仮殿御遷宮也。爰祭主ハ依故宮時之沙汰、二
全八」39ウ
箇年之間、所不被免下也。而依太神宮解状、二
為令勤仕件
御遷宮之雑事、所被免下也。爰以八月十七日、兼日ニ
祭主下向シテ、大司ノ伊蘇館ニ宿居了。而間、始自二
同廿三日
朝テ、細雨降テ、廿四日ハ大雨降テ、既大洪水出二
湛テ如海。
宮川ノ水甚猛ニシテ、大少船所不思懸也。祭主・宮司相搆
宮川ヲ渡テ、神宮参入。而河西大少内人・物忌二
等、人馬共ニ
往還不通之間、不参宮。仍職掌供奉ノ人々、既以不足
也。又御修理之夫工、同以不足也。雨ノ降事ハ以二

御遷宮日時雨幷大水相違、巳時御遷宮。

御体・宝物御装束、湿御坐也。

遷御間雷電、儀式相違。

氏人等、此由令密奏。祭主咎弥重。

祭主御遷宮間、依違例沙汰不被下。

水如沃シ。
因之遷宮時尅相違テシ、以巳時テ、御出奉遷之間ノ＝
雨」40オ
弥倍テシ、無間断。仍以菅御笠テ、御体之上ニ差隠奉テ、
仮殿ニ渡御坐之間、御被幷御装束神宝物等、
併以湿損御テシ、御正体ヲ奉始テ、左右相殿ノ御体、
同以湿気御坐之由云々。已遷御之間ニ、雷電穿雲テ、
供奉職掌人々、迷以心神テ、行歩不静テシ、儀式作＝
法、毎
年相違已了。如此事等、神郡ノ有官・散位ノ中＝
臣氏人等、
内々ニ密奏。因之弥祭主之咎・不忠之由、已有＝
聞テ無隠。
同二年九月、御祭使、王致資王、中臣権大祐＝
惟経等也。
斎内親王御参宮如恒。祭主ハ件御遷宮之間、違例
依有沙汰、不被差下也。」40ウ

公卿使。

治暦

同年十一月廿一日、参宮勅使、参議従三位行＝
右大弁斎宮
大別当藤原泰憲、王信清王、中臣少祐元範等也。宣
命状云、去八月廿五日、仮殿御遷宮ノ違例之由、＝
令訴(祈)申
給也。以同廿八日、件勅使参入於斎宮。先西＝
陣ニ寮頭兼
懐朝臣・助文・季永・主神司中臣範任等、各＝
束帯テシ、西
陣ニ参着テシ、西陣開テ、西面妻戸許ニ令参入給テ、下
板敷侍坐。繧繝端畳二帖・茵一枚、従本院兼日ニ所
被下也。従御前、被物・五重襲織物・紅御袴裳・唐
衣也。寮頭給テ、勅使奉了。即勅使退立テ、南＝
面ノ」41オ
御前ニシテ、奉拝賀了テ、即進物所ニ退出テ、束帯ヲ＝
解置テ、
冠・直衣着テ坐。繧繝端畳二帖・上筵一枚・紫端二帖、

被衛士射死危。

左右即高坏三本立テ、献御酒等ス。于時、勅使・二
寮頭ニ給
織物・女房装束一具。主神司中臣範任給蘇芳褂
一襲。助・(文脱)季永給黄褂一襲。一番刀自給単襲等。
更又西面参坐給テ、女房御対面、万事令聞給了。
治暦
同二年十二月、祭使権少副公輔朝臣参下。斎二
内親王、
依例参着離宮院。十五日大祓、依例了。以十二
六日朝、勅使
以撿非違使時武、着(差)使神主許ニ示云、昨日自飯高駅
家リ立テ、御幣ヲ令持神部等ハ前陣ニ立テ参下ニ、二
勅」41ウ
使ハ遥曳後テ参下之間ニ、前立ル衛士、返対申云、着綴
牛皮兵杖等之者、主従四人打合テ、専不致礼敬シ、過通
候之程ニ、執幣衛士ノ咎(侍)持之間、件騎兵等、不論二
是非、衛
士ヲ射危テ罷過也者。後々ニ来郎等ノ男共ニ、此由ヲ

騎兵一人被射殺了。

□神主□□憚参宮□奏状。

下推問使、勘記合戦間事。

令仰知之程、権追捕使藤原高行被射落已了。又検非
違使武時カ随身男一人、被刃損タリ。如此合戦之間ニ、件
騎兵一人、被射殺已了。又歩兵二人ハ捕得之由二
云々。此既
後陣ニ来レル下人等ノ所為也。仍乍驚ニ、御幣
随身シテ前立テ進来也者。(此由尋神宮給脱)即神主ノ返答云ク、件事
左右、禰宜等難沙汰事也。執幣衛士、最前ニ被」42オ
射危ナリ。縦雖不中件箭トモ、猶被参宮ニ有憚。
加之、後々人々所為、合戦之程、射殺人セリ。此
尤不穏事
也。被参宮事ハ、可依公家定也者。仍参宮留畢テ、
勅使注解状、言上已了。
同年十二月廿六日宣旨、明正月五日到来。使、二
神祇権
大祐大中臣惟経・右史生佐伯親寵(範カ)・使部二人等也。
件勅使等、不着於離宮院シテ、小俣村ノ小人ノ宅ニ来
着シテ、二宮神主・宮司・祭使権少副、共任宣旨、二

六年□(十)二月、祭主幣今度幣可令参宮事。

鈴河山内白河盗人出来、上道人物取間、奉幣去十二月□□幣途(中)非常事。

件合戦乱
行之由弁定、使勘記云々。具不記。
同三年二月十日宣旨偁、応令奉供去十二月々次御」42ウ
幣事、右、権中納言藤原朝臣経輔宣、奉(勅脱)下知使等、
今度御幣相共奉幣者。宮司宜承知、依宣行之者。
同年二月十日、勅使王、中臣少祐輔長也。抑ニ
参宮ノ間、□(去)
年十二月御祭権少副共々ニ石壺ニ着テ、先十二月御
幣ノ詔刀申了後ニ、今度ノ勅使ノ御幣ノ宣命申了。
宣命状ニ無他事。件御幣途中ニシテ、穢気出来テ、ニ
不進納
由ヲ令祈申給ヘリ也。抑古記文云、醍醐天皇御代、ニ
昌泰元
年十二月十三日、祭使下向之間、鈴河山ノ内白ニ
河ニ強盗出
来テ、上道ノ人物取テ、彼此合戦之程、勅使ノ郎ニ
等一人

奉幣使、王神祇伯・時□(常)・忌部祐雄。忌部従童、於度会川被踏馬頓滅事。

来会テ、中矢テ死去。□(又)盗人ノ方□(三)二人被射殺已ニ
了。仍□(使)ト」43オ
衛士ト前立テ過通後、々来此事有リ。仍官幣進納
已了。其後、使奏聞件事。仍以同年二月廿一日ニ、ニ
使王、中臣
神祇大祐良〔　〕等参宮。宣命状ニ云、去十二ニ
月月次ノ幣
帛、依例着使(差)、奉出立給フ。而使参下ノ間ニ、途ニ
中ニシテ非常
事有ケリトモ、使・衛士等、幣帛ヲ令捧持テ、彼危ヲ遁ニ
退テ、□(守)
式日、如跡ニク全奉仕事ハ、寔皇太神ノ無限御領ノニ
所致也ト、
悦申給テ云々。具不記。宇多天皇御代、仁和四ニ
年十二月廿三
日、勅使参宮。王神祇伯雅望王、中臣大祐時ニ
常、忌部□□(少祐)

神嘗祭使参宮間、度会川於河中死人船流寄事。

斎部祐雄等也。而度会川御祓之間、祐雄ヵ従者＝
童、俄ニ
馬ニ被蹈テ頓滅已□(了)。仍祐雄、急ニ他馬ニ乗替テ、＝
参宮已了。」43ウ
陽成院御代ニ、元慶二年九月祭使、王資公王、＝
中臣神主
神祇大副有本朝臣也。而十六日参宮之間、度＝
会川□(洪)水。
仍船渡之間ニ、勅使幷宮司貞世、同船□(シ)テ渡之程ニ、＝
川□(中)ニシ□(テ)
死人流下テ、件船ニ流懸テ、早不流下ス。因之他＝
船ヲ招寄テ
乗替、東岸ニ渡届テ、即数度祓清テ、参宮供奉了。但
官幣ハ、忌部、衛士共前陣ニ渡也。即使等帰京シ、奏問
具由。仍被令卜食ニ、奉為公家無咎。天下疾疫・＝
兵革事
出来者、仍其由御祈祷勅使参宮。具不記。抑件＝(依脱)
穢気テ、
祭使公輔朝臣、始従去十二月十五日、迄于今＝
年二月十四日ニ、離宮
院ニ被宿テ、其間□□(朝夕)供給、□(太)神宮司勤仕了。又＝
□□□□□(四所預等之)」44オ
勤無間断。撿非違使・追□(捕)使□□□(等造巡)テ、宿□(直)。＝
就中郡司・
駅専当等之勤、無懈怠也。
同九月祭使、王正親正信清王、中臣権少副公＝
輔等也。

斎王十六日御汗、仍廿五□二宮参宮。

斎王依例参着離宮院給テ、十五日夕大祓了。明十六
日巳時、御汚(汗)殿下坐了。仍以同廿五日テ、二宮＝
参宮已了。

左衛門尉季衡、科上祓。

同年十二月日、(左脱)衛門尉平季衡、科上祓。使神＝
祇大祐大
中臣惟経、卜部権大副兼懐等也。事発者、今年
三月三日、奄芸郡坐稲生社ノ祭日也。而撿非違□(使)河

内常重ト、駿河前司平惟盛朝臣ノ従者、□(又)件左衛門
尉ノ従者、□(共)口舌之間、恒重幷男子□(従)者惣三人、=
被□(射)」44ウ
損已了。其□(中)従者男ハ、矢庭ニ死□□(去了)。常重父=
子ハ僅□(存)
命リセ。件下手人等ハ、三重郡字□(衣)比原御厨住人等□(也)。
仍祭主永輔、年来蒙勅勘、此九ケ年之間、雖=
不下□(向)、□(依)
祭主下文、令追捕之間、御厨内住人二百余家、=
内外共
損亡了。仍主人、各依　宣旨、科祓勤仕了。=
又被殺害之
神民ハ、以替人テ被令弁替已了。是則、河曲神=
戸預太□(鹿)
武則被殺害之時ニ、故越前□□(々司)正度朝臣、依宣=
旨令□(弁)
替也。仍任其例、且任式条所弁替已了。

牛産。

荒垣穢気時、不及官奏事。

同四年正月一日□□(甲戌)、時未□□(二点)リヨ、申剋□(テ)マ、□□□(日蝕如)=
□□□(暗夜ナリ。)」45オ
同二日戌時ハ、大地□(振)動。同□(三)日、□(終)日□(大)風□(吹)、=
□□□□(所々人家)
□□(吹倒)リセ。但至于日蝕者、兼日依卜申、以去年十=
二□□(月十)
七日□(テ)、勅使神祇少祐大中臣輔長ヲ以令祈申給フ。=
宣命□□(状云)、
明年正月一日ニ、日蝕可有之由。即御体御慎可=
有之由、
所被祈申也。
同四年二月祈年祭使、少副元範参下也。而臨=
于八日
暁(晩)景テ、豊受太神宮一禰宜康雄神主、宮司ニ送消息状。
今月八日辛亥、是神宮恒神態也。而荒恒(垣)外御気殿
艮方ニ当テ、牛産事侍者。宮司宣衡朝臣、以件□□(書状)、
祭使触聞之処、返答云、大垣之内□□(如此)穢気出=

穢気時、□(過カ)外宮□(直カ)道参□□例所見。

来ニハ、」45ウ
朝夕御饌之勤供奉哉否。又外□□(宮穢)気出来之時ハ、過外宮テ、直道ニ太神宮ニ参入之例有哉否如何。神主依先例、慥可注進也者。神主、曳勘先例テ云、ニ如此□□(荒垣)之外ニ穢気出来之時、専不及官奏。只過三ケ日、御饌供奉之例、往古・近代之流例。又臨時奉幣使・恒例祭使□(ノ)、当参宮之時テ未出来穢。仍前例難尋シ。又過外宮テ、如此勅使直道ニ被参入於太神宮之例未聞ス。但以件事、至于被奏聞者、左右勅使御心也。於ニ神主□□(者、不)能是非也。就中当月ノ先子日ハ、鍬山ノ御神□□□(態也。是)則、年一度定日也。□□(然而、)依□(此)穢気、□(不)可奉□□(仕也)ニ□□□□(者。又太神)」46オ宮神□(主)之申云、如此不意穢□(気)出来之時、□□□□(当宮之例、)退去被(彼)穢気之所テ、違道神事供奉ノ先例□□□(多々也。)但過外宮直道被参入於当宮之例ハ、未聞事也。□□(於被)

祭主永輔、□(前カ)帝□□(勅勘カ)新帝御時、為被宣下□。

□(官)奏者、勅使御在也者。因之過三ケ日参宮了。ニ随即住(注)其由、宮司共官奏已了。同四月十九日、天皇ニ崩給了。同廿三日、斎王下坐了。

同四年六月、祭使、神祇少副従五位上元範朝ニ臣也。抑祭主永輔朝臣、始自康平二年十二月御祭、迄于治暦□(二)年、惣八ケ年之間、依故宮時殺害之沙汰、不被下ニ遣シテ、僅太神宮仮殿ノ御遷宮、以去二年八月、□□(被免)下之後、ニ依被(彼)遷」46ウ宮違例之沙汰、不被下遣。而及三□□□(ケ年之)程、ニ天下改御坐セリ。而猶前帝之時、勅勘ニ依テ、新王ノ御代ニモ、所不ニ被免下也。

抑当月祭使、為被定下、以今月九日、被下神ニ

祇官宣旨
俌、祭主永輔朝臣、年来之間、不被差遣祭使、依何等
之過怠哉。其由勘録可言上也者。爰返奏状俌、＝
前帝之
御時、祭主永輔依無罪名、不堪定申彼咎・誤也者。

公卿僉議、□従□□(神事カ)□由。

于時公卿之僉議云、縦雖無指過怠、既不従神事、
空過十ケ年也。而何新皇之御代、被令供奉於祭
庭哉。於事無穏便。尤似可有憚也者。以次官人、被□(下)
遣ニ可宜也□□(者。因)之以少□□□(副元範)朝臣□□□□(所被差下)祭」47オ
使也。即請官幣之日、□□(別宣)旨□(俌)以今月□(廿)一日、神祇

□□□廿一日行幸。

官ニ御行幸可有也。件日又奉幣使可被立也。件日
行幸公役ハ元範可勤仕也。早可参会也者。仍参下、
二宮御祭、無事奉仕了。同十八日夕部・同十＝
九日及于両
□(度)早々可参上之由、召使頻下向。仍□(以)夜継日、＝
廿日夕

□□神祇官勤□(仕カ)御麻使。

入(度)京已了。廿一日御行幸ノ公役勤仕了。爰元範朝臣、

(宣旨カ)□□今度奉幣、以元範為祭主参向神宮。

以御麻テ於神祇官門ニ進之処、被宣旨俌、今度奉幣
使ハニ以元範為祭主、可令下向伊勢太神宮也者。＝
□□(即勅)使
被立ル。王従五位上正親正成清王、中臣祭主従＝
五位上行
神祇権少副大中臣朝臣元範、忌部致良等者(也脱)。＝
即参」47ウ
宮畢。同七月一日辛未、始行祭□□(主務)。先ニ二宮権禰宜
職ヲ補任之例也。仍太神宮大内人荒木田友延・＝
豊受太
神宮大内人度会則雅等補任已了。件日ハ、即新皇
御即位之日也。
同年九月御祭使、王内膳長章資王、中臣祭主＝
神祇少
□□(副元)範等也。抑太神宮ニ参入之間、祭使・宮司＝
等、到於宇治
岡テ、例ノ浦田カ坂ハニ不向テシ、件宇治岡ノ東、字＝

湯田片□(岸)ト
云道懸テ、井面ト云所ヲ徹テ、川上ニ参宮セリ。其ニ
故ハ、字□□(奈宇)
□□
志禰ト云所ニ居住下人死去了。仍彼死去之門許ヲ為
違例(衍)先例リ。□□(任神)主注文、所参宮也。十四日神ニ
御衣モ、」48オ
同前ニ参宮□(了)。
(大嘗会カ)□□□
治暦四年十二月御祭、祭主元範朝臣参宮也。抑ニ
祭□(主)ハ
□□(以去)十一月大嘗会之日、任先例加階正五位下セリ。ニ
爰今□(月)
内裏焼亡。
官幣請テ退出之後、同日ノ未時許、内裏焼亡了。至于
祭□□(主任カ)例到着離宮。宮司三人・司中雑職等、皆参□□(祭主カ)許為□□也。
祭主者、依例十五日ニ到着於離宮院之間、大司公義・
権司信通・少司如範・司中雑職人ノ安匡・撿非違使
惣上中下、併以テ祭主御許ニ見参了。以酉時許、例
祭主宿所有死穢、隠忍請取官幣、参下由、依
大祓事ヲ擬被奉仕之間ニ、神祇官鎰取一人、随身伯
御消息一封テ到来。件消息状云、日上伝宣、奉勅

仰下神祇官以書状□□(祭主カ)許遣之。
偁、祭主元範之宿所ニ、死人穢事有□(リ)ケ。而隠忍テニ
請」48ウ
預官幣テ下向也云々者。至于官幣者、途中之便所ニ
置テ、随沙汰可左右也者。即祭主之御坊ニ参入之ニ
人々・三員
参祭主許人等、皆成穢□。
上中下人々、併触穢之内ニ成了テ、件大祓モ不勤ニ
仕。何況□(乎)
祭主・宮司共ニ参宮事停了。但式日有限御祭ノ事ハ、依
以少司致時為代官、二宮御祭了。
不可懈怠、前々少司致時ヲ尋出テ、司ノ代官トシテ、二宮
祭庭ノ事ヲ令勤仕了テ、十八日解祭主(衍)。豊明ノ神ニ
事者、
豊明神事、度会川西辺勤仕了。
度会川ノ西頭、字大牛草ニシテ勤仕了。仍十二月晦ニ
日、従
離宮院可出立進キ、白散・年魚鮨之勤モ、件大牛草
元日大饗□□□等、□(大)牛草以代官勤之。
造仮屋、令勤仕了。正月元日ノ恒例ノ大饗・朝拝・
踏歌之勤モ、同大□□(牛 草ニシテ)立司代□(勤)仕了。□(但)十二ニ
月晦夜ノ」49オ

晦夜御油□怠。(闕カ)

祭主元範宿所、付撿非違使事。

御灯油之勤ハ、往古・近代宮司之所課□(也。)然而依ニ
件穢気テ
闕怠了。在京ノ無止恒例神事モ、依件穢気テ懈怠ニ
之由□。(云々)
是則依権少副公輔朝臣之内奏也。爰祭主ノ御宿所ノ
家主右馬寮属姓不知光則ニ、付撿非違使テ、召ニ
籠テ、
被糺問件穢気之処、弁申之(云)、祭主元範、白地之間、
来宿於光則之私宅テ経廻之程ニ、光則之許ニ候今
来ノ下女一人、病悩。過一両日而恐非常之事テ、
早可令
退出之由、祭主モ被申、光則モ心内ニ依存思給テ、ニ
件病女
下女令負担テ、便人之許ニ宿遣之程ニ、少家ノ人ニ
申云ク、
宅主ハ、近来熊野参向之間也者。他所ニ可宿之由ニ

非死人由、乍生出置由也。

元範依件触穢沙汰、自随身、去年十二月十五日□二月廿一日祇□□被立□也。

申侍ケレハ、」49ウ
求便所テ臥置事了。是則傍随近ノ者・往還人々、
具所見知也。専非死人ト申了。然而為決其真偽、件
病女ヲ負担ヘル女ヲ召対テ、任法被糺正之庭(処)、専非ニ
死人ス。
乍生ニ負出之由、依実正陳申了。況乎近辺往還
人々モ、乍生出置之由、実也ト証申了。仍公輔朝臣ノ
内奏无実之由具也。仍其由過状早了。爰祭主元範
朝臣、依件沙汰随身官幣テシ、自去年十二月十五ニ
日、(至脱)明二月
(十)廿六日テマ、離宮院ニ祇候。其後二月廿一日ニ、勅ニ
使参宮。使
王(王脱)俊清、中臣主殿少允大中臣親長等也。件十二月御
幣ニ、今度幣ヲ添令進給之由具也。宣命状不記。」50オ
但宣命状云、其説、縦横□(テシ)指南シト難ナリ。仍為決真偽ニ、
神祇官・陰陽寮ニ令卜食処、共皆有穢気由ヲ申リセ。
因之云々具也。依件沙汰、去二月祈年祭使ニハ、前出雲

守頼宣朝臣参下也。
治暦五年己酉四月日、改延久元年。延久元年六月、
祭使散位大中臣永清参下。至祭主、依彼死人沙汰、
不被下也。同七月一日乙丑、時巳始、迄于未一＝
点テ、日蝕（云々）（如暗夜。）
（河俣山要害等追討。）
同廿日、始被下宣旨於太神宮司テ、河俣山ニ追討使
等ヲ差遣テ、伊賀・伊勢・志摩・大和・紀伊国＝
等ノ悪(要)害
等ヲ令問テ、彼山ノ要人散位紀為房・同近助・同＝
宗近」50ウ
朝臣、及各等男女子共ニ被追討已了。但同年九＝
月三日ヨリ
始テ、同廿二日ニ戮了テ、進官又了。大将軍左＝
衛門尉従五位下源
朝臣ハ家宗。件判官ハ従大和国入件山ル。副将＝
軍前駿河守
平惟盛朝臣ハ、自伊勢国飯高郡入件山リ、件平前司随

兵三千余人也。於歩兵者、不知其数也。依件＝
事テ、太神宮司ニ
被下宣旨、已及于五ケ度也。是為令支神郡之要害也。
同年九月御祭使、王正親正信清王、中臣前出＝
雲守親長
頼宣朝臣等也。十六日、豊受太神宮御祭ニ祭＝
使・宮司、共ニ依例テ
参宮了。玉串行事・宣命・詔刀了テ、為奉納官＝
幣ニ、正殿ヲ奉
（御鎖□□給。）
開之処、御鎖渋固テ、更不被開給ス。仍始自一＝
禰宜康雄神主、
一□(々ニ)六員神主、各立代ニ奉開ニ、更不被開給。＝
然間時剋推移テ、」51オ
夜□(漸)臨于後夜ト欲ス。仍神主等、勅使・宮司ニ申云、＝
正殿巽
方東宝殿之中テシ、以御炊物忌父度会久忠テ、及于数度テ
令祓清テ、又六員禰宜等、皆参登テ開奉ニ、遂不＝

被開給ス。
因之、禰宜等罷下テ、一禰宜申云、去長暦年中御遷宮
以後、公家ノ被進官幣物等、永応奉納東宝殿之＝
由、被
起請申於二宮早了。而依禰宜等申請状テ、九月＝
御祭并
公卿勅使参宮之日ハ、正殿ヲ奉開テ、且奉拝見湿損
有実、且官幣ヲ応奉納之由、所被改定也。而今＝
度ハ、正

奉納東宝殿。

殿已不被開御ス者、雖有非例、依便宜テ東宝殿ニ奉
納如何者、勅使承諾。仍奉納了。臨于暁テ、次＝
第神事
勤仕。太神宮御祭ハ、任例奉仕了。但以件事、＝
勅使并宮」51ウ
司・神主上奏了。

奉幣正殿御鎖不令開給事。

同年壬(閏)十月七日、参宮勅使、王兼長王、中臣＝
少祐輔長等。
今度出不開給、奉納東宝殿云々。
令進給フ金銀御幣・御馬等也。宣命状云、去九月御祭、
豊受太神宮ノ正殿御鎖ノ不被開給之由、令祈申給云々。
具不記。但以去十(月脱)十二日テ、同太神宝物等令奉＝
給ヘルニモ、如九月
御祭ニ、正殿ノ御鎖猶渋固テ不被開給サリケレハ、同＝
東宝(殿脱)ニ奉
納セリ。其等御祈也。件太神宝ノ使、中臣権大＝
祐惟経等也。
具不記。

公卿、正殿御鎖□開事。

同十一月延久元年歟十二日甲辰、公卿勅使参宮。参議正三＝
位行春宮権
大〔(夫)〕藤原朝臣郎(良)基、王従五位下兼則王、＝
中臣祭主正五位
下行神祇少副大中臣朝臣元範等也。即被下宣＝
旨同十一月八日偁、
権大納言源朝臣経長宣、奉勅、早祭主・宮司＝
禰宜等、相共」52オ

御鎖構開如元令修補、所奉納也。

構開、如旧修補件豊受宮正殿鎖云々。具不記。宣命状ニ、
件御鎖ノ事等、所令祈申給也。仍勅使・宮司、=
共ニ豊受太
神宮ニ参入シテ、玉串供奉・宣命・詔刀如例了テ、=
祭主御内ニ
参入シテ、御前ノ御階之許ニ候テ、六禰宜外従五位下=
頼元神主ヲ
以、令随身鉗テ参登ラム(シ)テ、御鎖ヲ構開テ令実撿之=
処、已四
舌ノ御鎖ノ舌一方ニ被押、惣テ令渋給リ□(ヘ)。其外ニ破損ナシ。
即実撿之後、立仮(忌鍛)治内人安光、并鍛冶大中臣=
吉友ヲ召テ、
即日内令修補テ、如元ニ所奉納也。但其間ハ、外
宮ニハ権司
信通ヲ令候テ、大司公義・少司如範等ハ、勅使ニ=
奉倶テ、
太神宮ニ参入供奉了テ、従内宮帰参テシ、件御鎖ヲハ所被
奉納也。即其由解文官奏已了。」52ウ
此古記文者、故従致士(仕)官長徳雄神主以往相伝=
来也。□(其)
後故興忠官長、其男氏長長(官脱)、其男延利官長、=
其子延基
官長相伝テ、各自筆日記、而延基神主男故延清四神主
宿館シテ、外院焼亡之次、於正文者焼失已了。
此記文、寛治七年官沙汰被召上之後、同八年=
所被返下也。」裏表紙見返

《白紙》」裏表紙

＊1 右傍に青紙あり

諸道勘文〔長寛勘文〕

翻刻

第六十五合

諸道勘文残欠」表紙

文政四年辛巳九月日令
修理畢。

寺社奉行所（印）」見返

（一行空白）

伊勢太神宮与熊野権現、可為同体否事長寛元。

刑部卿範兼卿　式部大輔永範朝臣

文章博士長光朝臣　大外記師元

加助教頼業勘文　兼俊勘文可尋加之

太政大臣難勘文　治承勘文業倫

勘申伊勢太神宮与熊野権現、可為同体否事。

日本書紀曰、伊弉冉《イサナミノ》尊《ミコト》生《ムタマフ》火《ホノ》神《ヲ》時《ニ》、被灼《ヤカ》《イラレ□》而□（神）」1オ

退《サシマシヌ》去矣。故蔵《ニ（葬）》於紀伊《キイノ》国熊野《ノクマノ》之有馬村《アリマノムラ》焉。□（土）

俗祭《ヒトマツル》此《ノ》神之《ノ》魂《ミタマヲ》者、花《ノ》時《ニハ》亦以花《ハナヲ》祭。又用鼓 吹《タモチキルツ、ミウチフエ》

幡《ハタヲ》旗、歌《ウタ》舞《マヒシテ》而祭《マツル》矣。

延喜神祇式曰、

太神宮在度会郡宇治郷五十鈴河上。天照

太神一座。

伊佐奈岐宮二座。伊弉《イサナキノ》諾尊《ミコト》一座、伊奘《イサナミノ》冉尊《ト》一座。

同神名式曰、紀伊国牟婁郡」1ウ

熊野早玉神社大。

熊野坐神社名神大。

今按此等文、伊弉諾《イサナキノ》尊《ミコト》・伊奘冉《イサナミノ》尊《ミコトハ》者、天照

大神之父母也。彼神坐伊勢、又坐熊野社。

然者熊野権現与大神宮、其名雖異、其神

相同者也。

右、依宣旨勘申如件。

長寛元年四月十五日従三位行刑部卿藤原朝臣□□（範兼）」2オ

勘申。大卿

伊勢太神宮与熊野権現、可為同体否事。

日本紀曰、伊奘諾尊・伊奘冉尊共議《トモニタハカテ》曰、吾
已生《ステニウムツヲ、》大○（八《ヤ》歟）洲《シマノ》及山川草木《ヲ》、何不生天下之主者歟《イカソサラムカウマアメノシタニキミタルヘキモノヲカ》。
於是《ニ》共《トモニ》○生日神《ヒノカミ》、号大日孁貴《ナツクヲホヒルメノムチト》。一書云天照大神《アマテラスヲ、ムカミ》。次生月神《ニウムツキノヲ》。
一書云月《ツキ》一書曰《フミニイハク》、日月既生云々。次生素戔嗚尊《ソサノヲノミコト》。
読尊《ヨミノミコト》。
次生火神軻遇突智《ホノカミカチチヲ》時、伊奘冉尊、為軻遇突智《タメニカツチ》
智所焦《チノイラレテ》而終《カムサリマシテ》。其且終之間《ソレカムサリマサムトスルアヒタ》、臥生土神埴山《フシナカラウムツチノウヘ□マ》
姫《ヒメ》、」2ウ
及水神罔象女《ミツノミツハノヲ》云々。
伊装（奘）冉尊生火神《ヒノミツハ》時、被灼《レイラ》而神退去矣《カムサリマシヌ》。故葬《ニハウフリマツル》□
於紀伊国熊野之有馬村焉。土俗祭此神之《クニヒトマツルノノ》
魂《ミタマヲ》者、花時《ノニハ》亦以花《タヲ》祭。又用鼓吹幡旗《モチヰルツ、ミウチフエハタヲ》、歌舞《ウタマヒ》
而祭《シテ》矣《ル》。
今案熊野櫲樟《クスヒノ》日命《ミコト》、一書曰、熊野忍蹈命、
亦名熊野忍隅命。天照大神勅曰、是吾児
者。若是今之熊野霊神歟。」3オ
日本紀曰、素戔嗚尊者取天照太神
髻・鬘、及腕所纒八坂瓊之五百箇御《イホツ、ミ》
統《マル》、濯於天真名井所生神、号曰正哉
吾勝々速日天忍穂耳尊。次天穂日
命。次天津彦根命。次活津彦根本（命）。次
熊野櫲樟日命。凡五男矣。是時天照
太神勅曰、原其物根、則八坂瓊之五
百箇御統者、是吾物也。故彼五男神、」3ウ
悉是吾児。乃取而子養焉。
今案熊野櫲樟日命、一書曰、熊野忍
蹈命、亦名熊野忍隅命。天照太神勅曰、
是吾児者。若是今之熊野霊神歟。
（四行空白）」4オ
一書曰、素戔嗚尊下到《ニクタリイタリマシヌ》安芸国《アキ》□可愛之川《ノエ》□（上）
也。彼処有神《カシコニアリソコ》。名曰脚摩手摩《ハアシナツチテナツチト》、其妻名曰稲田《ツマノナヲハ》
宮主簀狭之八箇耳《スサノ》《ニト》。此神正《マツチマサシク》在如身《ハラメリ》妊《イ》。夫妻共愁《ニ》、
乃告《マウシテ》素戔烏尊《トニ曰ィサク》○、我生児《ウムヲ》雖多《イヘサハ》、毎生《コトニウム》輙《スナハチ》有八《ヤ》
岐大蛇来呑《マタヲソチノヲロキタテノムツ、》、不得一存《スヒトリモマヌカル、コトカ》。今吾且産《コウマトス》。恐亦見呑《クハタノマレナムヲ》。

是以々傷《イタム》（哀カ）。素戔嗚尊乃教《ヲシヘテ》之曰、汝可《マシ》
以泉（衆）菓《モロ〳〵ノ菓《クタモノヲ》》醸《カム》酒八《サケヤハラヲ》甕。吾当為《ニタメニ》汝殺《カコロサム》蛇《ヲ》。二《ノ》神、随《シタカヒ》
教《ニ》設《マウク》酒《ヲ》。至産《コウムトキ》時、必彼《スソノ》大蛇当《アタリテトニ》戸将呑《ニノマムトコヲ》児焉。素
戔嗚尊、（ミコトノマヽニ）勅《ミコトノリ》蛇《ニ》曰、汝是《ハ》可畏《ヘキヲソル》之神《カミ》也。敢不饗《アヘテミアヘセサランヤト》（ス）号《マフ》（乎）」4ウ
乃以○（八イミカノ）甕《ヲ》酒毎《コトニクチ》口沃入《イイル》。其蛇飲酒《ヲ》而睡《ネフル》。素戔嗚
尊、抜剣斬《ヲキル》之。至斬尾《ルヲ》時、剣《ニ》刃《キノ》少欠《キハスコシキカケタリサイテ》。割而視《ミレハ》之ヲ、
則剣《ツルキアリノニ》在尾中。是号《ヲナツククサナキノト》草薙剣。此今在《マシマス》尾張国《ノノ》
吾《ア》湯市村《ユイチノムラニ》。即勢《ス》熱田《熱敷アツタノ》祝部《ハフリヘカ》所掌《ロノツカサトル》之神是也。其斬《キレシ》
蛇《ヲ》剣、号《ヲハ》曰《テフ》蛇之麁正《ヲロチノアラマサト》。此今在石上《アリイソノカミノ》○。（上宮イ）一書曰、天照
大神乃賜天津彦火瓊々杵尊、八坂瓊曲玉《ニノ》、
及八咫鏡《ヤタカキ》、草薙《ナキ》剣、三種宝物也。因勅皇孫
曰、葦原千五百秋之瑞穂国、是吾子孫□王（可）」5オ
之地也。宜爾皇孫就而治焉。行矣。
神武天皇戊午歳六月乙未朔丁巳、軍至名
草邑、則誅名草戸畔者。遂越狭野而、到熊
野神邑、且祭天磐値（登）（盾）、仍引軍漸近（進）。海中卒遇《ニハカ》

暴風、皇舟漂蕩云々。天皇独与皇子研耳
命帥軍而進、至熊野荒坂津。亦名赤坂津。因誅丹
敷戸畔者。時神吐毒気、人物咸瘁。由是皇
軍不能復振。時彼処有人、号曰熊野高倉」5ウ
下。忽夜夢、天照太神謂武甕《タケミカツチ》雷神曰、夫葦
原中国、独（猶）聞喧擾之響焉。聞喧擾之響焉、（左）云右椰霓利奈離。此
宜汝更往而征之。武甕雷神対曰、雖予不行、
而下予平国之剣、則将自平矣。天照太神曰、
諾。時武甕《タケミカツチ》雷神祭（登）謂高倉下曰、予剣号曰
（師）離霊。今当置汝庫裏。宜取而献之天孫。高
倉曰、唯々。而寐（寤）之明旦、依夢中教、開庫
視之、果有落剣、倒立於庫底板。即取以進之。」6オ
先代旧事本紀云、謹検案内、宝鏡是天照太
神授天忍穂耳尊八咫《ヤマタノ》鏡也。霊剣也、霊剣
落立於庫之底板訴（カ）本言霊也。
　今案此等文、神武天皇至紀伊国名草邑、

誅名草戸畔。遂至熊野荒坂津、誅丹敷戸畔。時彼処有人、号曰熊野高倉下。忽依夢中之教、果有庫底之剣。然則熊野剣謂之歟。或記云、神代所伝神剣三柄。一者」6ウ在大和国石上社、一者在内裏、一者在尾張国熱田宮。草薙剣是也。熊野剣也。又云、熊野本宮者伊勢内宮、新宮者同外宮、那智者荒祭宮云々。但所見不詳。然而師（本言（カ））詔□（舗イ）（歟）霊之剣、非無由緒歟。

（支干不符合、若丙寅。）

熊野権現御垂跡縁起云、往昔甲寅年、唐ノ天台山ノ王子信カ旧跡也、日本国鎮西日子ノ峯雨降給。其体八角ナル水精ノ石ノ高サ三」7オ尺六ナル三テ天下給フ。次五ケ年経□（テ）、戊午年、伊与国ノ石鉄ノ峯渡給。次六年ヲ経テ、甲子年、淡路国ノ遊鶴羽ノ峯ニ渡給。次六ケ年ヲ過テ、庚午年三月廿三日、紀伊国无漏郡ノ切部山ノ西ノ海ノ北岸ノ玉那木ノ淵ノ上ノ松ノ木□（ノ）本ニ渡給。次五十七年ヲ過、庚午年三月廿三日、熊野新宮南ノ神ノ蔵峯降給。次七十年□（六十一カ）（庚）午年、新宮ノ東ノ阿須加ノ社ノ北石淵ノ谷ニ勧」7ウ請静メ奉ツル。始テ結玉家津美ノ御子ト申。二宇ノ社也。次十三年ヲ過テ、壬午年、本宮大湯原一位ノ木三本カ末三枚月形ニテ天降給。八ケ年ヲ経テ、庚寅年、石多河ノ南ノ河内ノ住人熊野部千与定（包歟（カ））云犬飼、猪ノ長一丈五尺ナル射テ、跡追尋テ石多河ヲ上行。犬、猪ノ跡ヲ聞テ行ニ、大湯ノ原行テ、件猪ノ一位ノ木ノ本ニ死伏セリ。宍ヲ取テ食シテ、件木本ニ一宿ヲ経テ木□（末）ノ」8オ月ヲ見付テ問テ申ス。何ナル月虚空離テ木末□（二カ）御坐スル所トニ申ス、月、犬飼ニ答テ仰云、我ヲハ熊野三所権現ト所申スト、一社証誠大菩薩申。今二枚月ヲハ両所権現トナム申仰給フ云々。

（支干不符合、若庚寅歟。）

（支干不符合、若庚辰歟。）

今如縁起者、唐天台山王子信之垂跡云々。
王子信不知誰人。若周霊王太子晋歟。信字
誤歟。但此記未審。難取信矣。
右勘申如件。」8ウ
長寛元年四月十六日正四位下行式部大輔藤原朝臣永範
皇川 勘申。

伊勢大神宮与熊野権現同体事。
日本書紀云、伊奘諾尊・伊奘冉尊共議曰、吾
已生大八洲国及山川草木。何不生天下之主者
哉。於是共生日神。号大日孁貴。天照太神也。此子光《コノミコヒカリ》花
明彩《ウルハシクシテ》、照徹《テリトホル》於六合《クニノ》之内《ヲ》。故二神《カルニフタハシラノカミ》喜《ヨロコムテ》曰《ノ》、吾息《ワカ》
雖多《イヘトモオホクアリト》、
未《イマタアラ》有若此《カクノ》霊《ク、ヒニ》異《アヤシキ》之児《ミコ》。不宜《カラスヨロシク》久《ヒサシク》留《ト、ム》此国《ノ》。○自《ミツカラ》当□(早)《スミヤカニ》
送《ヲクリタテマツレ》」9オ
于天、而授以《サツクル□チテ》天上《スアメノ》之事《コトヲ》。是時天地相去《ノニアメツチアヒサルコトイ》未□(遠)。故以
天柱《ノヲ》、挙《アケタテマツル》於天上《アメノアマノハラノ》也。次生《ウム》月神《ノカミヲ》。月弓尊《ツキユミノミコト》、月夜見尊《ミノ》、月読尊《ヨミノ》。其光《リ》
彩《ウルハシクシテ》

亜《ツケリ》日《ヒニ》。可以配日《ヘシテナラヘテヒニ》而治《ヲサム》。故亦送《ニヲクル》之于天《アメニ》。
一書曰、伊奘諾尊曰《ノノ》、吾欲《オモフトノツテ》生御寓《アメノシタシラス》之珍子《ウツミコ》、乃以
左手《ノテヲ》持《トリ玉フトキ》白銅鏡《マスミノ》、則《カ、ミヲスナハチ》有化出《マスナリイツル》之神《ウマムト》。是謂《ヲマウス》□(ヲホ)大日霊尊《ヒルメノムチノミコト》。
右手《ノ》持《トリ玉フ》白銅鏡《ヲ》、則《チ》有化出《ナリイツル》之神。是謂《ヲマウス》月弓尊。
又廻首《メクテシカウヘヲミル》顧眄《マサカリニ》之間《アヒタ》、則有化神《ナルカミ》。是謂《ヲ》素戔嗚尊《スサノヲノト》。
即大日孁尊《ヲ、ヒルメノミコト》及月弓尊《ユミノト》、並《ナラヒニ》是質《ヒト、ナリ》性明麗《テリウルハシク》。故便《ニスナハチ》
照臨《テラシノソマシム》天地《アメノシタヲ》矣。」9ウ
一書曰、伊奘冉尊生火神時、被灼而退出矣。故
置於紀伊国熊野之有馬村焉。土俗祭此神之
魂者、花時亦以花祭。又用鼓・吹・幡旗、歌舞而
祭矣。伊奘諾尊与伊奘冉尊、共生大八洲国。
然後伊奘諾尊曰《ノノ》、我《ワカ》所生《ウメル》之国、唯有朝霧《アテキリノミ》、而
薫満《カホリミテルカナトノタマヒテ》之哉、乃吹撥《フキハラフ》之気《イキ》、化為神《テ為イト》。号《ヲハ》曰級長戸《シナナカト》
辺命《ヘノト》。亦曰級長津彦命《シナナカツヒコノト》。是風神也《レカセカミナリ》。
同書曰、素戔嗚尊乞《コヒトテ》取天照太神髻・□□(鬘及)腕《タフサ》」10オ
所纏《トコロノマケル》八坂瓊《ヤサカ□(ヌ)ニノ》之五百箇《イホツ、ツノ》御統《ノミスマル》、濯《スキ》於天□□□(真名井)《アメノ》、

黯然《カクサムトシテ》《サカ、ミニ》咀嚼《タムセクシテ》《カム》、而吹棄《フクハヲ》《シカモフキウツル》気噴《キフム》《イキフキノ》之狭霧《ノセキリ》《サキリ》所[生]神《ノナル》、号曰《テイフ》正哉吾勝々速日天忍穂耳《マサカアカカツカツハヤヒノアメヲシホミミノ》尊《ト》。次天穂日命《ニハメノホヒノ》《ト》。是出雲臣《ノヲムト》土師連等祖也《ノカナリ》。次天津彦根命《ニハアマツヒコネノ》《ト》。是凡《ヲフシ》川内直《カウチノアタヒ》・山代直《ヤマシロノアタヒ》等《ラカ》祖也。次活津彦根命《ニハイクツヒコネノ》《ト》。次熊《ニクマ》野櫲樟日命《ノ、クスヒヒノミコト》《スニ、クス》。凡五男《スヘテイツハシラ》《ヒコカミマス》矣。是時天照大神《ノニ》勅曰《ミコトノリシテノタマハク》、原《タツヌレハ》其物根《ノサネヲ》、則八坂瓊《ヤサカヌノ》之五百箇御統《イホツ、ミスマルハ》者是吾《カ》物也《キ》。故彼五男神《カレノイトノヒコハ》、悉是吾児《カコナリトノタフ》、乃取而子養焉《テコニヒタシタ[マ]フ》。」10ウ

一書曰《ニ》、日神《ヒノ》与素戔嗚尊《トスサノヲノト》、隔天安河《ヘタテ、アマノヤスカハヲ》《アメノヤスノ》而相対《ヒムカ》。□乃[立]誓約《ウケウヲ》曰《ク》、汝《イマシ》若不《シ》有奸賊之心《スハアラキタテ》《アタナノ》者、汝所生子必男矣《ハカノウムス[ヲ][ノ]コアラム》。如生男者《モシナリ》、予《ハ》以《ワレ》為太子《テイモコトシテ》而令治天原《シメシヲサメノヲ》也。於是日《ヒノ》神光(先カ)食其十握剣《ノクフノトツカノヲ》、化生児《ウムミコヲミヤツシマヒメノ》瀛津嶋姫命《トイフ》。亦名《タ》市杵嶋姫命《キネメノト》。又食《シテ》九握剣《ノヲ》、化生児《ウムミセツヒソノ》湍津姫命《タキ》(メ)《トヲ》。又食八握剣《ヲ》、化生児《ナリルコ》田霧姫命《タキリノトナリオヘテ》《ヲシ》《イツル》。已而素戔嗚尊食其左《□シテ含イ》《ノヒタリノカツラヲロノマツヘル》髻、所纒五百箇御統《ツ、ミスマルヲ》之瓊《ヲ》、□(而)著《ヲイテ》於左手掌中《タナウラヲ》便化《チ》生男《マスヲノコヲ》矣。則称之曰《イフテ》、正哉《マサニヤ》□□(吾勝)。故《カレ》」11オ 因[テ]□名之《ヲ》、曰勝速□日天忍穂耳尊《ヒノヲシホニ[ノ][ト]》。復□□(含右髻)□之瓊、著於右手掌中《ヲイテノタナウラノニ》化生天穂日命《ウムノヒノヲ》。復含嬰頸《マクヒ》之瓊《ヲ》、著於左臂中《ヲイイテノタ、ムキノニ》化生天津彦根命《ナスナルイツノヲ》。又自右臂中《ノヒチノ》、化生活津彦根命《ナシイツノヲ》。又自左足中《ノノ》、化生熯之速日《ナシイツヒノ》《ノ》命《ヲ》。又自右足中《ノノ》、化生熊野忍踏命《ナシイツヲシフミノヲ》。亦名熊野忍《タク》隅命《スミノト》。其素戔嗚尊所生之児《レノノナセル》《ウメル》、皆已男矣《ニコナリ》《ヲトコ》。故日《ノ》神方知素戔嗚尊无有《サニシメノアラント云》《元イモトヨリ》亦心《更コ、チ》《赤イ(キ)》、便取其六男《ハチノハシラノヲノコ》。以《テ》為日神之子《ナシタマフテノノコト》、使治天原《シメルシラノヲ》。」11ウ

同書曰、垂仁天皇廿五年春三月十日丙申、随天照大神教、其祠立於伊勢。因立斎宮于五十鈴川上。是謂礒宮。則天照自天降之処也。

延喜式云、伊佐奈岐宮二座。伊奘諾尊、伊奘冉尊。月読宮二座。月夜見命、荒魂命。

同式云、紀伊国牟婁郡熊野早玉神社大。熊野坐神社。名神大。

古語拾遺曰、開闢之初、伊奘諾《イサナキ》・伊□□□(奘冉二)神《イサナミフタハシラ》」12オ 共為夫婦、生大八洲国《オホサシマノクニノツチ》及山川草[木]。□□□(次生日)神月《ノ》

神。最後《ハテ》生素戔嗚神。
抛勘此文、皇大神宮与熊野権現已以同体也。伊奘諾・伊奘冉二神共為夫婦、生大八洲国。歟（次歟）生日神。（天照太神也。）次生月神。（月読宮也。）最後生素戔嗚。其後生火神、而退（○者／去）（○恣矣）之時、置熊野有馬村。土俗祭此神之魂。然則伊奘冉尊祭熊野之時、称権現歟。牟婁郡熊野早玉神」12ウ社是也。仍垂跡於南海、鎮護此闕（国カ）之主、振□（威カ）於一天、旁利八挺之民。本朝之中准大神宮被致欽享已有其謂。就中天照大神者、惟祖惟宗、尊无与二。自余諸神者、乃子乃臣、孰能抗。況又天照太神勅曰、天葦（夫）原瑞穂国者、吾子孫可王之地。皇孫就而治焉。宝祚之隆、当与天壌无窮矣。今伝天璽之君専守此勅。弥可令奉仰大神□□□（之同体）者也。」13オ
右依 宣旨勘申如件。
長寛元年四月廿一日鎮守府将軍従四位上文章博士陸奥＝守藤原朝臣長光

大外史（記）
勘申。伊勢太神宮与熊野権現可為同体否事。
日本書紀云、天地之中生《ナレリ》一物《ノ》。状《チ》如葦牙《アシカヒノ》、便化為《ナル》神《ト》。号《ナツク》国常立尊《ノトコタチノミコト》。次国狭槌《サツチノ》尊。次豊斟渟《トヨクムヌノ》尊。凡三神《ミハシラノカミ》矣。次有神《イ》。泥土煮《ウヒチニノ》尊・沙土煮《スヒチニスノ》尊。次有神。大戸之道《フヘトノチノ》尊・大苫辺《トマヘノ》尊。次有神。面足《オモタル》尊・惶根《コシコネノ》尊。次有神。伊奘諾《イサナキノ》（若イ）尊・伊奘冉《ナミノ》尊。凡八《ヤハシラノ》」13ウ神矣《カミマス》。乾《アメ》坤《ツチ》之道、相参而化《ナス》。所以成此男女《ノオトコオムナ》。自国常立尊、迄《ルマテ》伊奘諾尊・伊奘冉尊、是謂神世《カミノ》七代。伊奘諾尊・伊奘冉尊立《ノタヽシ》於天浮橋《アマノウキハシ》之上《ウヘ》、共計《ハカラ》曰《ノ》、底下豈无国歟《シタツソコアニケンクニカト》、廼以天之瓊矛《アマノトホコ》、指下《サシオロシ》而探《カキサクル》之、是獲滄溟《コヽニエタリアヲウナハラヲ》。其矛鋒《ノサキニシタヽル》滴瀝之潮《ウシホ》、凝成一嶋《ノシマ》。名之曰磤馭盧嶋《オノコロシマト》。二神《フタハシラノ》於是降居《アマタリマシ》彼嶋、因欲共為夫婦《ミトノマクハヒハ》、産生洲国《ウマスクニツチヲ》。便以磤馭盧嶋《ヲノコロシマヲ》為国中《クニノナカノ》之三柱《ミハシラトス》、於是陰陽始遘合《アフテカトチ》□□（為）《トス》夫婦。『／』及イ乃至」14オ産時《ム》、先以淡路洲《ノ□ヲ》為胞《コナリ》。意所《ヨ□》『、』不《セリト》□快《ヨロコヒサル》。故名之曰

淡路洲《シマ》。廼生大日《ウム》-本豊」秋津洲《シマ》。次生伊予二《ノフタ》名《ナノ》洲《シマヲ》。次生筑紫洲《ヤマトノ》《ノヲ》。次双《フタコニウム》 生隠岐洲与佐渡洲。次生越《コシノヲ》 洲。次生大洲《オヲ》。次生吉備子洲《ノヲ》。由是始起《レリ》 大八洲国《シマ》之号焉《ナ》。即対馬嶋《ツシマ》・壱岐嶋乃処々小嶋《ノ》、『ヲ』『』『』『』皆是潮《シホノアハノ》 沫 凝成《レル》 者也。次生海。次生川。次生山。次生木祖《ノオヤククノチ》(句)句廼馳。次生草祖《カ》草野姫《カヤノヒメ》。亦名野槌《クノツチ》。既而伊奘諾尊・伊奘冉尊共議《ハカ》曰、」14ウ吾已生大八洲国《ノ》及山川草木。何《イ》不生天下《ノノ》之主《キミタリマス》者歟。於是共生日神《ム》。号 大日《マウスオホヒルメノムチト》(霎)霊 貴。大日霊貴。此号於保比屢《ルメノ》咩能武智《ムチ》。一書曰、天照大神。一書曰、天照大日霎尊。此子光《ミコヒカリウルハシク》 花 明彩《イロ》、照徹《テリトホス》 於六合《クニノ》之内《ウチ》。故二《コレノ》神喜曰、吾息《カコ》雖多《オホシト》、未有若《カク》此霊異《アヤシキ》之児《ミコ》。不宜久留《メマツル》此国。自当《ミツカラスアメニオクリマケントシテ》 早送于天、而授以天《アマノ》上《ハラノコトヲモテス》之事。是時天地相去未遠。故以天柱《ノアマノハラ》、挙於《オクリヌ》天上也。一書曰、伊奘冉尊生火神時、被灼而退去《サリマシヌ》 矣。故蔵(葬)於紀伊国熊乃之有馬村焉。土俗祭此神之魂者、花時亦以花祭。又用鼓・吹・幡旗、歌舞而祭矣。」15オ

延喜神祇式云、

太神宮在度会郡宇治郷五十鈴河上。

天照太神一座。

伊佐奈岐宮二座。伊奘諾尊一座、伊奘冉尊一座。

同神名式云、

紀伊国牟婁郡大二座、小四座。

熊野早玉神社大。熊野坐神社名神大。

小社四座、不注載之。」15ウ

謹抝斯文、熊野権現者、伊奘冉尊之霊魂、天照大神之御母也。坐紀伊国年序已久。和光之月浮于四海。利物之雲覆於一天。天照大神為日本国主以降、至今上陛下。帝系不忒、皇統相続。倩思其尊豈(カ)不室与伊勢太□○神宮等无差別。或在伊勢号太神宮、或在紀伊国号熊野。其名雖異、同体不疑。凡漢家祖廟・大廟、天神地神、未有尊自権現之」16オ垂跡。无先自熊野之霊崛矣。

右依　宣旨勘申如件。
長寛元年四月十六日正五位上行掃部頭兼大外記博士越‖
前権守中原朝臣師元

伊勢大神宮与熊野権現難為同体事。

一日本書紀文無指証事。

日本書紀云、一書曰、伊奘冉尊生火神時、被灼而神退去矣。故蔵(葬)於紀伊国熊野之有馬村矣。土俗祭此神之魂者、花時亦以花祭。又用」16ウ鼓・吹・幡旗、歌舞而祭矣。

今案、日本紀私記云、問云、古事記云、伊耶那美命者、蔵(葬)出雲国与伯伎(岐)国比波之山也。而今此云紀伊国、其相乖乎。答云、神道不測、未知其実。所聞各異、所注又異。是猶黄帝之家処々不定云々。如此文者、日本紀文雖注蔵(葬)熊野有馬村之由、古事記文載又蔵(葬)出雲与伯耆比波(婆)之山之旨、両説相違。偏難指南曰(何況曰)」17オ本書紀者、以古事記為本書之故也。□□□本紀注。更无伊奘冉尊為熊野神之文、何以神代終焉之地為当時権現之祠乎。

一伊奘冉尊与熊野権現各別事。

延喜式云、伊勢国度会郡太神宮三座。相殿坐神二座、並大。伊佐奈岐宮二座。伊佐奈弥命一座、並大。又云、紀伊国牟婁郡熊野早玉神社大。熊野坐神社名神大。」17ウ
今案如式文者、以伊佐奈弥等宮為伊勢神。以熊野社為紀伊神。撰式之時已以各別。当時更難加意巧歟。重勘日本紀、伊奘諾尊所唾之神号曰速玉之男。若拠此文者、可謂伊奘諾尊之子歟。何専為伊奘冉之尊乎。

日本紀私記云、問云、伊奘諾・伊奘冉、此二神之号若有意乎。答云、未詳。今案貞観元年正月」18オ廿七日甲申、授淡路国无品勲八等伊佐奈岐命一品。又十年八月二日戊辰、伊勢国伊佐奈岐・

伊佐奈弥神、改社為宮。預月次祭。○矛(幷)〔井歟〕置内人一員。

今案如此文者、以伊勢両社為尊崇之神、更以淡路国神比于同体歟。熊野若為伊佐奈弥尊者、彼時何准淡路、不被授高品乎。

一国史日記所載不可相准事。」18ウ

天安三年正月廿七日甲寅、紀伊国従五位□(下)熊野早玉神・熊野坐神、並従五位上。貞観元年五月廿六日辛巳、従五位上熊野早玉神・熊野坐神、並従二位。

貞観五年三月二日甲子、従二位熊野早玉神授正二位。

延喜七年十月二日丙午、授正二位熊野早玉神従一位。又従二位熊野坐神授正二位。」19オ

天慶三年二月一日丁酉、有諸神位記請印事。承平五年依海賊事、被祈申十二社位記也。

一品吉備津彦命備中。

正一位熊野速玉神紀伊。高賀茂神土佐。

正二位曹野神・野間神已上伊予。

正三位三坂神周防。

従三位天石門和気八倉比咩神阿波。

正四位下湊口神淡路。」19ウ

伊津嶋神・速谷神已上安芸。

正五位下海神播磨。

水主神讃岐。

今案、熊野権現授位加級、粗以如此。天安始加一階、天慶終極崇班。其儀与余社似不有殊異。但於伊奘奈岐・伊佐奈弥尊者、為伊勢之別宮、更无授位之礼。是尊崇異於□(他)神之故歟。加之日本紀注云、至尊(貴)曰尊、自余曰命」20オ云々。両神既号尊。熊野猶神也。可謂相別歟。

右件条々、粗以如此。熊野権現為太神宮御母事、所見不詳歟。如此等文者、若有神母之儀者、神宮有異之時、古来何不被告謝南山乎。八幡宮奉幣之

時、被申香椎廟。賀茂社有重事之時、被告松尾社。是被擬廟社之考妣之故歟。縦又雖准神母、猶不可謂同体。不可謂無別。天照大神者、諸神之最貴、伊勢両宮更无抗礼。天□□(無二)日、」20ウ土無二王之義也。加之神宮者禁断私幣、忌憚仏事。熊野者不嫌民庶、容受緇徒。其風乖違、其礼懸隔者也。但於覆育兆民保護至尊者、霊異既掲焉。卓犖于余神、万乗脱屣之主、頻垂幸臨。四海求望之民、悉致輻湊。尋之権化者、事絶常篇。論之礼儀者、既有等差者歟。仍言上如件。

　　四月廿四日　助教清原頼業」21オ

後聞頗有取捨云々。重不尋申九条大相国令注出給云々。

　伊奘冉尊為神事。

延喜神祇式曰、太神宮在伊勢国度会郡宇治郷五十鈴河上。天照太神一座。伊佐奈岐宮二座。伊奘諾一座、伊奘冉一座。

貞観十年八月二日戊戌、伊勢国伊奘諾・伊奘冉神、改社為宮。預月次祭。并置内人一員。」21ウ

　如此文者、両神等同神歟。

貞観元年正月廿七日甲申、授淡路国无品勲八等伊佐奈岐命一品。

日本書紀曰、伊奘諾尊神功既畢、霊運当遷。是以構幽宮於淡路之洲、寂然長隠。

亦曰、伊奘諾尊功既至矣、徳亦大多。於是登天報命。仍留宅於日之小宮。

　如文者、伊奘諾尊之宮似有両説。而猶以淡」22オ路伊奘諾、被授一品畢。

日本書紀曰、伊奘冉生火神時、被灼而神退去矣。故葬於紀伊国熊野之有馬村焉。土俗祭此神之魂者、花時亦以花祭。又用鼓・吹・幡旗、歌舞而祭矣。

先代旧事本紀曰、伊弉冉尊者、葬出雲国与

伯耆国堺比婆山也。

伊弉冉尊事已有両説未詳。若紀伊国有」22ウ馬村為定説者、如淡路何無授品事哉。是□(無)此□(字不)室。隔別之故也。

熊野権現事。

延喜神名式曰、紀伊国牟婁郡熊野早玉神社大。熊野坐神社名神大

国史曰、天安三年正月廿七日甲寅、紀伊国従五位下熊野早玉神・熊野坐神、並従五位上。

貞観元年五月廿六日辛巳、従五位上熊野早玉神・」23オ熊野坐神、并従二位。

同五年三月二日甲子、従二位熊野早玉神授正二位。

延喜七年十月二日丙午、授正二位熊野早玉神従一位。熊野神授正二位。

天慶三年二月一日丁酉、諸神位記請印中、熊野速玉神授正一位。

熊野権現事、式幷国史文無有相違。為伊」23ウ弉冉尊之由、不分明歟。就中貞観元年正月、淡路伊弉諾従无品授一品、所存者紀伊国伊弉冉尊同時可被授一品也。而同年五月、従々五位上授従二位。以之思之、若是非伊弉冉尊歟。

熊野号事。

日本書紀曰云々、素戔嗚尊乞取天照大神髻鬘及腕所纏八坂瓊之五百箇御統、濯於天」24オ真名井、齰然咀嚼、而吹棄気噴之狭霧所生神、号曰正哉吾勝々速日天忍穂耳尊。次天穂日命。是出雲臣・土師連等祖也。次天津彦根尊(衍)命。是凡川内直・山代直等祖也。次活津彦根命。次熊野橡樟日命。熊野忍蹈命、亦熊野忍隅命、熊野大角命、同名歟。凡五男矣。是時天照太神勅曰、原其物根、則八坂瓊之五百箇御統者是吾物也。故彼五男神、悉是吾児、乃取而子養焉。」24ウ

先代旧事本紀云々、有六男。復含右御手腋玉、自右足中化生神、号曰熊野橡樟日命。

如文者、素戔嗚尊所生神、如天照太神者(勅脱カ)、天照太神御子也。

紀伊国熊野邑事。

先代旧事本紀云、天香語山命。天降名手栗彦命。亦云高倉下命。今案、天照国照彦天火明櫛玉饒速日尊子也。此命、随御祖天孫尊、今案、正哉吾勝□□(々速)日天押穂耳尊、高皇産靈(霊)尊女為妃、誕饒速日。自天降坐於紀伊国熊」25オ野邑之時、天孫天饒石津彦火瓊々杵尊孫磐余彦尊、神武天皇。人代始也。発自西宮、親帥船軍東征之時、往々逆命者鋒起。長髄彦勤(勒カ)兵相距。天孫連戦不能戡也。前到於紀伊国熊野邑。悪神吐毒、人物咸瘴。天孫患之、不知出計。爰高倉命、日本紀云、彼処有人、号曰熊野高倉、在此邑中。夜夢、天照大神謂武甕槌神曰、葦原瑞穂国猶聞喧擾之響。宜汝更往而征之。武甕槌」25ウ神対曰、雖予不行、而下吾平国剣、則自将平矣。乃謂高倉下命曰、予剣号韶(師)靈、今当置汝庫裏。宜取而献於是天孫矣。高倉下命称唯々。寤而明日開庫視之、果有剣、倒立於倉底。因取而献焉。天孫適寝。忽然之曰、予何長眠在此乎。尋而中毒士卒復醒起矣。皇師趣中州。天孫得剣自増威積(稜)本定、勅高倉下、褒為侍臣也。付熊野邑高倉下命可称熊野権現者、天照」26オ国照彦天火明櫛玉饒速日尊子也。況天孫褒為侍臣者。君臣不能同体。

速玉号事。

日本書紀曰云々、伊奘諾尊追至伊奘冉尊所在処、伊奘冉尊恥恨之曰、汝已見我情。我復見汝情。時伊奘諾尊亦慙焉。同将出返。于時不直跌(黙カ)帰、而盟之曰、族離。又曰、不負於族。乃所唾之神号曰速玉之男。」26ウ

如文者、速玉神者伊弉冉尊子也。

出雲国杵築神事。

延喜神名式云、出雲意宇郡熊野坐神社名神大。

速玉神社小。

旧事本紀曰云々、次洗御鼻之時、所成之神名

建素速(速素)戔烏。坐出雲国熊野杵築神宮云々。

愚案、如式文者、出雲国幷紀伊国熊野似同神。若付无相違、可謂同神者、是已素戔」27オ烏尊也。全非伊奘冉尊歟。又引勘日本書紀幷先代旧事本紀、又説曰、天照太神者、伊奘諾尊所生之神也。此説多々也。若依異説者、伊奘冉尊与天照太神難云母子者歟。神代幽玄之事、无指明文者、難得而称矣。

天照太神不可類他神事。

日本書紀曰、陰陽始遘合為夫婦。乃至産時、以生淡路洲為胞。意所不使快歟、故名之曰淡路洲。廼生」27ウ大日本国豊秋津洲云々。伊奘諾・伊奘冉議曰、吾已生大八洲国及山川草木。何不生天下之主者歟。於是共生日神。二神喜曰、吾息雖多、未有若此霊異之児。

古語拾遺云、天照大神者、惟祖惟宗、尊无与二。自余諸神者、乃子乃臣、孰能敢抗。

日本紀私記云、今天照太神者、是諸神之最貴者也。延喜御記中、有太神宮与豊受宮如」28オ□□□(君臣之カ)文。豊受宮猶然。況余社哉。

今依是等説案事情、以太神宮与熊野権現同体之間、有三疑也。一者神有三等。大社、中社、小社是也。大神宮為大、以如賀茂・住吉為中、余皆小云々。凡物之求類猶取於近、大小隔中難云同体。二者諸神有称宮之神、称社之神。宮・社若有差別者、同体之議可有深意。三者有授品之神、有授位之神。品・位若非有歟等差者、同体」28ウ

《白紙》」裏表紙見返

《白紙》」裏表紙

神祇講私記

影印・翻刻

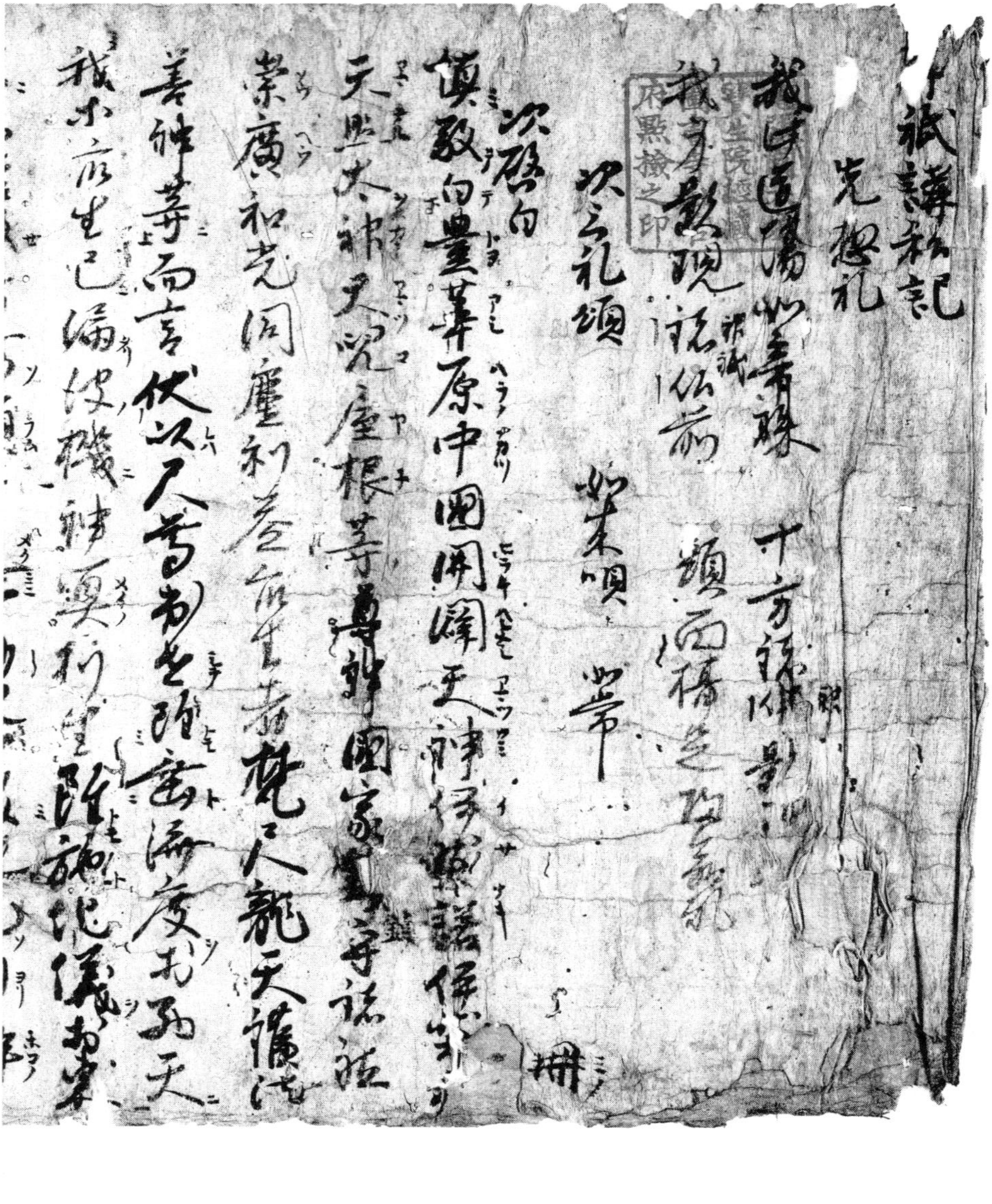
神祇講私記
先惣礼
我此道場如帝珠　十方諸仏影現中
我身影現諸仏前　頭面接足帰命礼
次云礼頌　如来唄
次啓白

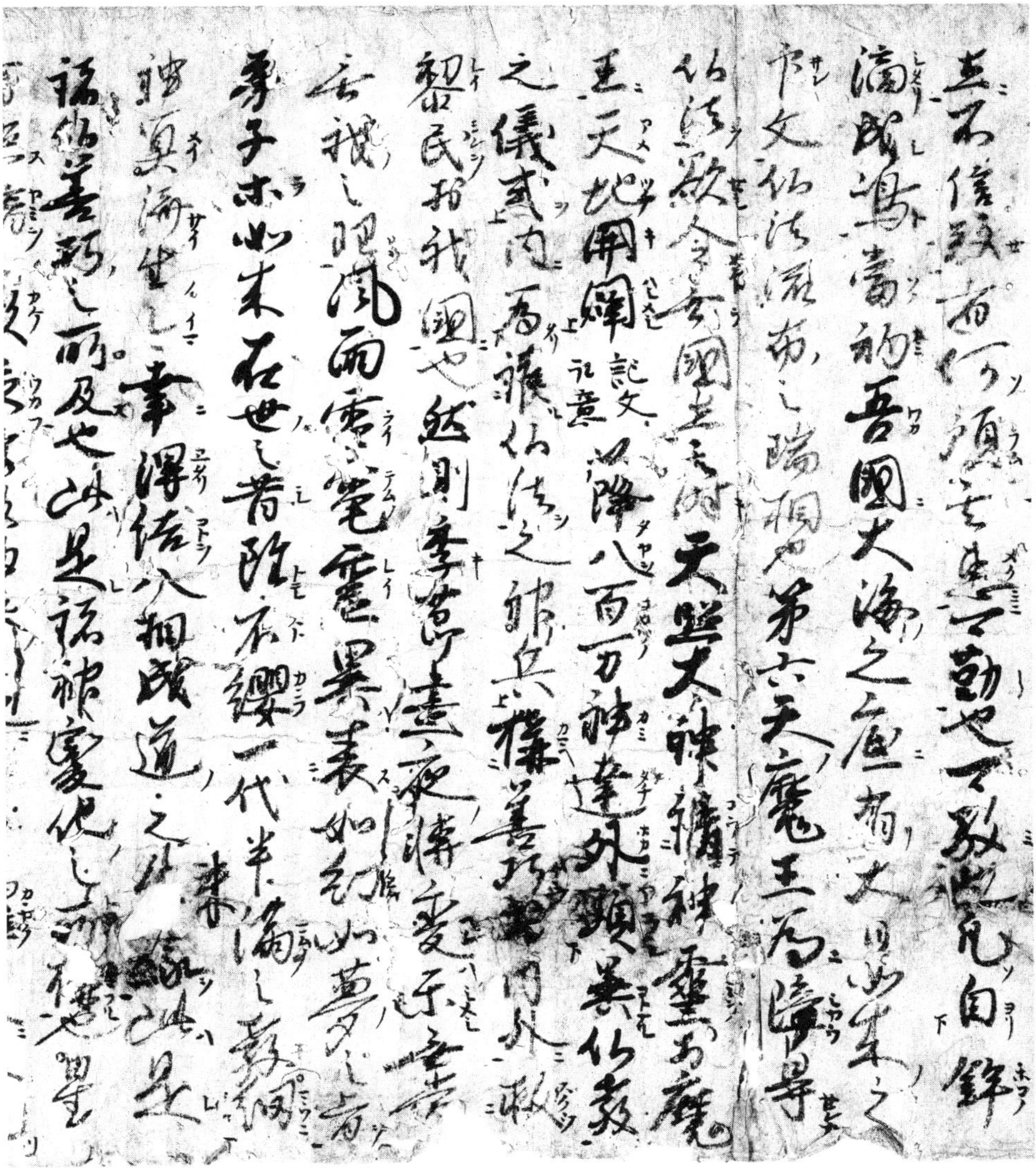

└ 1紙

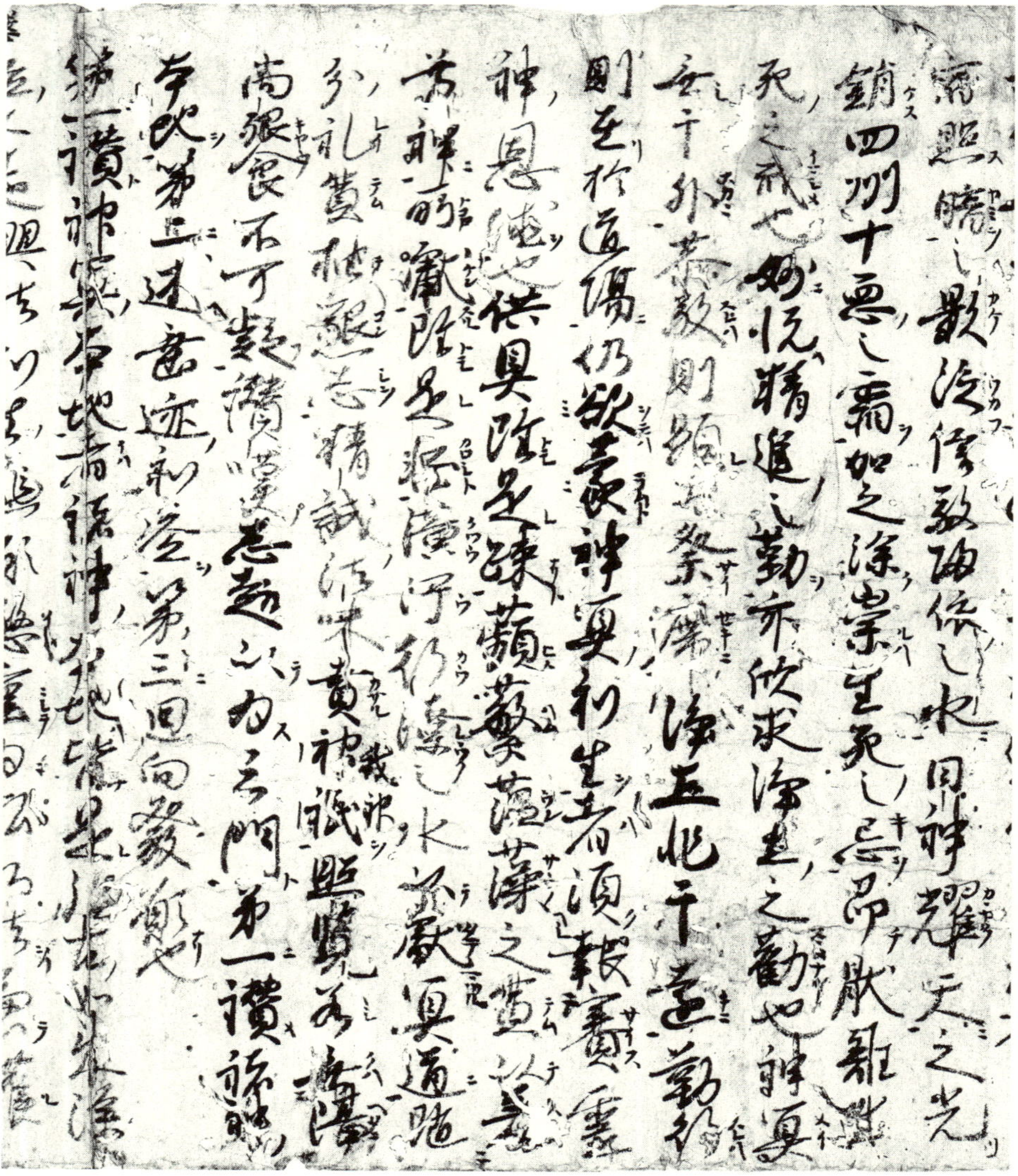

∟　2紙

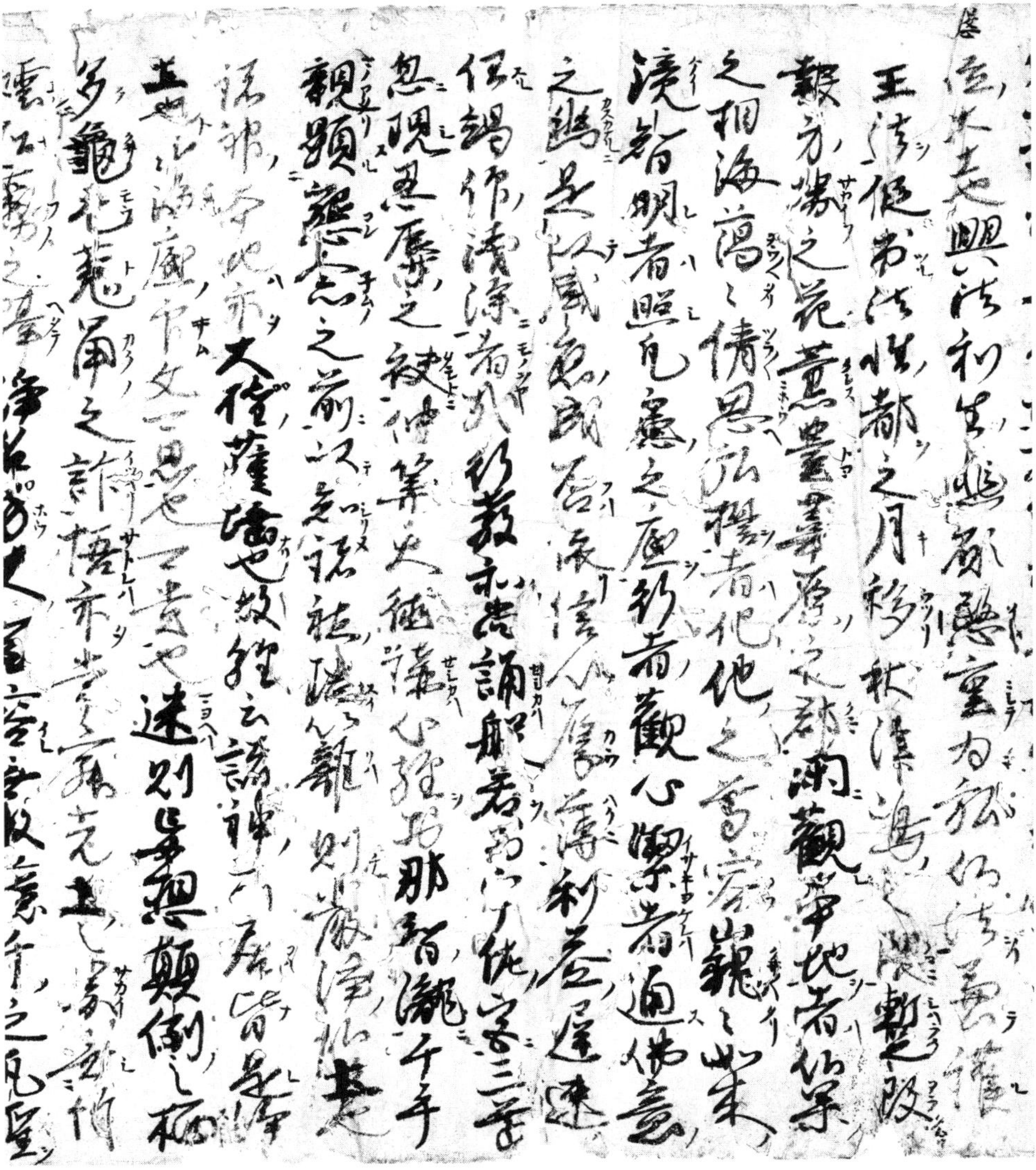

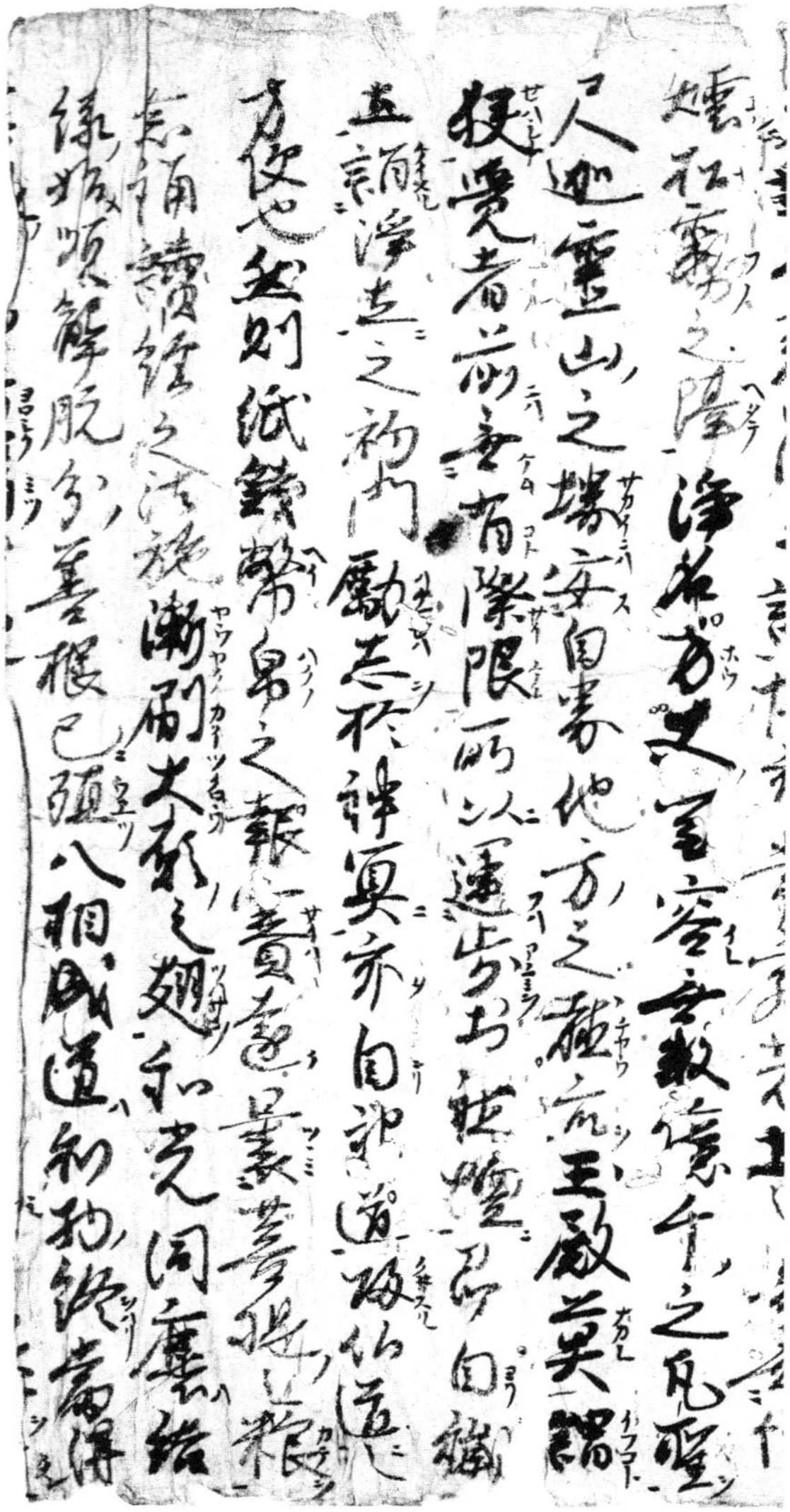

└ 3紙

第六十五合」端裏

□（神）祇講私記

先惣礼、

我此道場如帝珠、十方諸神□（影）□□（現中カ）

我身影現神祇前、頭面摂足帰命礼、

次三礼頌、如来唄、如常、

次啓白、

慎《ミテ》敬《テ》白下豊葦原中《トヨアシハラノナカツ》国開闢《ヒラキハシメシ》天神《アマツカミ》伊《イ》□（奘）諾《ナキ》伊□（奘）冊《ミノ》

天照《アマテル》太神《ヲカミ》天《アマツ》児《コ》屋《ヤ》根《ネ》等尊神、国家鎮守、諸社

崇廟《ソウヘウ》、和光同塵、利益衆生者、梵釈龍天、護法

善神等《ニ》上而言、伏以《レハ》、釈尊出世《シテ》、雖《トモ》三垂《ト》二済度《ヲ》於西天《ニ》一、

我等衆生已漏《ニタリ》彼機《ノニ》一、神冥《メイノ》利生雖《トモ》三施《ト》化儀《ヲ》於東

土《ニ》一、不信敬《セ》二者、何預《ソラム》其恵《メクミニ》一、可勤一也、可敬一也、凡自《ソヨリ》下鉾《ホコノ》

滴《シタヽリ》成嶋《シト》一、当初《ソノカミ》、吾《ワカ》国《ニ》大海《ノ》之底《ニ》有《リ》大日如来《ノ》之

印《ヰン》文《ヲ》一、仏法流布《ノ》之瑞相也、第六天《ノ》魔王為障《ニシヤウ》导《センカ》」1紙

仏法《ヲ》一、欲《セシ》令《メント》無《ラ》国土二之時《キ》、天照太神請《コウテ》二神璽《シヲ》於魔

王《ニ》一、天地開闢《アメツチキハシメシ》上記文取意以降八百万神達《タヤヲヨロツノカミタチ》、外《ホカニ》顕《アラシ》下異《コトナル》仏教一

之儀式《ヲ》上、内為《ニタリ》下護《ル》二仏法《ヲ》二之神《ノ》兵上、構《カマヘ》二善巧《カウ》□（於）内外《ニ》一、救《スクウ》二

黎民《レイミンヲ》於我国《ニ》一也、然則季節《キ》昼夜《ノ》転変《ヘンハシメシ》示無常

無我《ノ》之理《ヲ》一、風雨雷電《ライテムノ》霊《レイ》異表《ハス》二如幻《ケム》如夢《ノ》之旨《ヲ》一、

弟子等《ラ》如来在世《ノ》之昔《シ》雖《トモ》不纓《ストカヽラ》一代半満《マムノ》之教網《マウニ》一、

神冥済《メイサイ》生《ノ》今《イマ》幸淂結《ニエタリコトヲ》八相成道《ノ》之来縁《ヲ》一、此是《ハレ》

諸仏善巧《ノ》之所及《ロス》一也、此是《ハレ》諸神変化《ノ》之所《トコロ》□（構）《フル》一也、星

宿照暗《スヤミヲ》二之、影浮《カケウカフ》信敬帰依之水《ニ》一、日神耀《カヽヤク》天《ニ》二之光《リ》

銷《ケス》四州十悪《ノ》之霜《ヲ》一、加之深崇《クルハ》生死《ノ》之忌《キヲ》一、即《チ》厭離生

死《ノ》之戒《イマシメ》也、妙悦《ニヘ》精進《ノ》之勤《ヲ》一、亦欣求浄土《ノ》之勧《スヽメナリ》也、神冥《メイ》

無《シ》于外《ホカニ》一、恭敬《スレハ》則顕《レ》□（於）祭席《サイセキニ》一、浄土非于遠《キニ》一、勤行《スレハ》

則在《リ》於道場《ニ》一、仍欲《ヲモハ》三蒙《ラムト》二神冥《ノ》利生《ヲ》二者《ハ》、須《ク》報二賽《サイス》霊

神《ノ》恩徳《ヲ》一也、供具雖《トモ》是《レ》疎《ナリト》一、蘋蘩薀藻《ヒムハムウンサウノ》之奠《テム》、以《ヘシ》□（羞）《テ》二

尊神《ニ》一、所献《トコロケンスル》一雖《トモ》是《レ》軽《カロシト》一、潢《クワウ》汚《ウ》行潦《カウレウノ》之水以献《テタテマツル》冥道《ニ》一、随

分《ノ》礼奠《レイテム》抽懇《テコン》志《シヲ》一、精誠法味《ノ》貢《カサル》我神《ヲ》一、照覧若無《シクハ》二隔《ヘタテ》一

尚饗《キヤウ》不可疑《フ》一、讃嘆志趣《ノ》以為《テス》三門《ト》一、第一讃《ニシテ》諸神《ノ》

本地《ヲ》一、第二《ニ》述《ヘ》垂迹《ノ》利益《ヲ》一、第三《ニ》廻向発願也《ナリ》、
第一《ニ》讃《ト》神冥《ノ》本地一者《イハ》、諸神《ノ》本地《ハ》皆《ナ》是《レ》往古《ノ》如来深」2紙
位《ノ》大士也、興法利生《ノ》悲願慇《イム》重《ニシテ》、為《ニ》弘仏法《ヲ》一兼護《テル》
王法《ヲ》一、仮出《ツル》法性《ノ》都《ヲ》之、月移《キウツリ》秋津嶋《ノ》之隈《クマニ》、暫《シハラク》改《アラタム》
報身堺《ノサカイヲ》之、花薫《クンストヨ》《ニホウ》豊葦原《ノ》之郡《クニ》一(邦)、閑《ニ》観《レ》本地《ヲ》一者《ハ》、仏果《ノ》
之相海蕩々《タウ〳〵タリ》、倩《ツラ〳〵》思《ヘ》弘誓《ヲ》一者《ハ》、化他《ノ》之尊容巍々《ヤウクヰ〳〵タリ》、如来《ノ》
鏡《ケイ》智明者《レハ》、照《シ》凡慮《ノ》之底《ヲ》一、行者観《ノ》心潔《イサキヨケレハ》者、通《ス》仏意《ノ》
之幽《カスカナルニ》一、是以《テ》感応《ノ》成否《フハ》依《リ》信心厚薄《ノカウハクニ》一、利益《ノ》遅速、
任《スル》竭仰《ノ》浅深《ニ》一者哉《モノヲヤ》、行教和尚誦《セシカハ》般若《ヲ》於宇佐《ノ》宮《ニ》一、三尊
忽《ニ》現《シ》忍辱《ノ》之袂《タモトニ》一、仲算大徳講《セシカハ》心経《ヲ》於那智《ノ》瀧《ニ》一、千手
親《マノアタリ》顕《スル》二懇念《コンネムノ》之前《ニ》一、以知《テシリヌ》、諸社《ノ》瑞籬《スイリハ》、則《チ》厳浄《ノ》仏土也、
諸神《ノ》本地《ハ》、亦大《タ》権《ノ》薩埵也《ナリ》、故経云、諸神《ノ》□(所)居《ル》皆《ナ》是《レ》浄
土也《ト》、云々、□海底《ノキム》印文可思一也、可貴一也、迷《マヨヘハ》則妄想顛倒《ノ》二
之栖《ス》□
多《ク》二亀毛兎角《クヰモウトカクノ》之詐《イツハリ》一、悟《サトレハ》亦《タ》常寂光土《ノ》之界《サカイ》無《シ》二竹
煙《エン》□松霧《ノ》之隔《ヘタテ》一、浄名方《ホウ》丈室容《イレ》無数億千《ノ》之凡聖《ヲ》一、

釈迦霊山《ノ》之堺《サカイニハ》安《ス》二自界他方《ノ》之聴衆《チヤウヲ》一、玉殿莫謂《ナカレイフコト》
狭《セハシト》一、覚者《ノ》前《ニハ》無《ケム》二有際限《コトサイケン》一、所以《ニ》運《フハ》二歩《アユミヲ》於社壇《ニ》一、即自穢《ヨリ》
土二詣《ケイスル》二浄土《ニ》一之初門、励《ハケマセハ》志《ヲ》於神冥《ニ》一、亦自《タヨリ》神道一帰《クヰスル》仏二
道《ニ》二之
方便也、然則紙銭幣帛《ヘイハクノ》之報賽《サイハ》遠《ク》裏《ツヽミ》二菩提《ノ》之粮《カテヲ》一、
念誦読経之法施、漸《ヤウヤク》刷《カイツクロウ》大願《ノ》之翅《ツハサヲ》一、和光同塵《ハ》結
縁《ノ》始《メ》、順解脱分《ノ》善根已殖《ニウエツ》、八相成道《ハ》利物《ノ》終《ヲハリ》、当得
□《ノ》□□□□《ヨロシクミツ》□、□□□□□□□□、□《シ》□□□《ヲ》、□《クン》」3紙
(菩提願望宜 満 本地大聖加被不空 発菩提心 薫)

御遷宮宮餝行事

影印

御遷宮宮餝行事（表紙）

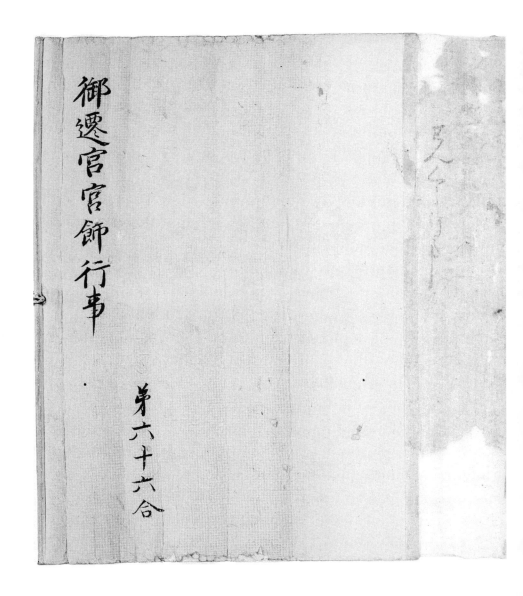

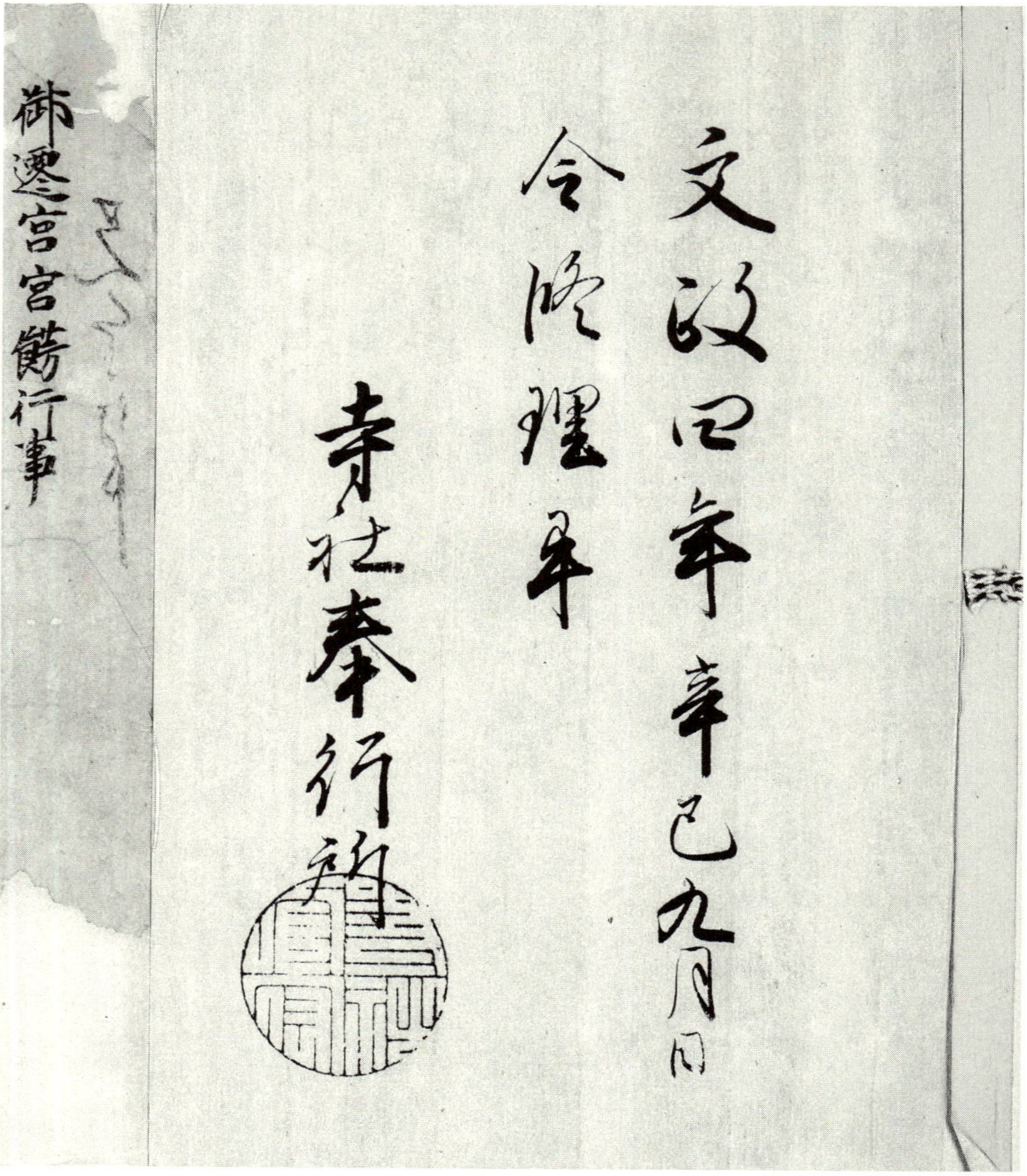

口一　見返

御遷宮宮餝行事
當日集致沐浴潔斎等同参集例所 本衆 各衣冠
神拝別宮畢 自新宮南門参入列居瑞垣
内東上 金物等柱神宮下 者自北御門得参御橋前
本宮物忌出納所等開辛櫃取出金物
鍛工等面々受預之
一 千木金物事
巽角千木金物一頭方小工餝之 坤乾千木金物二
頭方小工餝之 艮方千木金物三頭方小工餝之
堅魚木覆覆板障板鰹木等金物以下次第打之頭
々皆有例役人面々請預之 送官符云
棟端金二枚 長各七寸三分 弘八寸二分 穴各八口
鰹木端金七十枚 長各三寸八分 弘三寸五分 枚別穴四

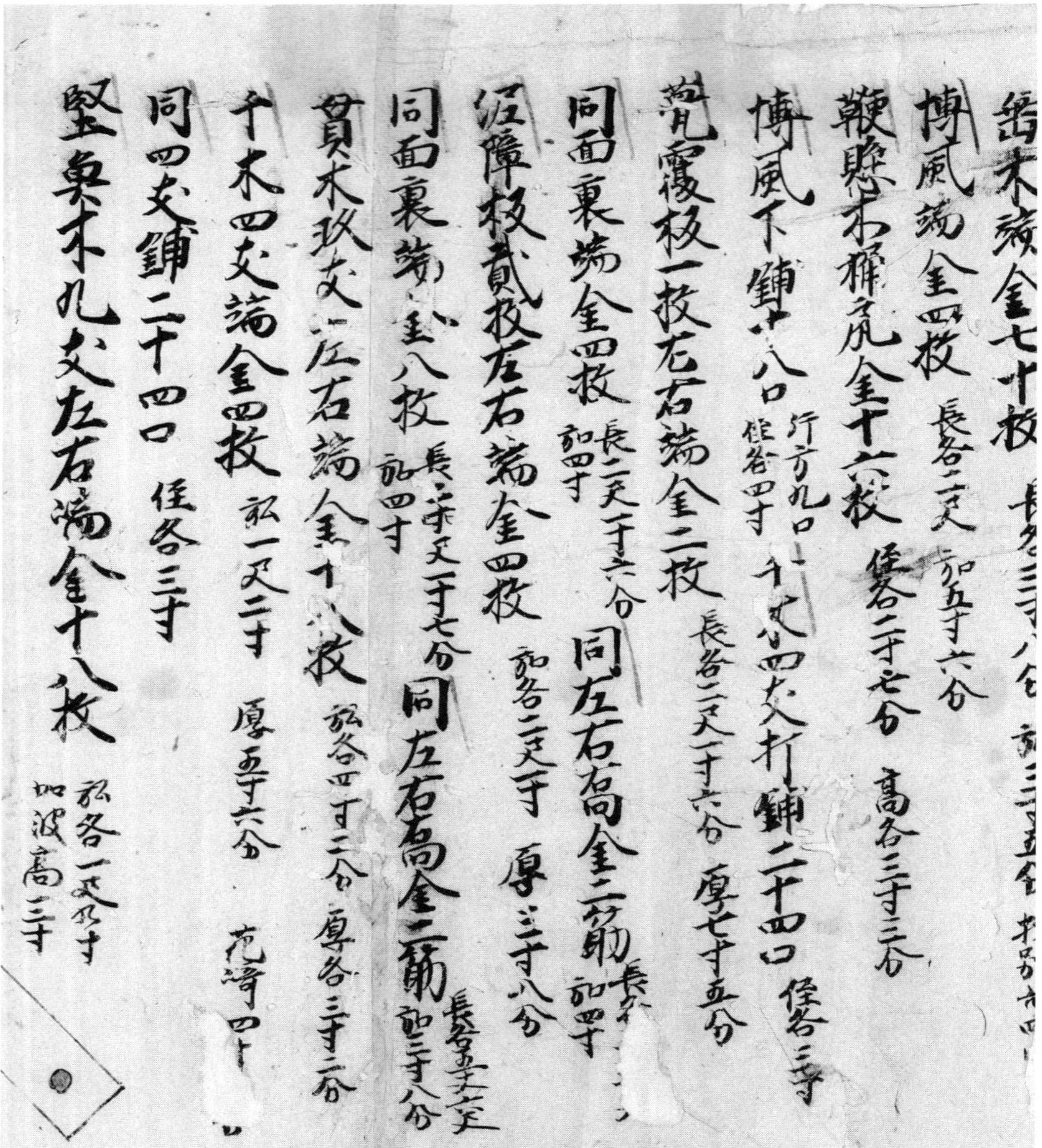
鋸木端全七十枚　長各三寸八分　弘三寸五分
博風端金四枚　長各一丈一尺　弘五寸六分
鞭懸木襷木全十六枚　径各二寸七分　高各三寸二分
博風下鋪八十八口　行方九口　径各四寸　一丈四尺打鋪二十四口　径各三寸
覆霞板一枚左右端全二枚　長各二丈一寸六分　厚七寸五分
同面裏端全四枚　長二丈一寸六分　弘四寸　同左右高全二節　長各
泥障板貳枚左右端全四枚　弘各二丈一寸　厚三寸八分
同面裏端全八枚　長二丈一寸七分　弘四寸　同左右高全二節　長各五寸六尺　弘二寸八分
貫木玖丈左右端全十八枚　弘各四寸二分　厚各三寸二分
千木四丈端全四枚　弘一丈二寸　厚五寸六分　花　四寸
同四丈鋪二十四口　径各三寸
堅魚木九丈左右端全十八枚　弘各一丈八寸　加波高三寸

└　1紙

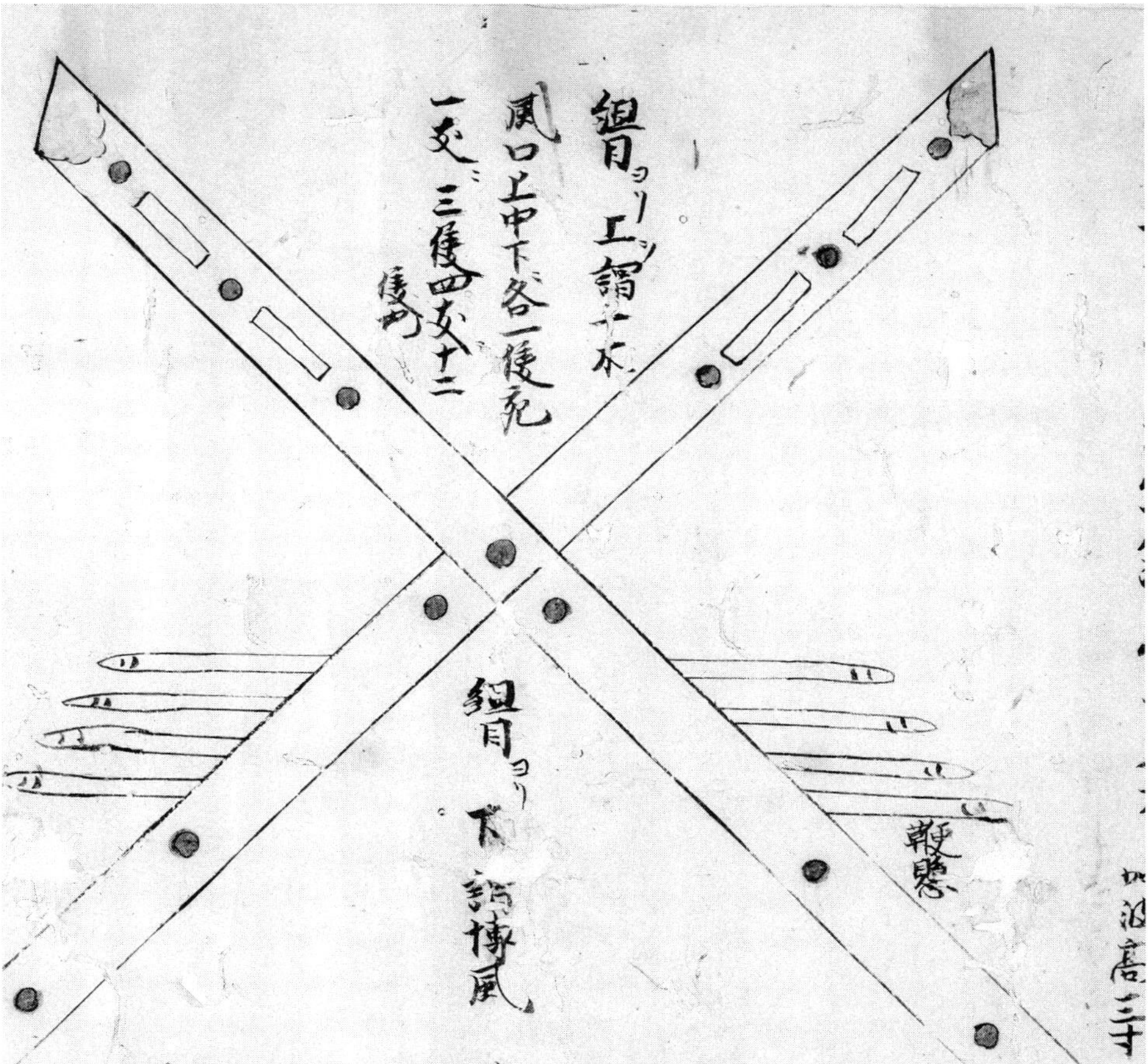

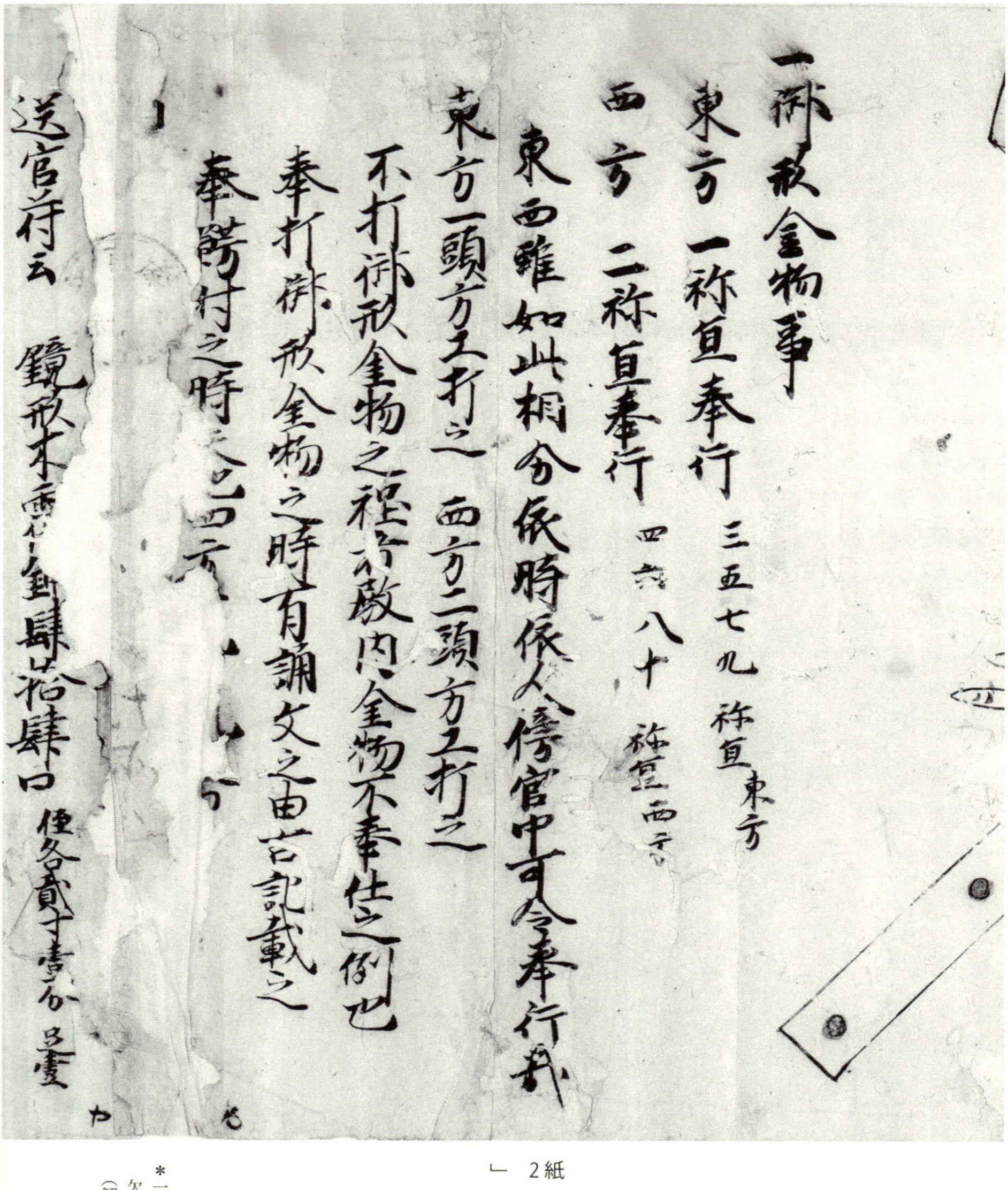

一御形金物事
東方　一祢宜奉行　三五七九　祢宜　東方
西方　二祢宜奉行　四六八十　祢宜　西方
東西雖如此相分依時依人傍官中可令奉行哉
東方一頭方上打之　西方二頭方上打之
不打御形金物之程者敷内金物不奉仕之例也
奉打御形金物之時有誦文之由古記載之
奉餝付之時者…四方…
送官符云　鏡形木壹面　釘肆拾肆口　但各貳寸壹分　足壹

└　2紙

＊一〜二行
欠損か
（解題参照）

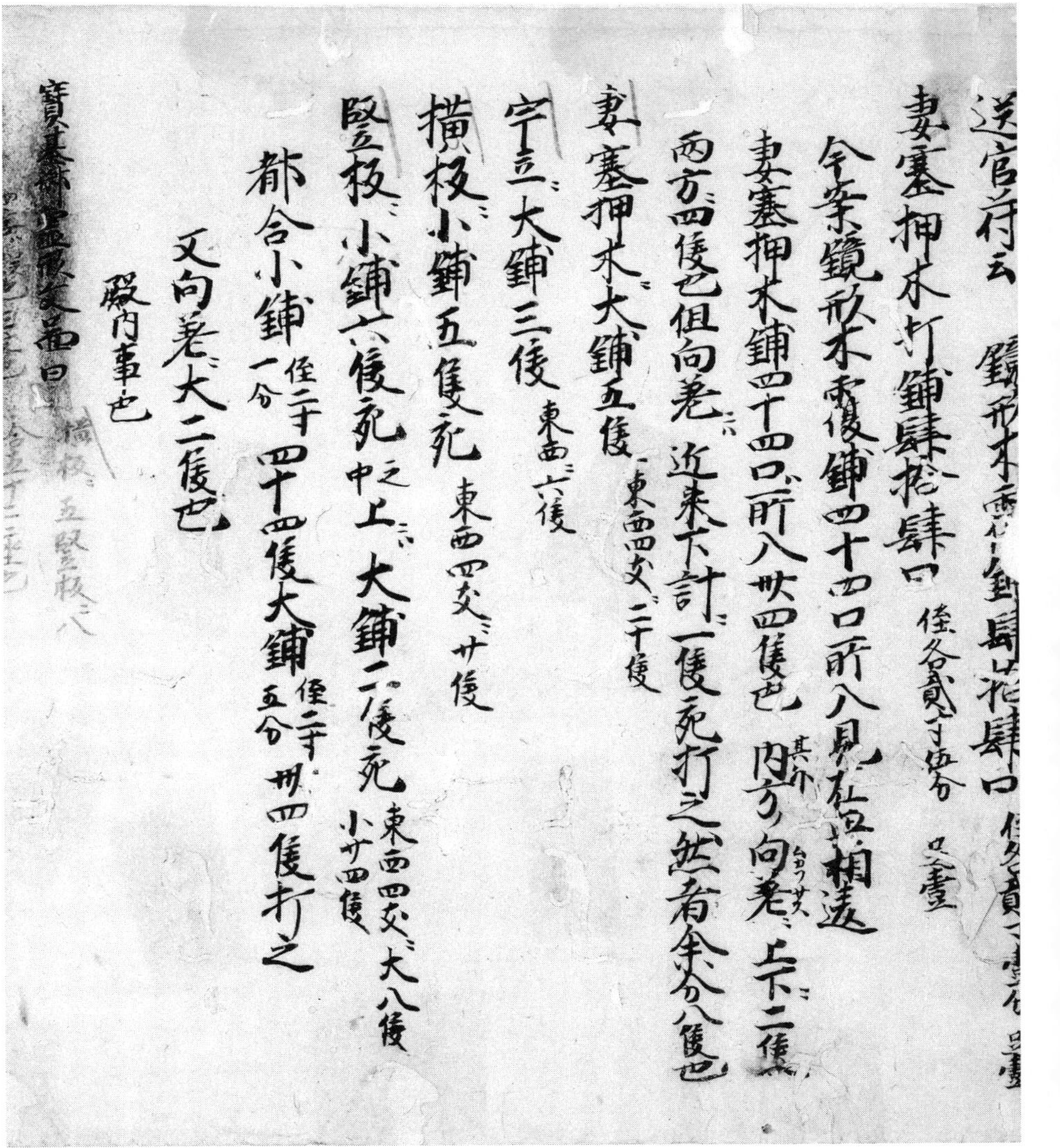
遷宮符云　鏡形木需倭鉚肆拾肆口 径各貳寸壹分 又壹
妻塞押木打鉚肆拾肆口 径各貳寸伍分 又壹
今案鏡形木需倭鉚四十四口所入鼻在並相違
妻塞押木鉚四十四口所入卅四倭也 其外 内方向差ニ上下二倭
両方四倭也但向差ニ六 近来下計ニ一倭充打之然有余分八倭也
妻塞押木ニ大鉚五倭 一東西四交ニ二十倭
宇立ニ大鉚三倭 東西ニ六倭
揃校ニ小鉚五倭充 東西四交ニ廿倭
竪校ニ小鉚六倭充 中之上ニ 大鉚一倭充 東西四交ニ大八倭 小廿四倭
都合小鉚 径二寸一分 四十四倭 大鉚 径二寸五分 卅四倭打之
又向差ニ大二倭也
殿内事也
寶基本記

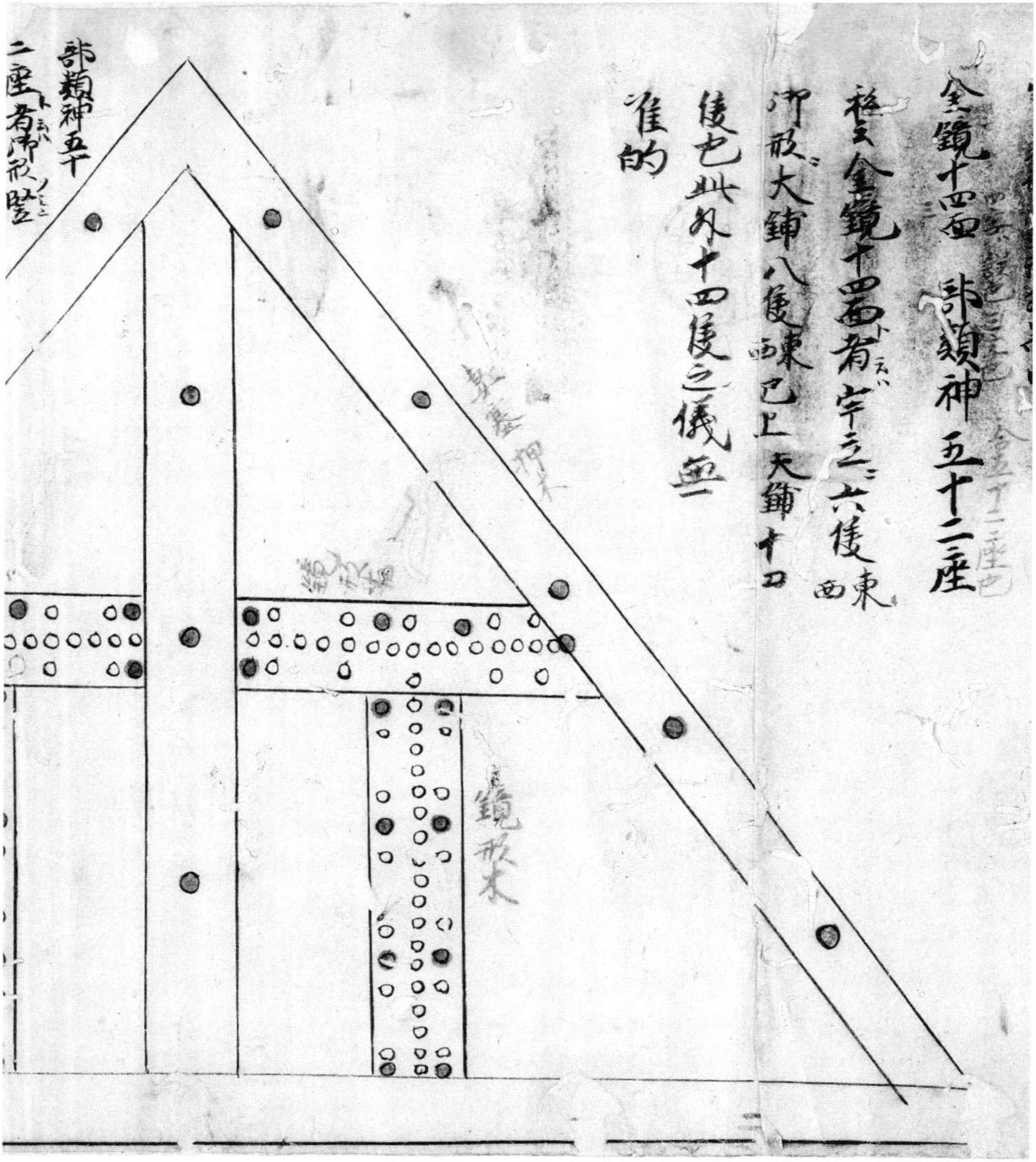
金鏡十四面　部類神　五十二座
並ニ金鏡十四面者宇之ニ六俵東西
御形大鋪八俵東西已上大鋪十口
俵也此外十四俵之儀無
准的
部類神五十
二座者御形ノ竪
鏡形木

└　3紙

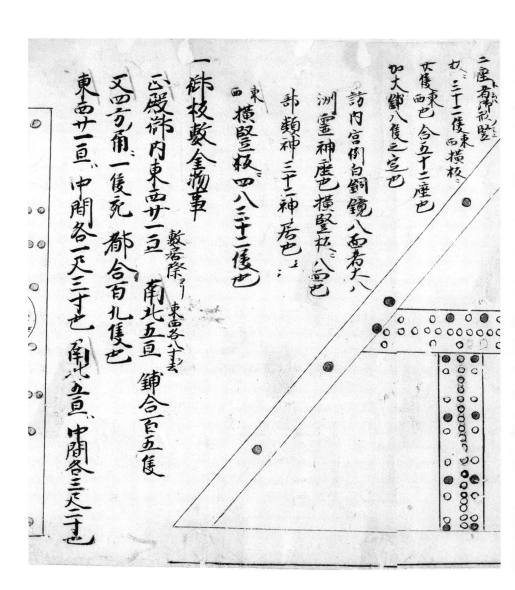

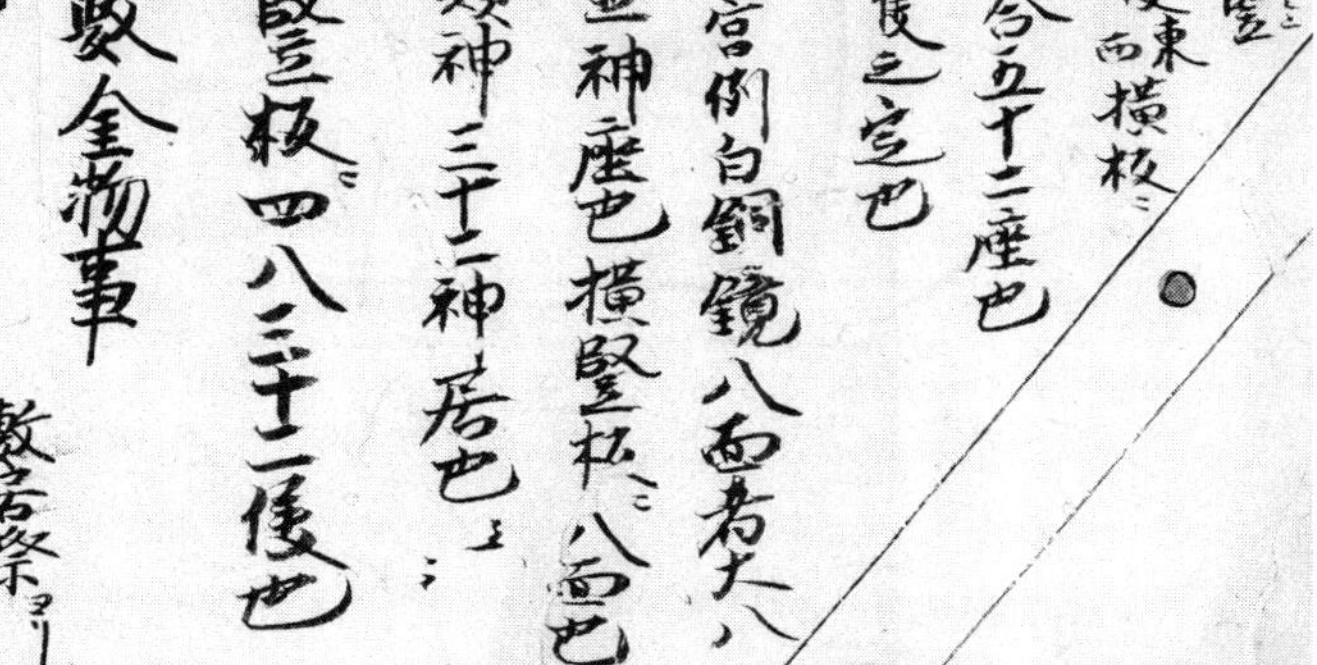

二座者御形竪

如ニ三十二隻東西横枝ニ

廿隻東西也合五十二座也

加大鉾八隻之宜也

謂内宮例白銅鏡八面者大八

洲霊神座也横竪枝ニ八面也

邦類神三十二神居也ト云

東西 横竪之枝ニ四八三十二隻也

一 御枝数金物事

正殿御内東西廿一豆 数者際ヨリ東西各八寸去 南北五豆 鉾合百五隻

又四方角ニ一隻宛 都合百九隻也

東西廿一豆ニ中間各一尺三寸也 南北五豆ニ中間各三尺二寸也

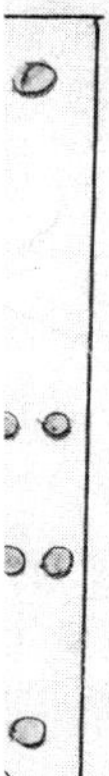

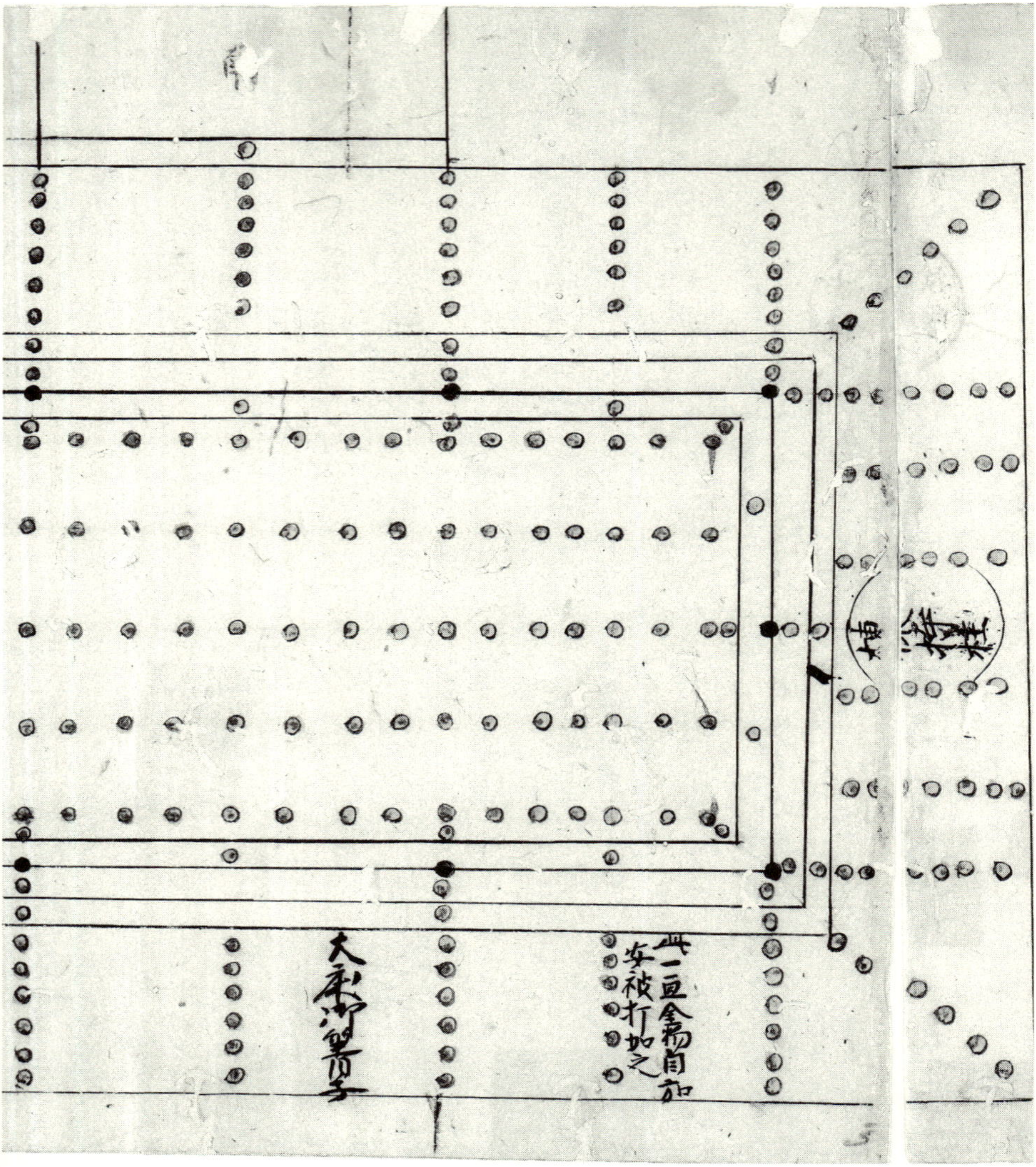

└　4紙

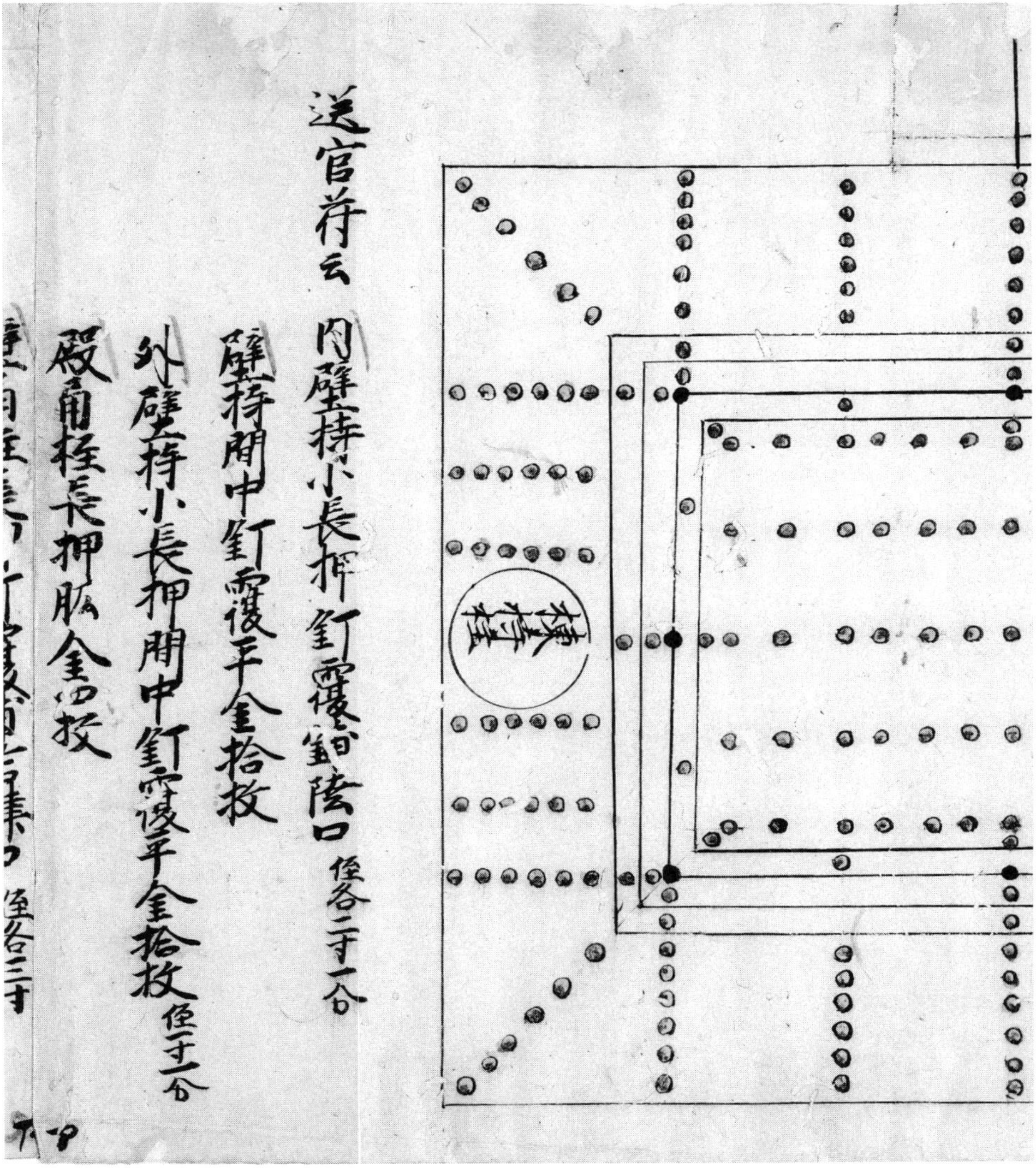
送官符云　内壁持小長押釘霰後鋪陰口　径各二寸一分
壁持間中釘霰後平金拾枚
外壁持小長押間中釘霰後平金拾枚　径一寸一分
殿角柱長押胯金四枚

⌐　5紙

壁角柱長押釘覆錺拾肆口 径各二寸

同角柱上小長押肱金弐枚

同小長押釘覆錺拾肆口 径二寸一分

一 御簀子金物事

昇殿權官所役也 簀子六箇也 毎簀子平金打之

送官符云 簀子數釘覆平金佰陸拾隻 径参寸壹分

南北八十四隻 一方二四十二隻 東西七十二隻 一方二卅六隻

四角廿四隻 一方二六隻 都合百八十隻 廿隻不足也以余剰金物打之

一 簀子持切口金物事

東西椽持左右在之

送官符云 簀子下桁釘覆金捌隻 径貳寸伍分

一 壁持蟬形金物事

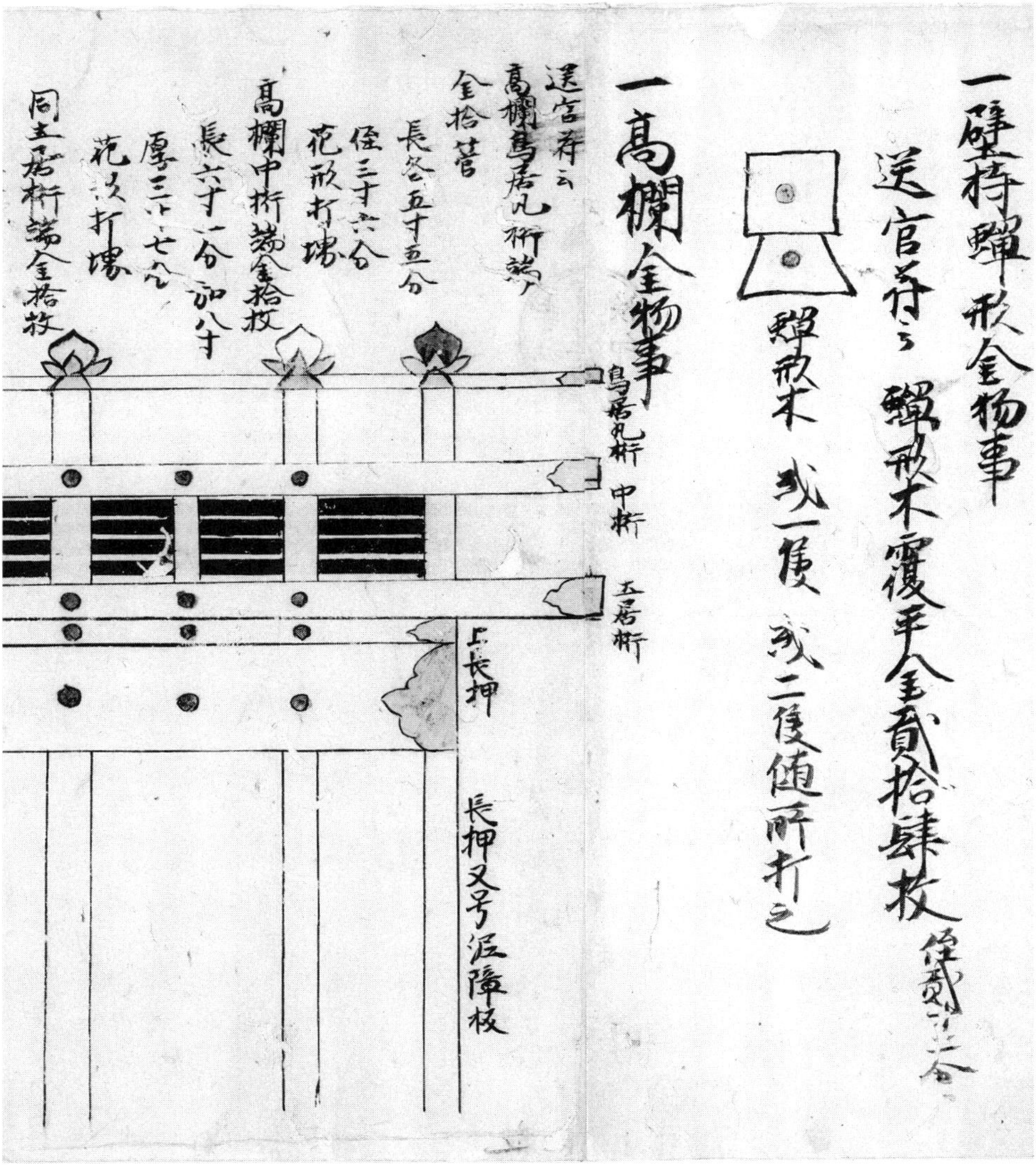

一壁持蟬形金物事

遷宮符云 蟬形木覆平金貳拾肆枚 径貳寸三分

蟬形木 或一處 或二處随所打之

一高欄金物事

遷宮符云

高欄鳥居几桁端金

金拾菅

長各五寸五分

径三寸六分

花形打壊

高欄中桁端金拾枚

長六寸一分 加八寸

厚三分七分

花形打壊

同五居桁端金拾枚

6紙

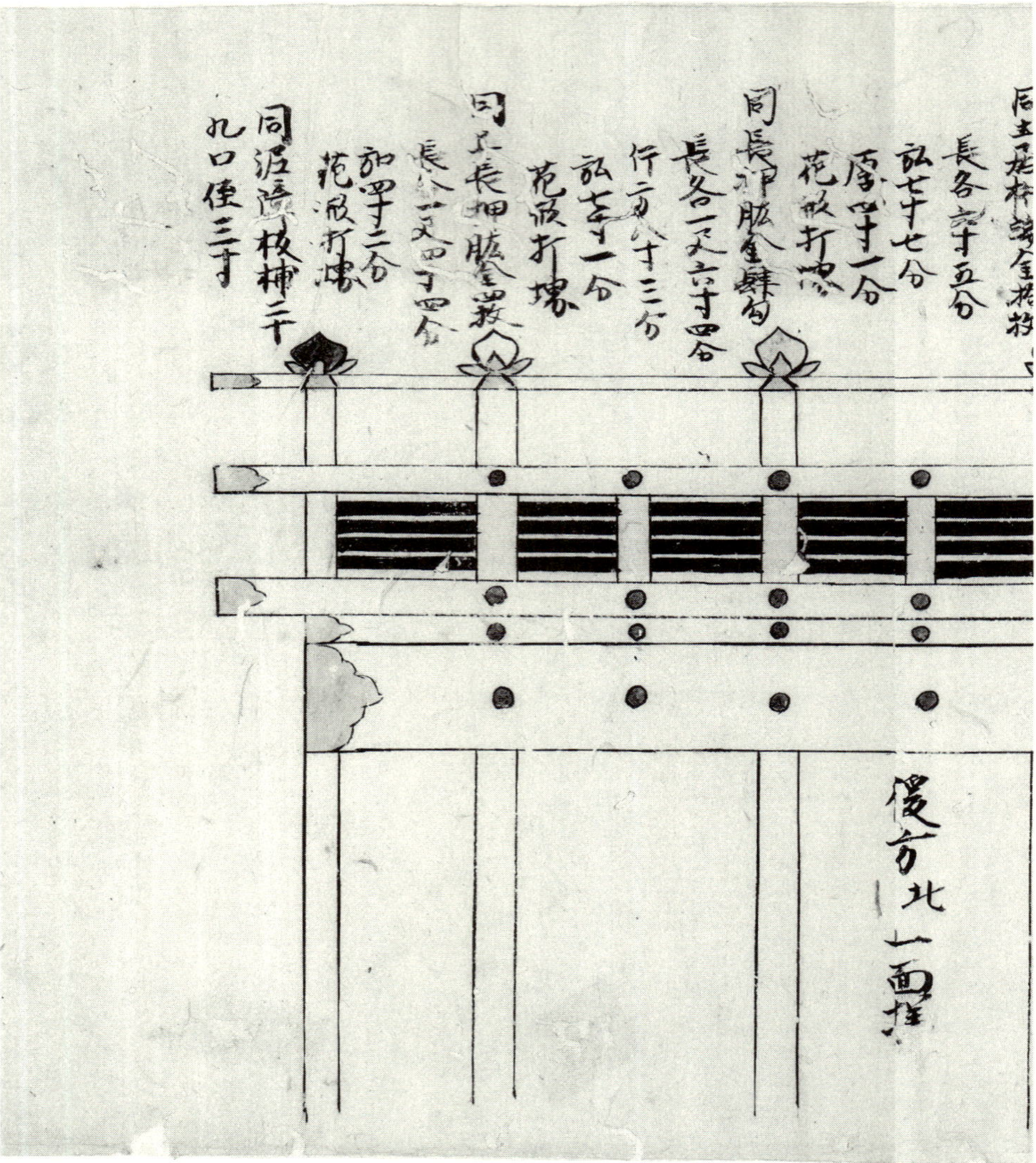

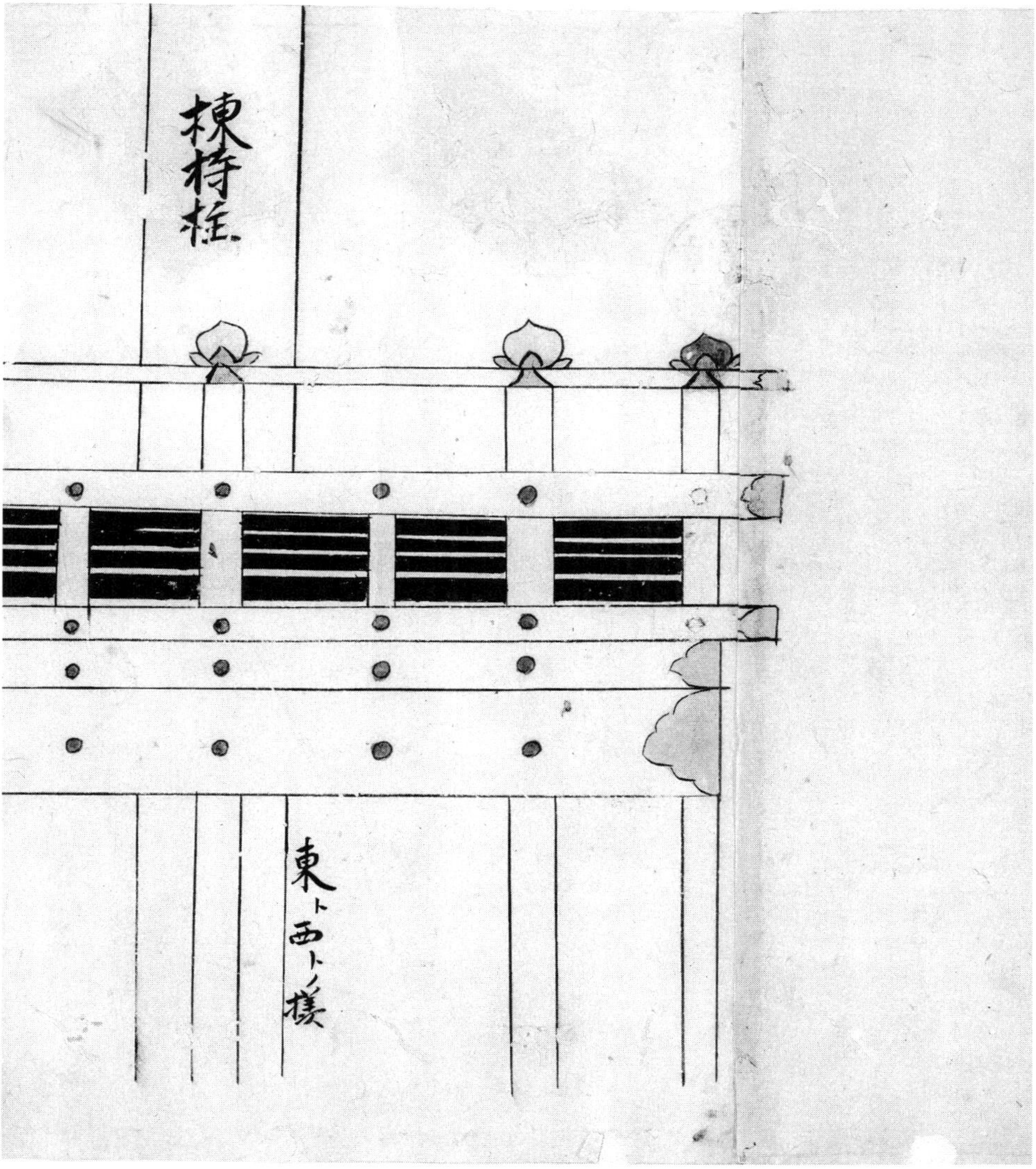

└ 7紙

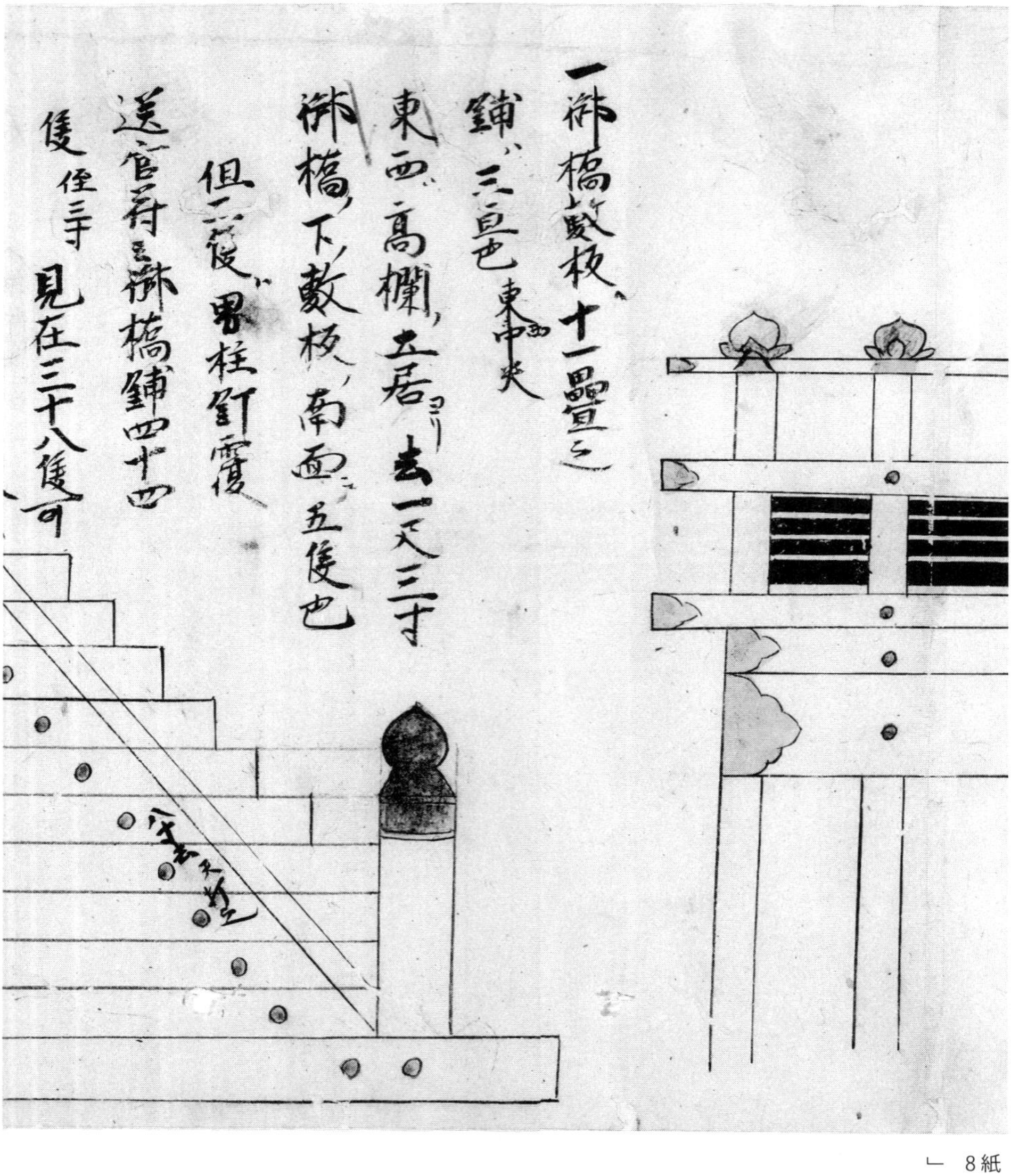
一御橋敷板十一疊之
鋪ハ三疊也 東西中央
東西ハ高欄ノ五居《コリ》去一丈三寸
御橋ノ下ノ敷板ノ南面ニ五隻也
但二隻ハ男柱ヲ當覆
送官符ニ御橋鋪四十四
隻 径三寸 見在三十八隻可

└ 8紙

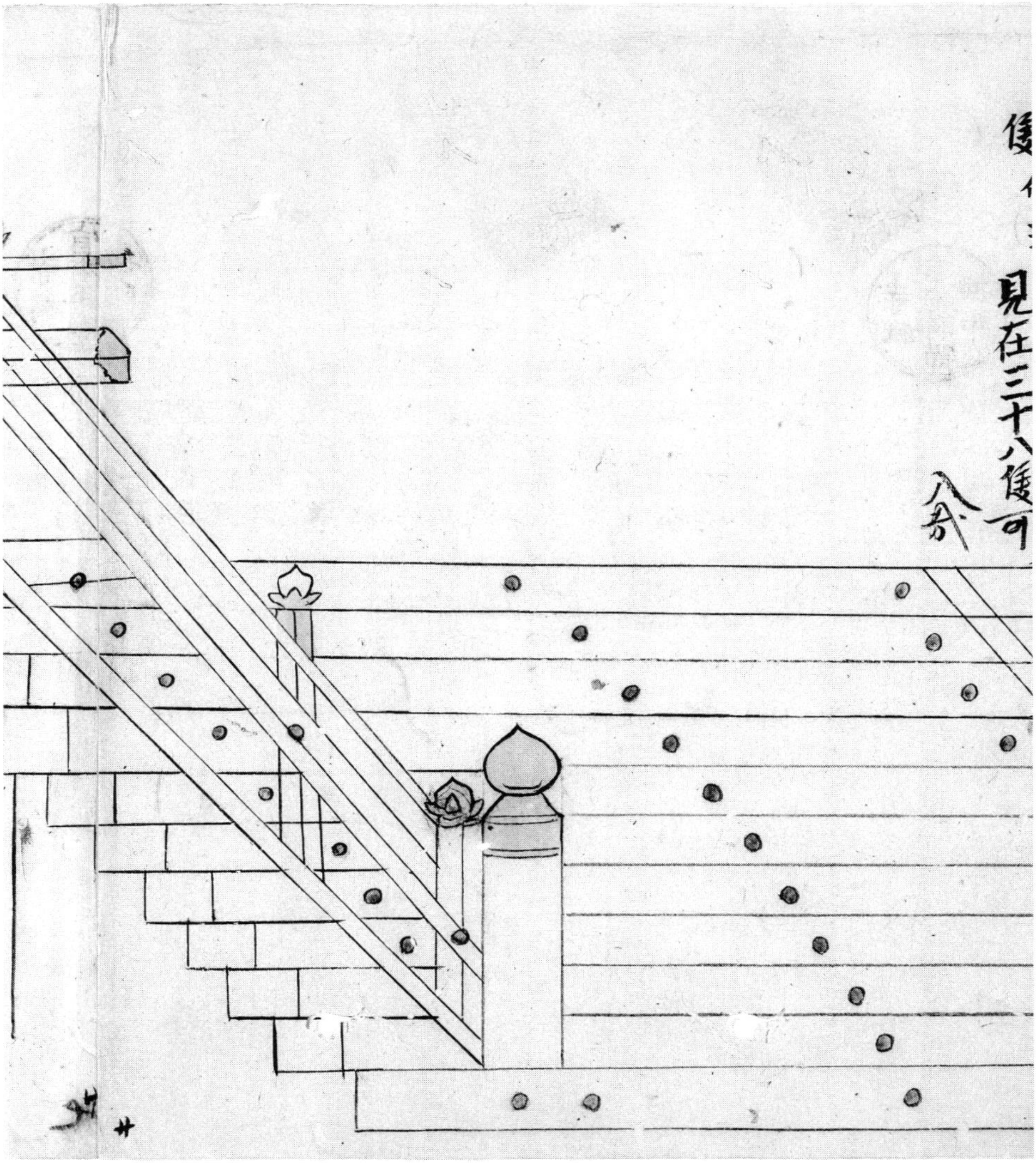

└　9紙

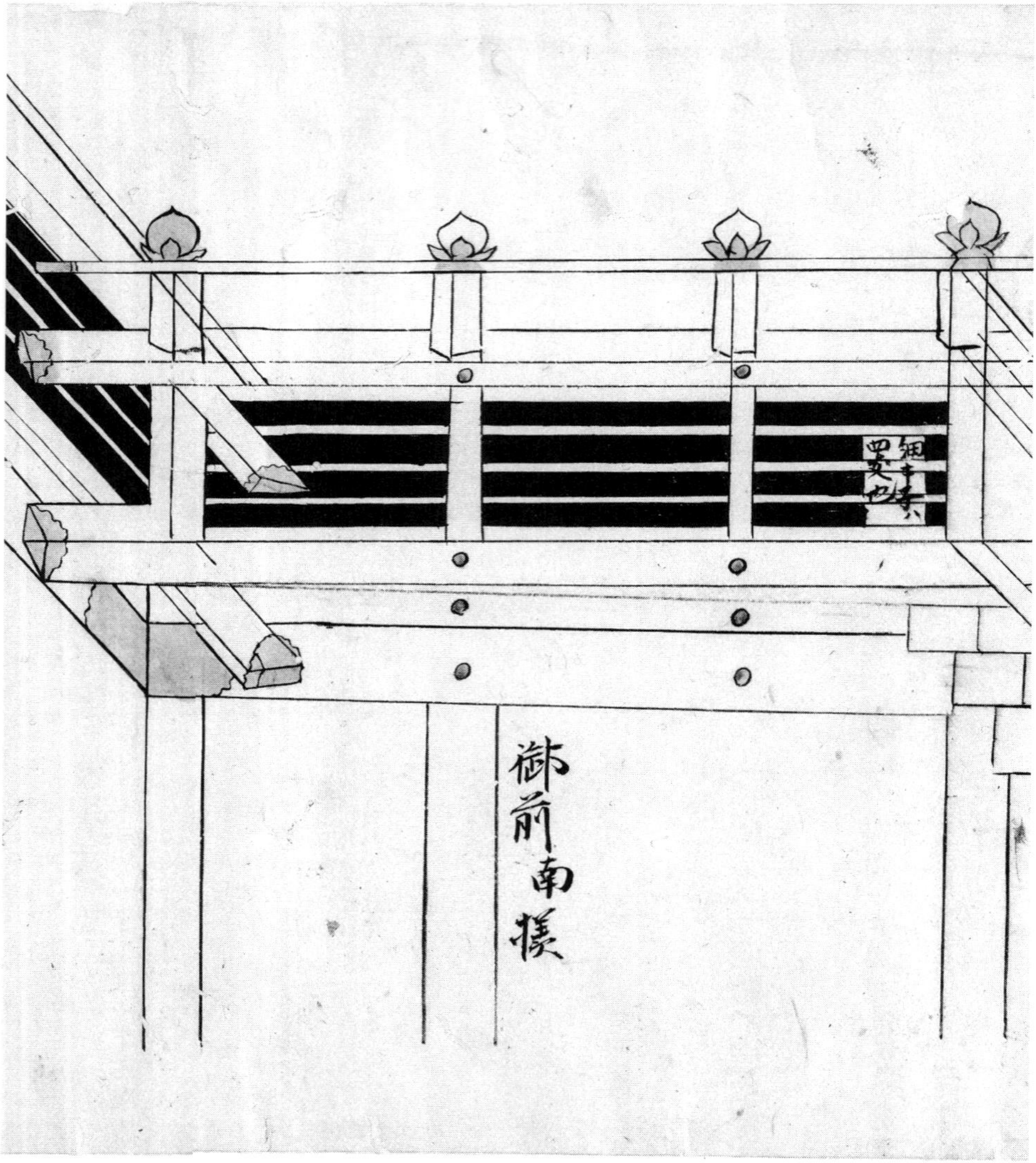
御前南様

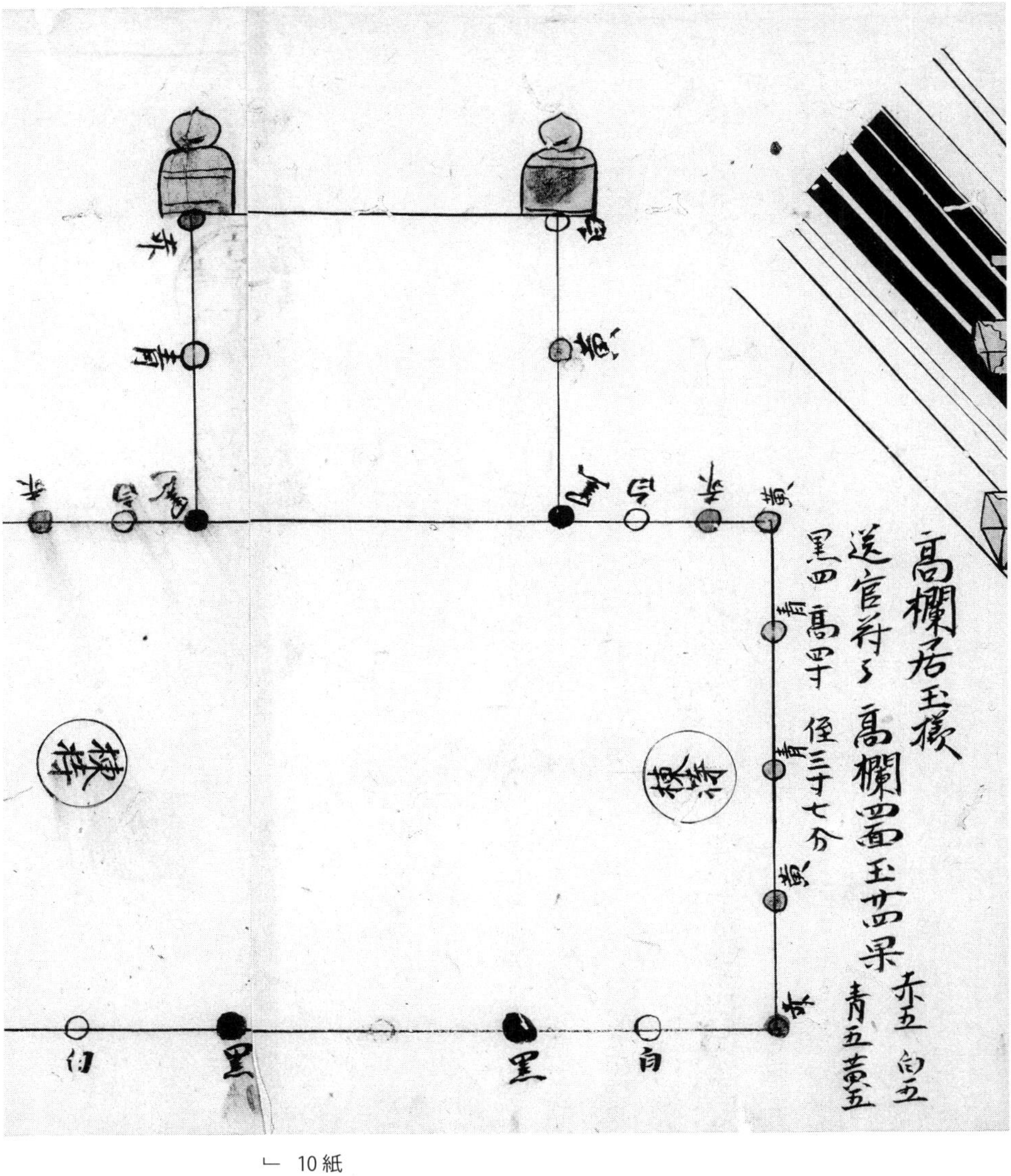

└ 10紙

一天井組入子数十三色　長八丈五寸　四方等分

送官符云　御帳天井四面打銭形釘伍十二隻　径各伍分　打様

中目固花形釘百四十隻

同組入中目固花形釘百六十九隻

天井釣金肆隻　長一丈　鐶二寸

同釣金斬耳金径輪金四口　輪径四寸

天井四面ニハ毎釘目銭形釘打之　組目角組目ニハ不打之　御帳柱ノ上ハ組目角ニ可押入之故也

下ノ方ハ御座ニ六目固ノ花形釘毎組目打之

上ノ方ニハ五ノ目ニ花形打之

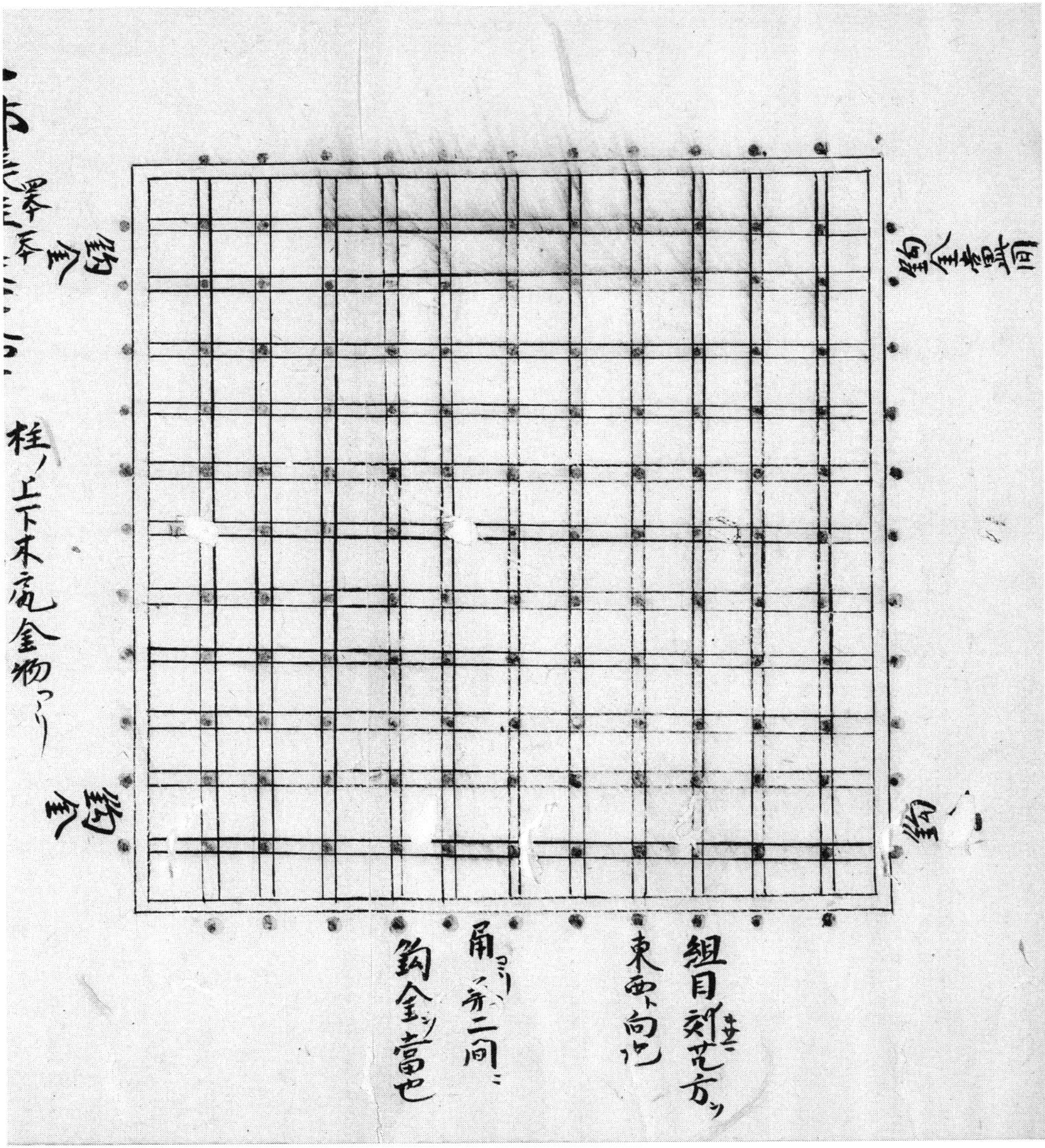

∟ 11紙

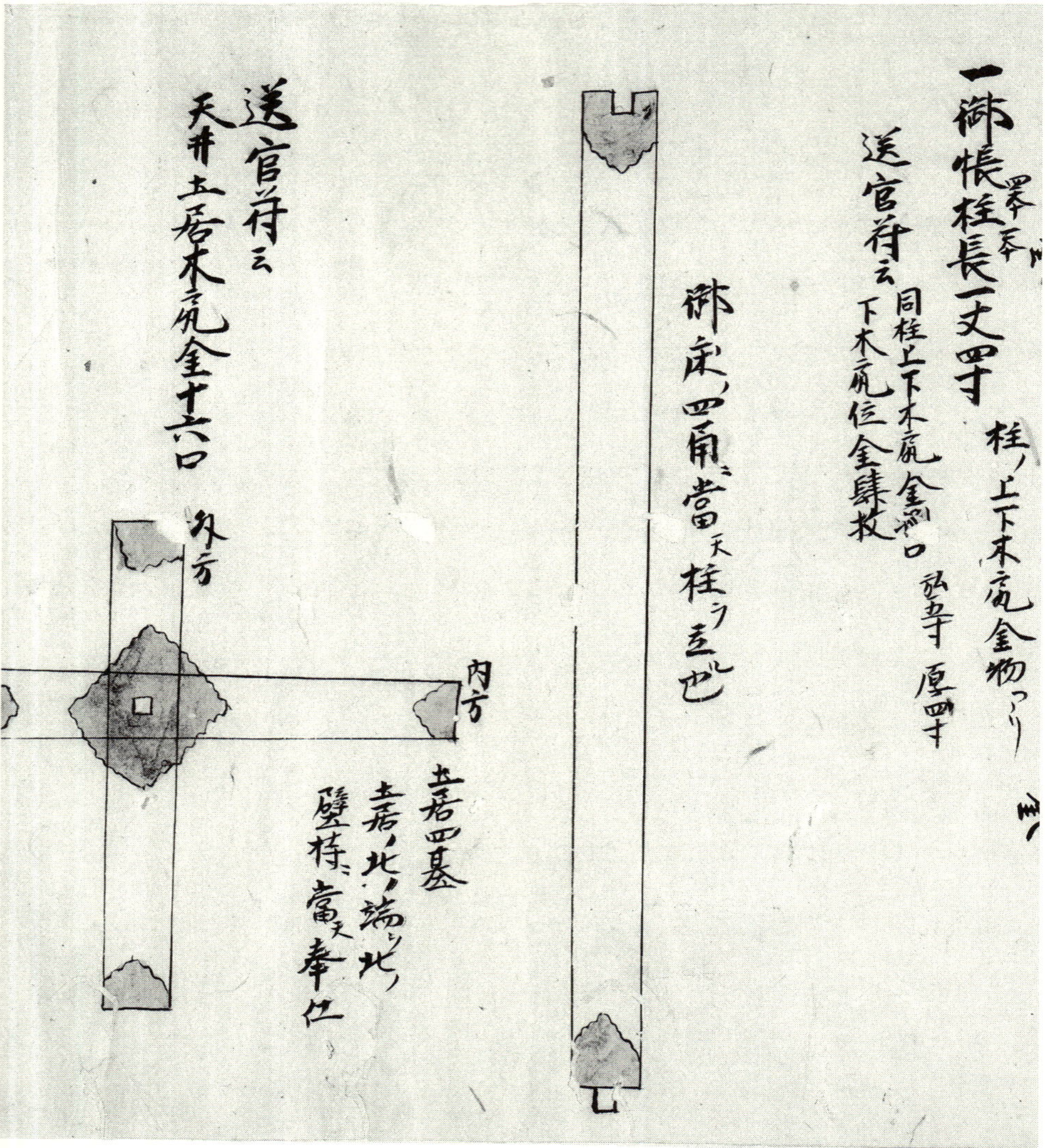

一御帳柱長一丈四寸

柱ノ上下木尻金物アリ　弘五寸　厚四寸

遷宮符云　同柱上下木尻金銅口

下木尻位金肆枚

御床ノ四角ニ當テ柱ヲ立也

遷宮符云

天井土居木尻金十六口

外方

内方

土居四基

土居ノ北ノ端ヨリ北ノ

壁柱ニ當テ奉仕

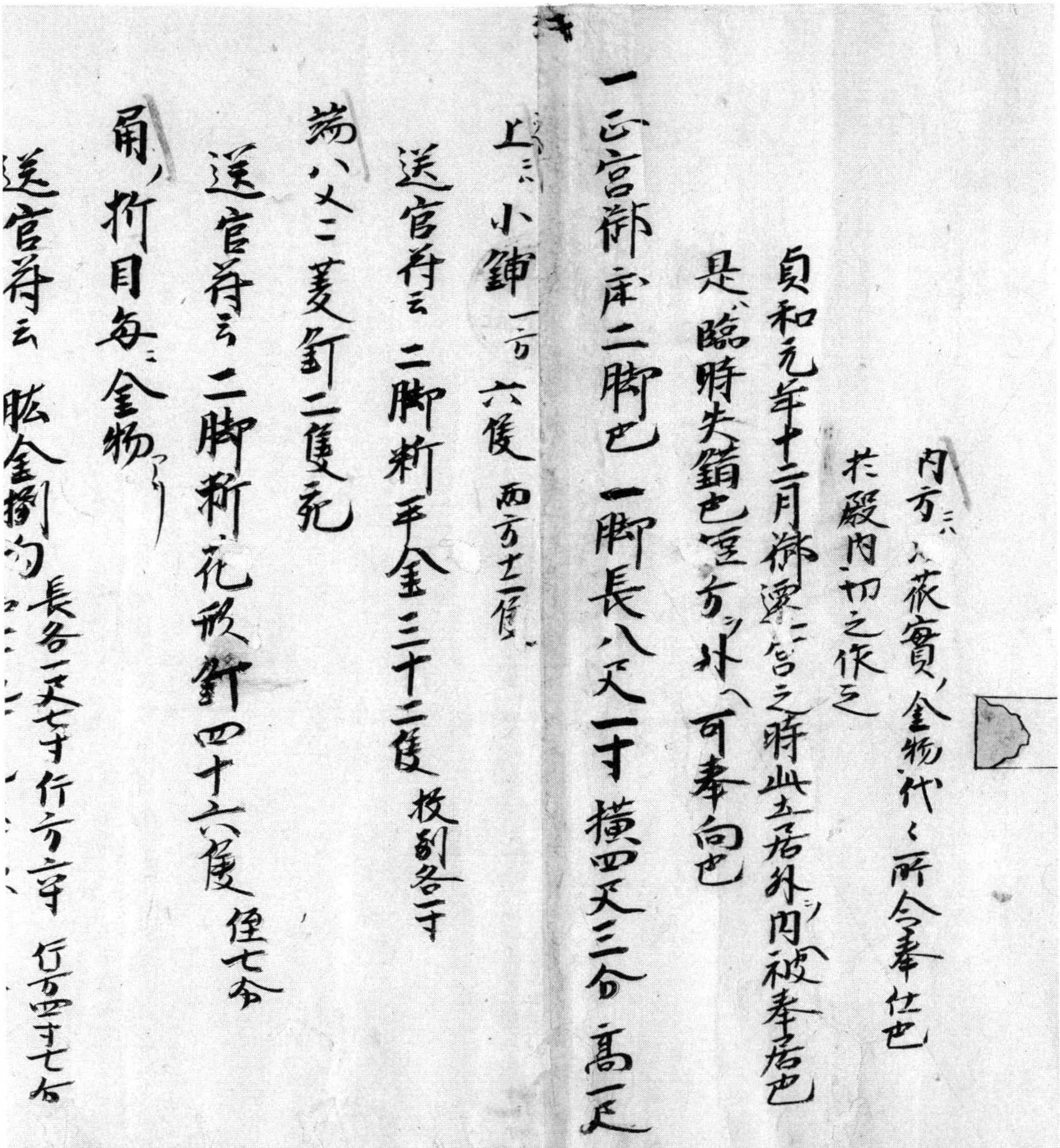

内方ニハ花實ノ金物代々所令奉仕也
於殿内切之作之
貞和元年十二月御遷宮之時此五居外ヨリ内ヘ被奉居也
是ハ臨時失錯也臺方ヨリ外ヘ可奉向也
一正宮御床二脚也　一脚長八尺一寸　横四尺三分　高一尺
上ニハ小鋪一方六隻　西方十二隻
送官符云　二脚析平金三十二隻　枚別各一寸
端ハ八又ニ菱釘二隻充
角ノ折目毎ニ金物アリ
送官符云　二脚析花形釘四十六隻　徑七分
送官符云　肱金捌枚　長各一尺七寸　行方三寸　行方四寸七分

└ 12紙

送官符云　肱金捌口　長各一尺七寸　行方二寸　行方四寸七分

加一寸九分　花形打壊　並　窄各十四

笇下足切目毎ニ有金物

送官符云　桶尻八口　加四寸　厚三寸　高三寸

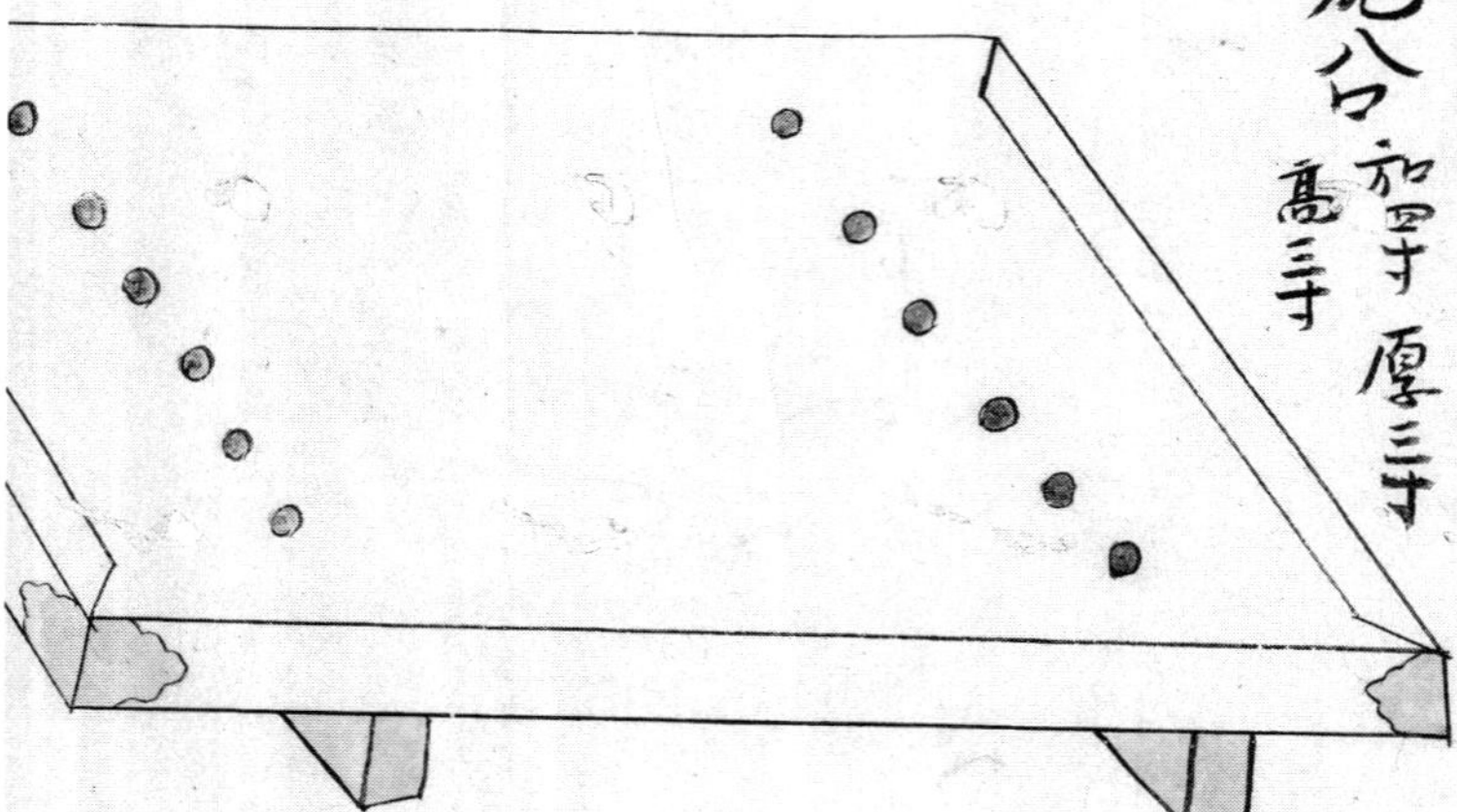

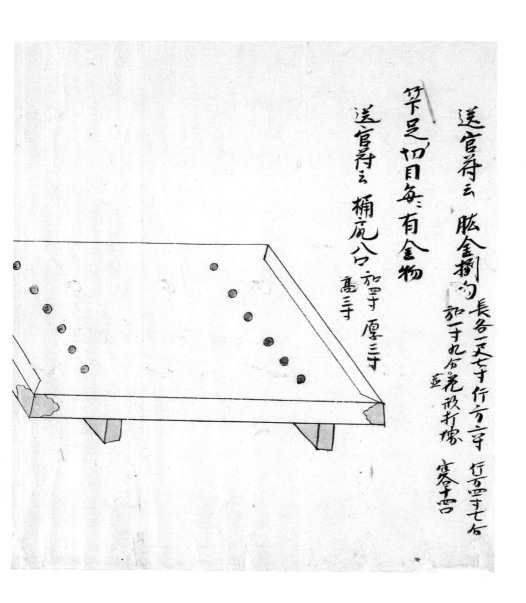

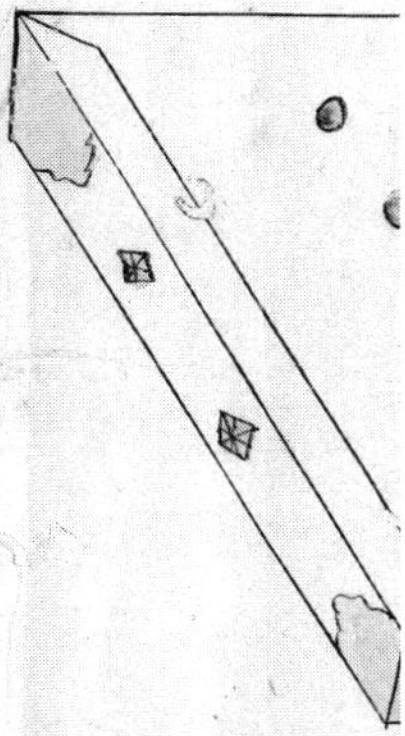

一同御船代　長六尺一寸五分　横二尺四寸五分　正殿

或長七尺六寸　中之六尺四寸身　牟等各六寸充ゝ　加二尺五寸　高二尺五寸

於假殿例者寸法短也　或四尺　此外角長四寸六分充　合四尺九寸二分

先規新不同歟

一相殿御床　一脚　長五尺　横三尺七寸　高八寸　左右同

上ニ小鋪一方ニ四帳　両方八帳

端ハ又一方ニ四帳　両方八帳

同御船代　長四尺五寸　横一尺六寸

或長四尺　此外角長四寸六分充　合四尺九寸二分ミ

加一尺五寸

ㄴ 13紙

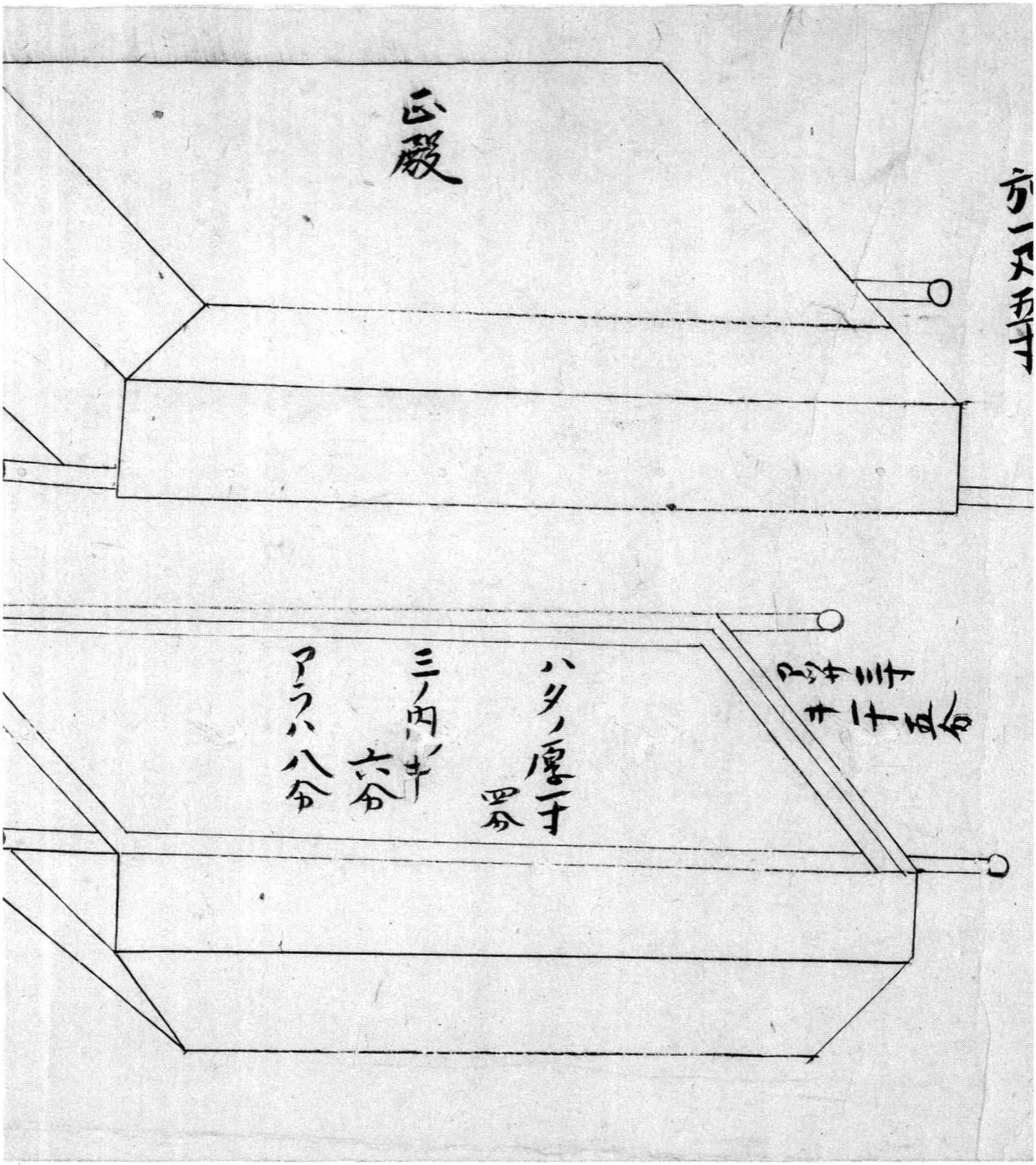
正殿
方一尺五寸
ハタノ厚一寸四分
三ノ内ノ寸六分
アラハ八分

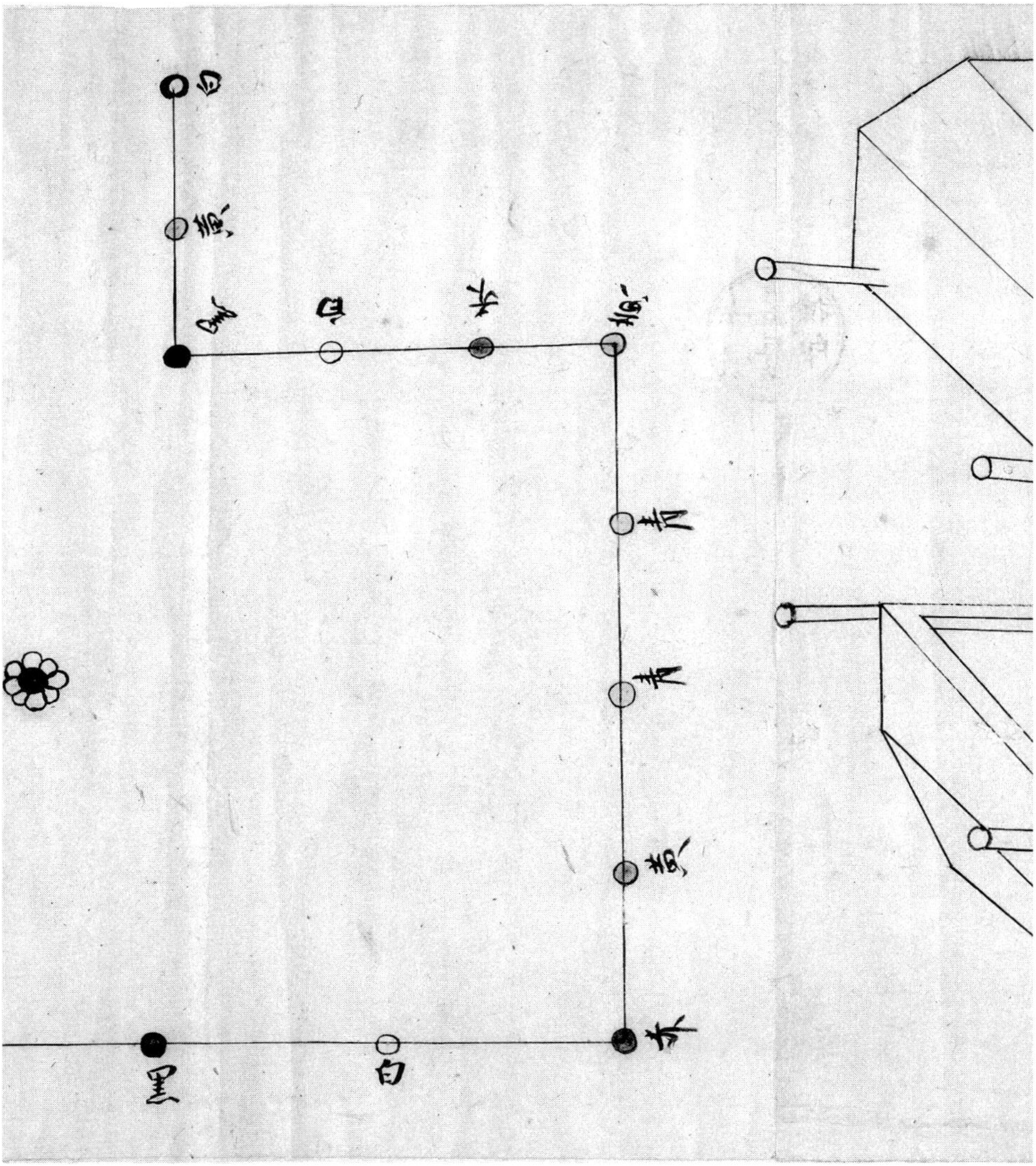

└ 14紙

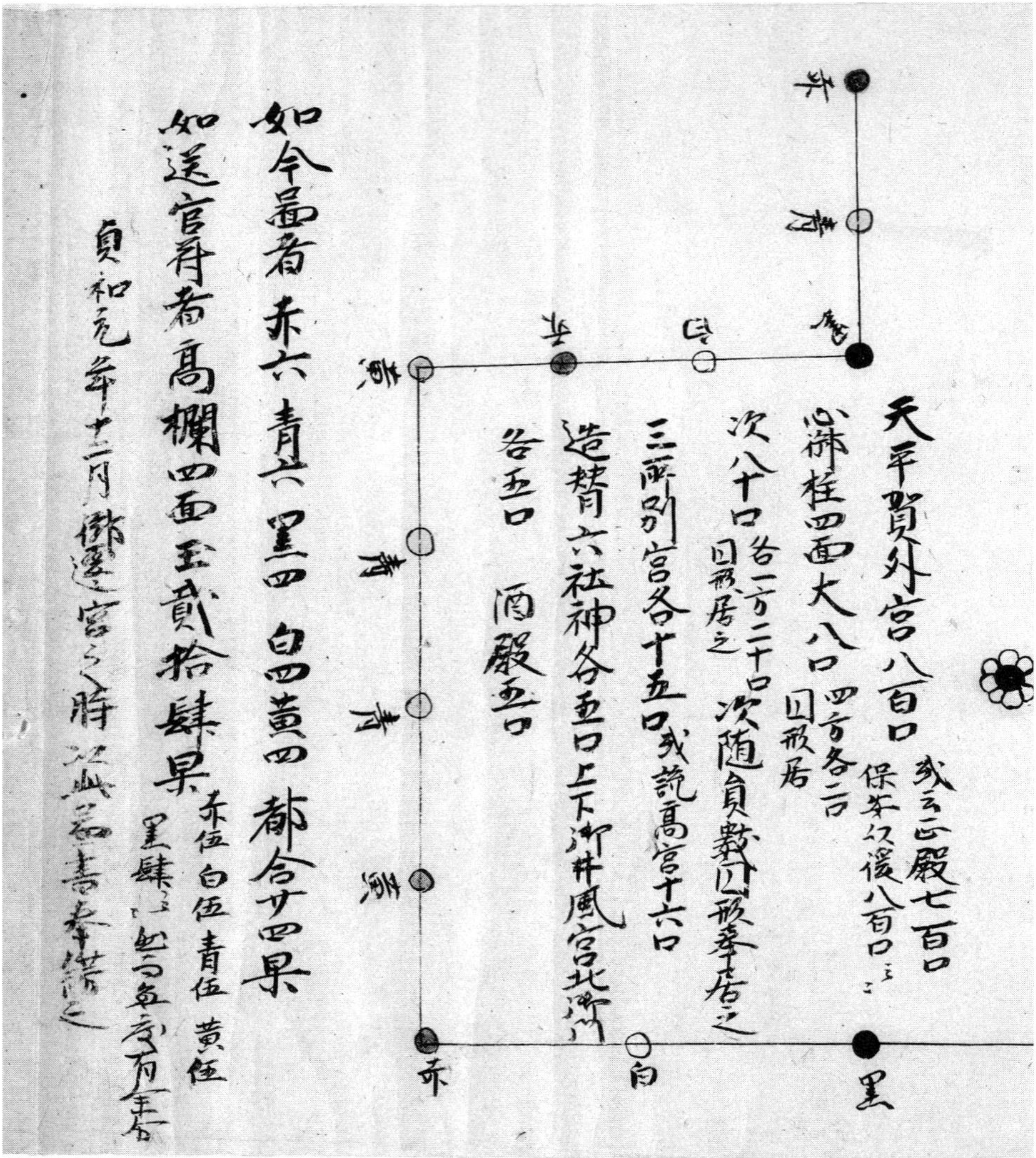

天平賀外宮八百口 或云正殿七百口 保安以後八百口云々
御様柱四面大八口 四方各二口 囗形居
次八十口 各二方二十口 囗形居之 次随負數囗形奉居之
三所別宮各十五口 或說高宮十六口
造替六社神各五口 上下御井風宮北御門
各五口　酒殿五口

如今晶着 赤六 青六 黒四 白四 黄四 都合廿四果
如送官苻着高欄四面壺貳拾肆果 赤伍 白伍 青伍 黄伍 黒肆
貞和元年十二月御遷宮之時以此書奉借之

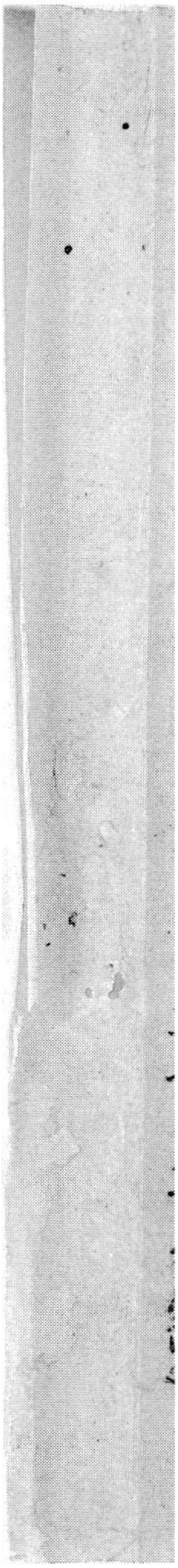

15紙

天都宮事太祝詞

影印・翻刻

天都宮事太祝詞
第六十四合
天都宮事

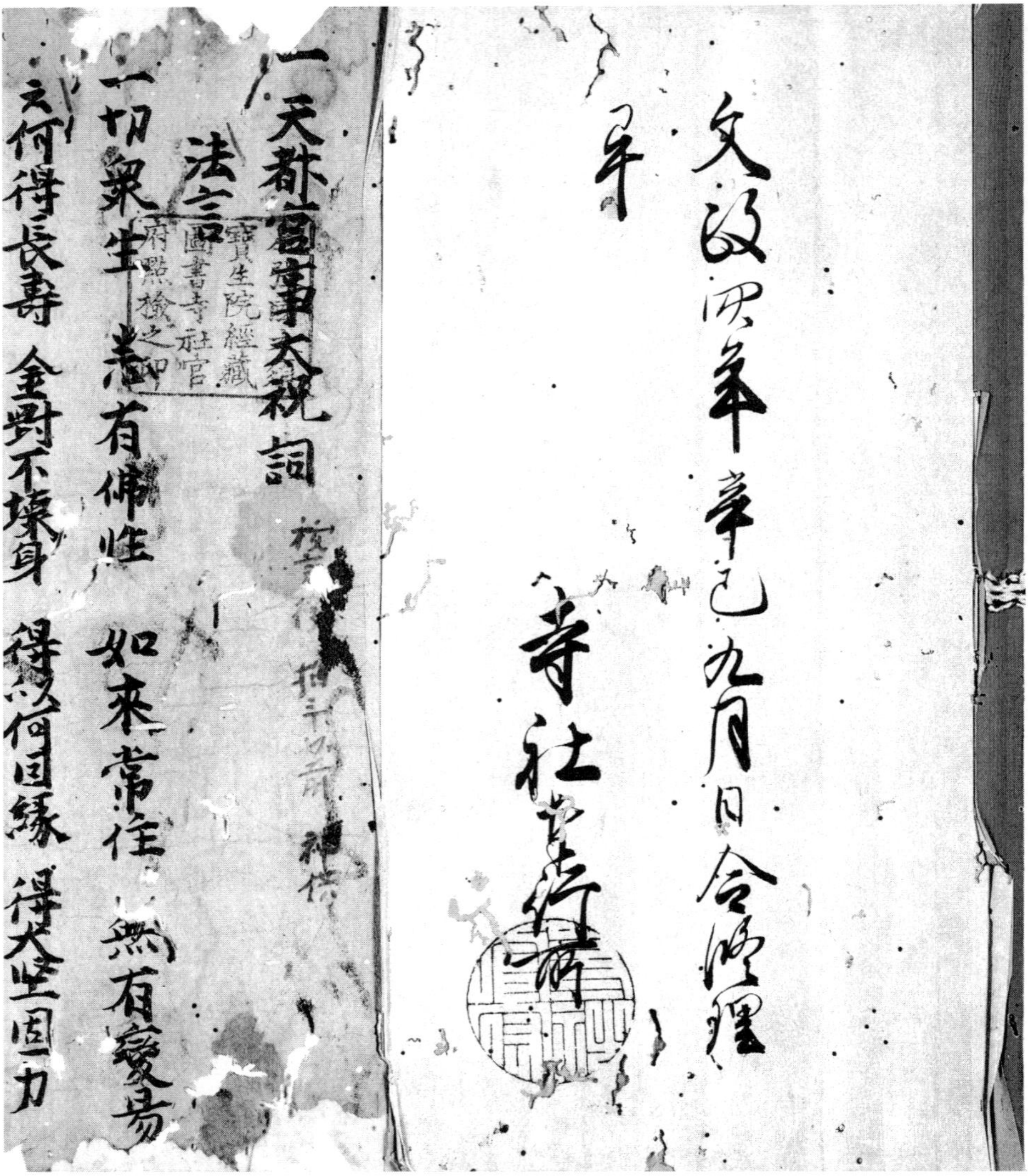
文政四年辛巳九月日合修理
寺社奉行
一 天都宮事太祝詞
法言
寶生院經藏
圖書寺社官
府點檢之印
一切衆生悉有佛性 如来常住 無有變易
又何得長壽 金剛不壊身 得以何因縁 得大堅固力

∟ 見返

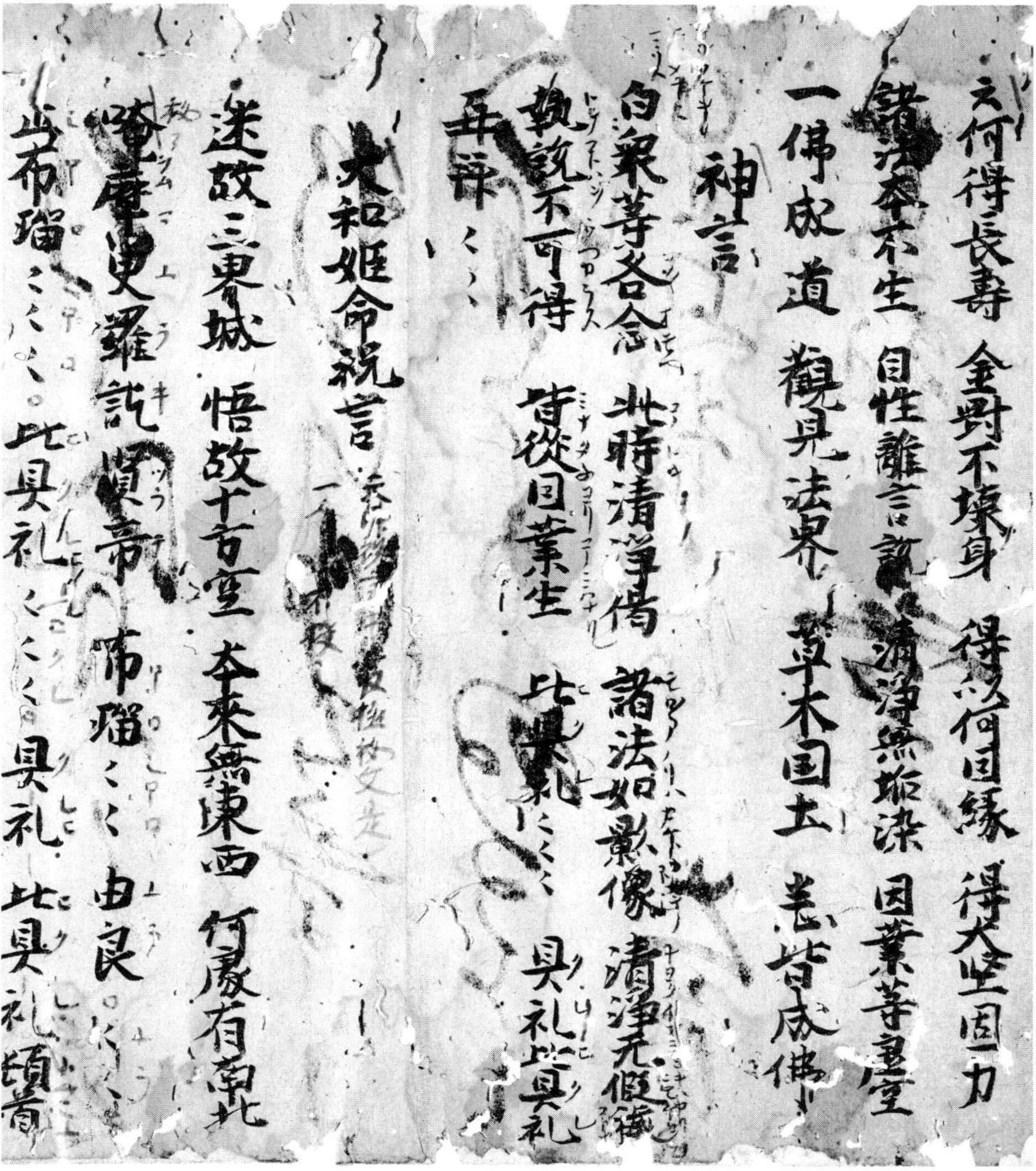
又何得長壽　金剛不壊身　得以何因縁　得大堅固力
諸法本不生　自性離言説　清浄無垢染　因業等虚空
一佛成道　観見法界　草木国土　悉皆成佛
神言
白衆等各念　此時清浄偈　諸法如影像　清浄无假穢
執説不可得　皆従因業生　比良礼ヽヽヽ　良礼比良良礼
再拝ヽヽ
大和姫命祝言
迷故三界城　悟故十方空　本来無東西　何処有南北
喩摩訶般羅説賀帝　布瑠ヽヽ　由良
出布瑠ヽヽヽ。比良礼ヽヽヽヽ　良礼　比良礼頓首

∟　1紙

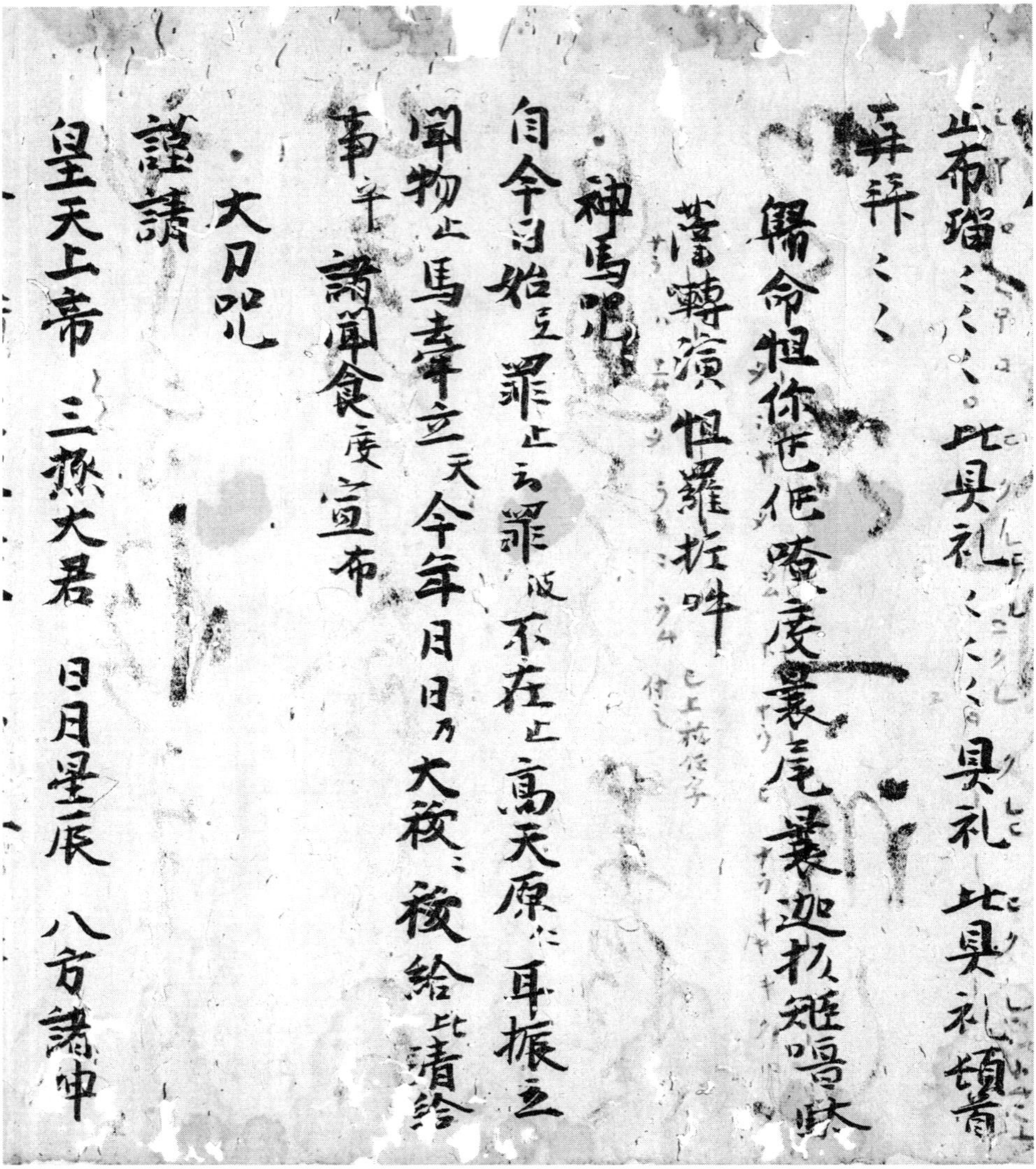
止布瑠々々々。比具礼々々々々具礼　比具礼頓首
再拜々々
歸命怛你也他唵度曩尾曩迦抳娑嚩賀
薩嚩薄怛羅抳吽
神馬呪
自今日始弖罪止云罪波不在止高天原尓耳振立
聞物止馬牽立天今年月日乃大祓ニ祓給比清給
事乎諸聞食度宣布
大刀呪
謹請
皇天上帝　三極大君　日月星辰　八方諸神

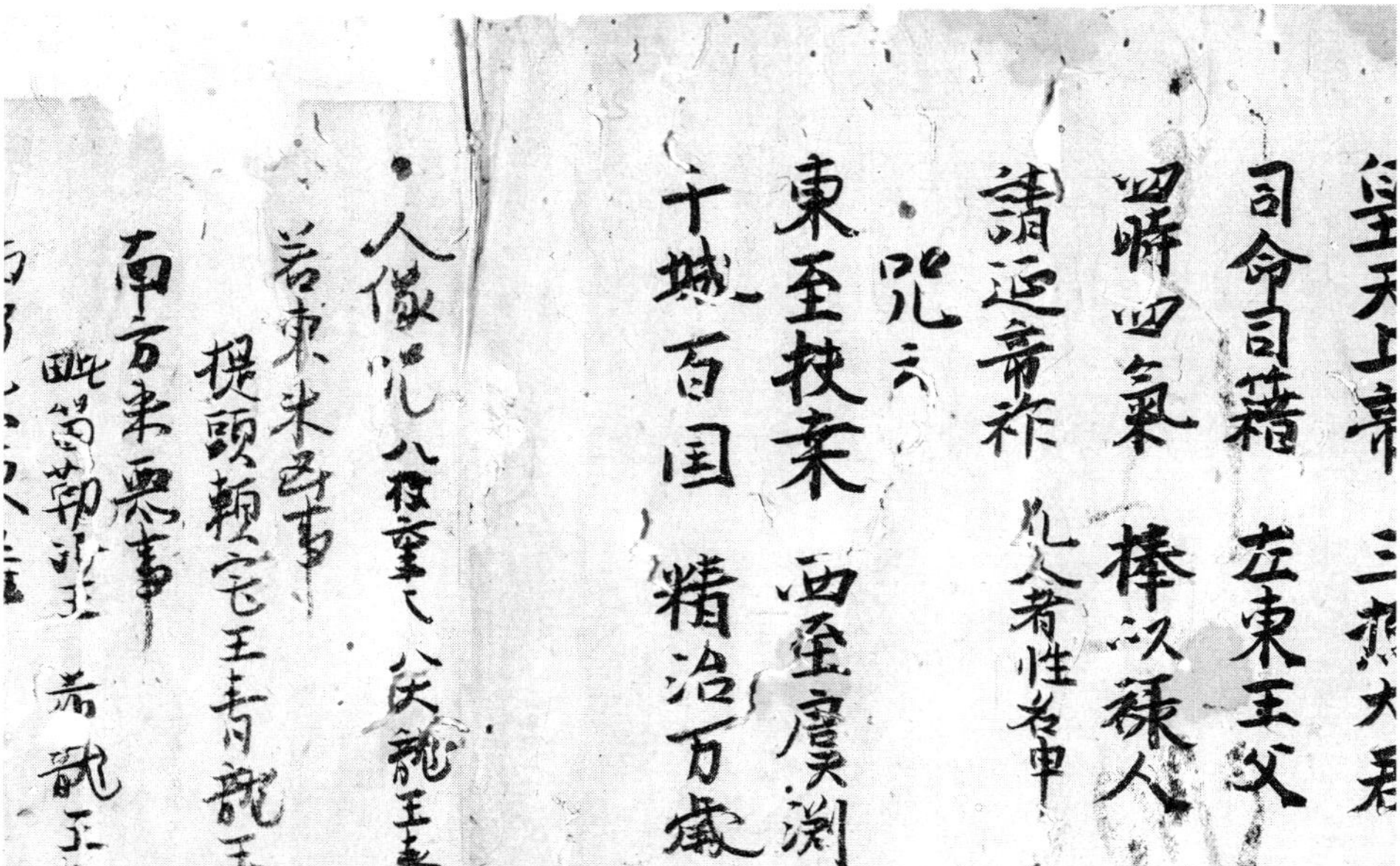
皇天上帝　三極大君　日月星辰　八方諸神
司命司籍　左東王父　右西王母　五方五帝
四時四氣　捧以祿人　請除禍災　捧以金刀
請延帝祚　凡人者性名申
咒云
東至扶桑　西至虞淵　南至炎光　北至溺水
千城百国　精治万歳　ゝゝゝ
人儀咒　八枝文筆乙　八尺龍王
若東来悪事
提頭頼宅王青龍王报賊
南方来悪事
毗留勒叉王　赤　龍王报賊

└　2紙

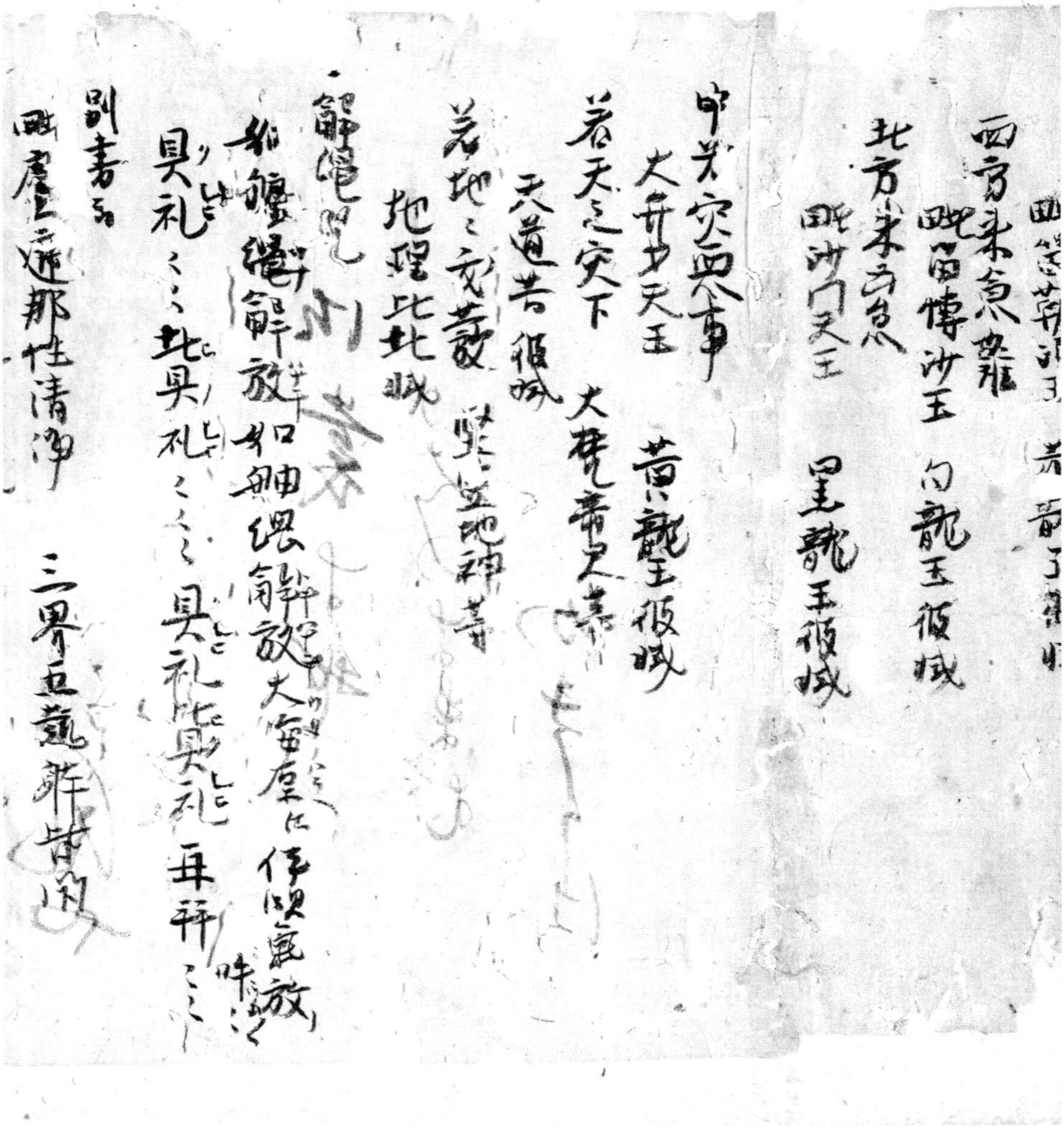
西方米息悉羅
毘留博沙王 白龍王彼賊
北方米ゝ息ゝ
毘沙門天王 黒龍王彼賊
中央空四ム事
大弁才天王 黄龍王彼賊
若天之安下 大梵帝天尊
天道若彼賊
若地之云蔵 堅牢地神尊
地理比比賊
一解縛呪
船縛縄解放 船細縄解放大安泉 作嚩放
具礼ゝゝゝ 比具礼ゝゝゝ 具礼比具礼 再拝ゝゝ
別書云
毘盧遮那性清浄 三界五蘊解脱

㇄　3紙

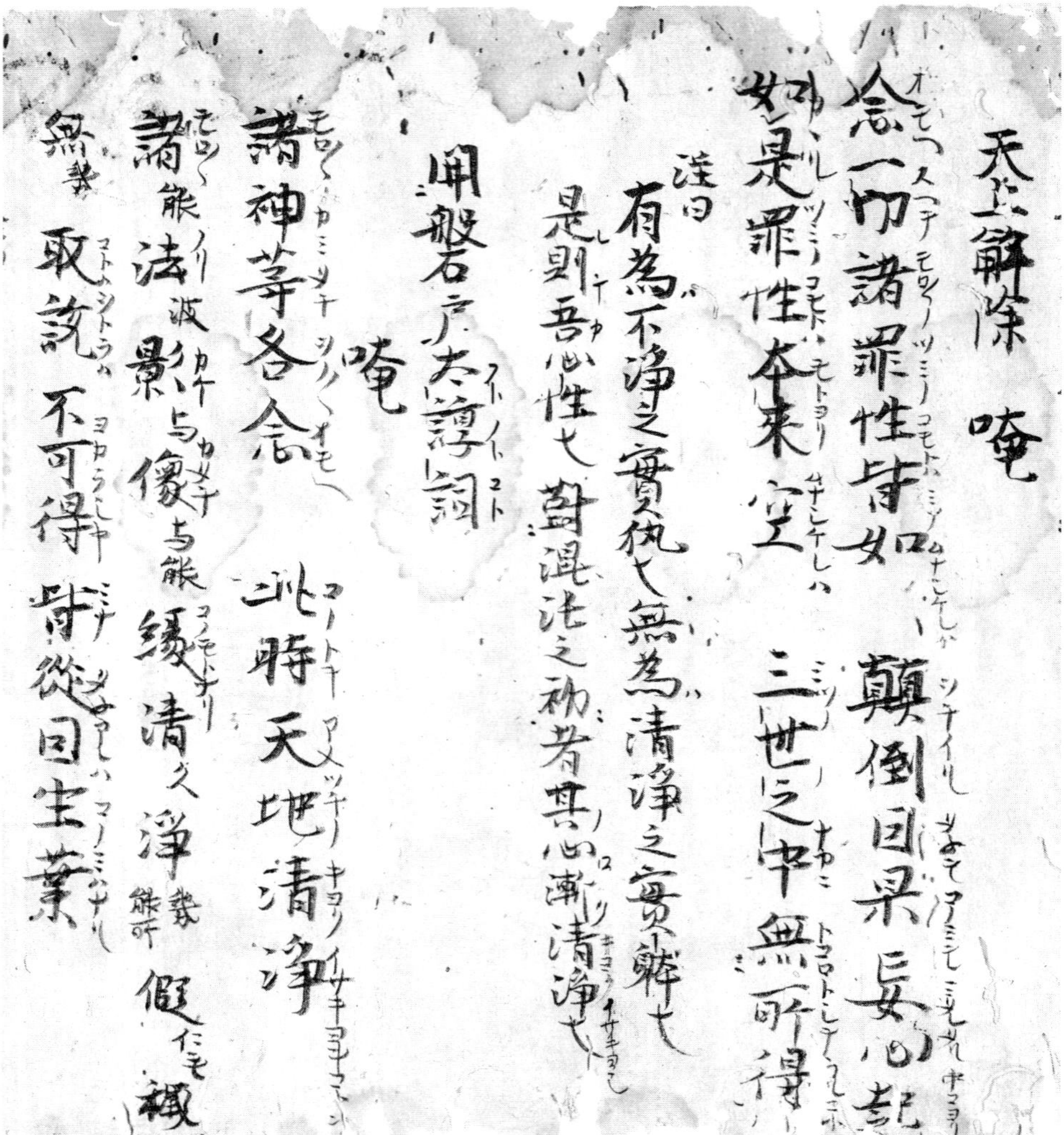

天上解除 唵

念一切諸罪性皆如 顛倒因果妄心起

如是罪性本来空 三世之中無所得

注曰

有為不浄之實執也 無為清浄之實解也

是則吾心性也 對混沌之初者其心漸清浄也

開磐戸太諄詞

唵

諸神等各念 此時天地清浄

諸能法 影与像与能 縁清浄 假穢

無数 取說不可得 皆從因生業

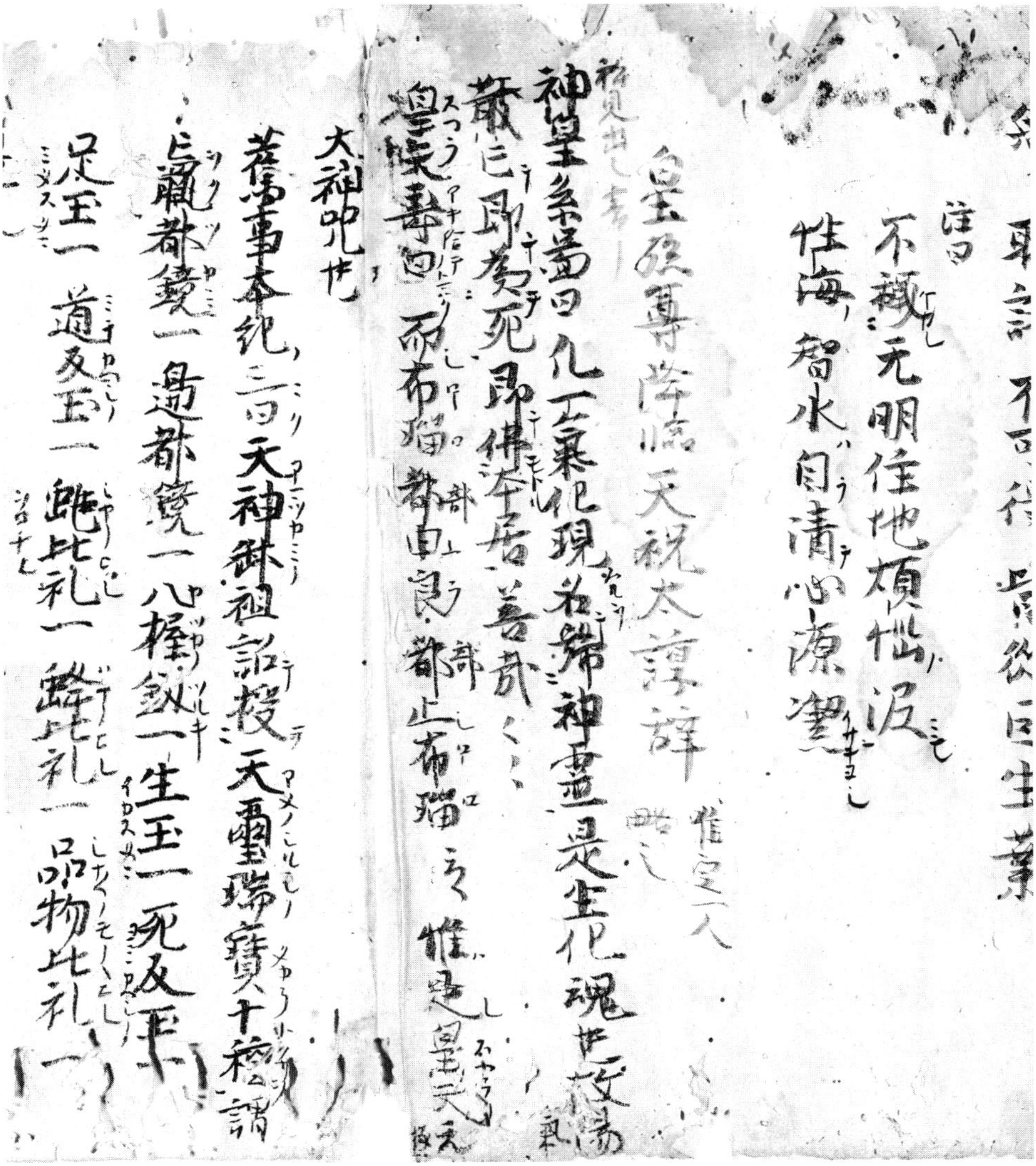
聞説不可得　皆従因生葉
注曰
不識元明住地煩悩波
性海智水自清心源濁
皇祖尊降臨天祝太詞辞　惟定入此之
私見出之書
神皇系図曰凡一切衆化現私歸神霊是生化現世定湯
蔵巳郎為死郎佛菩薩居善哉々々
皇祖寿曰所布瑠部由良都止布瑠部々々惟是皇天
大神呪之詞
旧事本紀ニ曰天神御祖詔授天璽瑞宝十種請
瀛都鏡一　邊都鏡一　八握剱一　生玉一　死反玉一
足玉一　道反玉一　蛇比礼一　蜂比礼一　品物比礼一

└　4紙

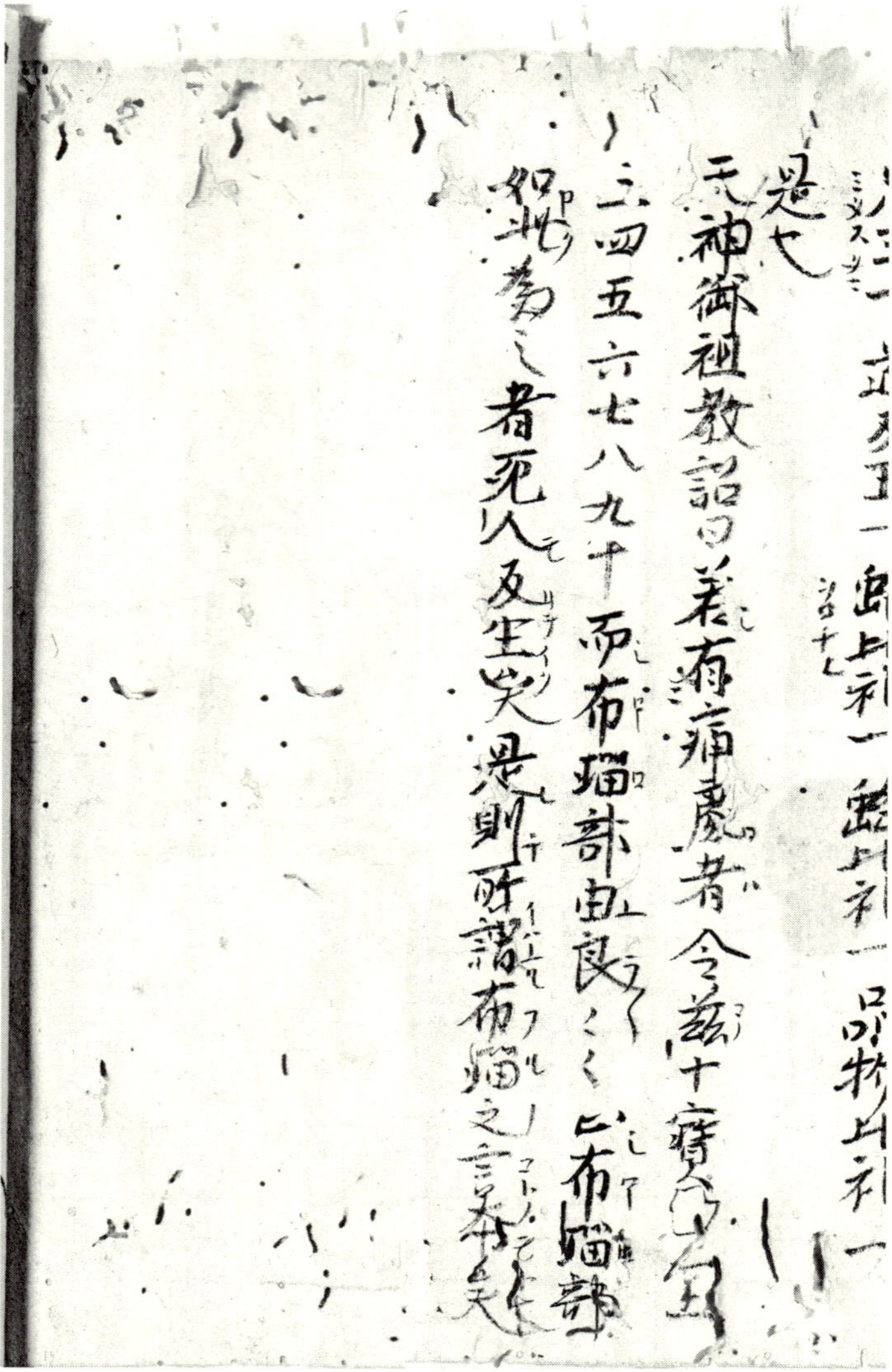
是也
天神御祖教詔曰若有痛處者令茲十寶謂
一二三四五六七八九十而布瑠部由良由良止布瑠部
如此為之者死人反生矣是則所謂布瑠之言本矣

└ 5紙

天都宮事太祝詞　第六十四合」表紙

文政四年辛巳九月日令修理

畢。

寺社奉行所（印）」見返

一、天都宮事太祝詞『祓言後　拍手以前　神供』

法＼言

・一切衆生　悉有仏性　如来常住　無有変易

・云＼何得長寿　金剛不壊身　得以何因縁　得大堅固力

・諸法本不生　自性離言説　清浄無垢染　因業等虚空

・一仏成道　観見法界　草木国土　悉皆成仏

神＼言

〔〕〔〕白《マウス》〔〕〔〕ニ《ケキ　チニ》衆等ニ各《ヲノ〳〵》念《オモヘ》　此時《コノトキ》清浄偈　諸《モロ〳〵ノ》　法《ノリハ》　如影《カケト》　像《カタチノコトシ》　清浄《キヨクイサキヨキハカリニモケカ》　无仮穢《コトナ》□

執説《トテコトハヲウヘカラス》　不可得　皆従因業生《ミナタネヨリコノミハナル》　比具礼《ヒクレ》々々々　具礼比具礼《クレヒクレ》

再拝々々」1紙

＼大和姫命祝言『天津祝言中、最極秘文是一人外不授之』

・迷故三界城　悟故十方空　本来無東西　何処有南北

『秘＼唵《ヲム》　摩《マ》臾《ユ》羅《ラ》訖《キ》覧《ツラ》帝《テイ》　布《ホ》瑠《ロ》々々《シホロ》由《ユ》良《ラ》○々々《ユラ》

止《シ》布《ホ》瑠《ロ》々《シ》々《ホ》々《ロ》○比《ヒ》具《ク》礼《レヒ》々《ヒレ》々《ク》々《レ》○具《ク》-礼《レヒ》-比《ヒ》具《ク》-礼《レ》頓首《トムシユ》』

再拝々々

帰命怛《『タ》-你《ニ》-也《ヤ》他《タ》唵《ヲム》-度《ト》-曩《ナウ》-尾《ヒ》曩《ナウ》-迦《キヤ》-捉《キ（ニカ）》矩《ク》-嚕《ロ》-駄《タ》

薩《サラ》-嚩《ハ》-演《エム》怛《タ》-羅《ラ》-捉《ニ》吽《ウム』》『已上祢任字付之』

・神馬咒

自今日始弖罪止云罪波不在止高天原仁耳振立

聞物止馬牽立天今年月日乃大祓ニ祓給比清給

事乎諸聞食度宣布

・大刀咒

謹請

皇天上帝　三極大君　日月星辰　八方諸神

司命司籍　左東王父　右西王母　五方五帝

四時四気　捧以禄人　請除禍災　捧以金刀

請延帝祚　凡人者性（姓）名申

・咒云

東至扶桑　西至虞渕　南至炎光　北至溺（弱）水

千城百国　精治万歳　々々々」2紙

・人像咒　八枚重之、八大龍王表也

若東来凶事

　提頭頼宅王　青龍王彼滅

南方来悪事

　毘留勒沙王　赤龍王彼滅

西方来急難

　毘留愽沙王　白龍王彼滅

北方来凶怠

　毘沙門天王　黒龍王彼滅

中央災悪事

　大弁才天王　黄龍王彼滅

若天之災下　大梵帝釈等
　天道共彼滅
若地々夭発　堅監地神等
　地理比此滅

・解縄咒
如艫縄《ツナ》解放《ハナチ》如舳縄解放《トキハナチ》大海原《ワタノハラヘ》江　伊吹気放—吽々《ウムく》
具礼《クレヒ》々々比《ヒ》具礼《クレヒ》々々々具礼《クレヒ》比《ヒ》具礼《クレヒ》　再拝々々

別書云
毘盧遮那性清浄　三界五趣体皆閉
由妄念故□(沈カ)生死　由実智故証菩薩(提)
内外不二常一体　是名五輪依正法
何性一切心　何法一切色　一塵一切印　一等一切塵
舌相言語　皆是真言　身相挙動　皆是密印」3紙

*1 伊佐奈岐尊

波羅恵

上瀬速《ツセハハヤシ》　下瀬遅《ハヲソシ》　故《ヘニ》　濯二中瀬《ニ》一沐

天上解除　唵

念《オモヘス》一切諸罪性皆如《ヘテモロ〳〵ノツミノコモトハミナムナシケレハ》　顛倒因果妄心起《ヲチイルタネモコノミモミタレタル中コヨリハシマル》

如レ是罪性本来空《カヽルツミノコモトハモトヨリムナシケレハ》　三世之中《ミツノナカニ》　無二所得一《トコロトシテウルコト□》

注曰

有為《ハ》不浄之実執也　無為《ハ》清浄之実体也

是則《レチ》吾《カ》心性也　対二混沌之初《ニ》一者其《ノ》心《ロ》漸清浄也《クキヨクイサキヨシ》

開二磐戸一太《フト》諄《ノト》詞《コト》

唵

諸神等各念《モロ〳〵ノカミタチヲノ〳〵オモヘ》　此時天地清浄《コノトキアメツチノキヨクイサキヨキコトヲ》

諸《モロ〳〵》能法波《ノリ》影与像《カケカタチ》　与能縁《コノモトナリ》　清久浄幾能所仮仁毛穢波留□

無幾取説不可得《コトハヲトラハヨカランヤ》　皆従因生業《ミナタネアレハコノミハナル》

注曰

不穢《ケカレ》二无明住地煩悩泥《ノニモ》一

性海《ノ》智水《ハ》自《ラ》清《テ》心源潔《イサキヨシ》

皇孫尊降臨天祝太諄辞唯定一人略之

『私見出シ書之』
神皇系図曰、凡一-気化現《スルヲ》名号《テ》ニ神霊一是生化魂也。故陽気
散-巳(亡)《テ》即《チ》為《テ》ニ死一。即《チ》仏ニ本《モトル》居一。善哉々々。
*2
皇天寿曰《スヘラホキ給テノトマハク》、而布瑠《シホロ》部由良《ユラ》部止布瑠《シホロ》云々。惟是皇天无極《ハレスヘラノ》」4紙

大神咒也。
旧事本紀《ノニク》三曰、天神御祖《アマツカミノ》詔授《テテ》ニ天璽瑞宝《アメノシルシノタカラトクサヲ》十種一謂、
瀛(瀛)都鏡《ヲクツカヽミ》一、辺都鏡一、八握剣《ヤツカノツルキ》一、生玉《イカスタマ》一、死反玉《ヨミカヘシノ》一、
足玉《ミタスタマ》一、道反玉《ミチカヘシノ》一、蛇比礼《シヤノヒレ ヲロチノ》一、蜂比礼《ハチノヒレ》一、品物比礼《シナ〳〵ノモノヽヒレ》一
是也。
天神御祖教詔曰、若有《シ》ニ痛処《ロハ》一者令茲《コノ》十宝□(謂)、一二
三四五六七八九十而布瑠《シホロ》部由良《ユラ》々々止布瑠《シホロ》部、
如此《カク》為之者、死-人反生《モリテイク》矣。是則所《レチ》レ謂布瑠之言本《イハユルフルノコトノモト也》矣。」5紙

＊1 紙背「祝言注」
＊2 紙背「大神咒也」

天津祝詞

影印・翻刻

天津祝詞（端裏）

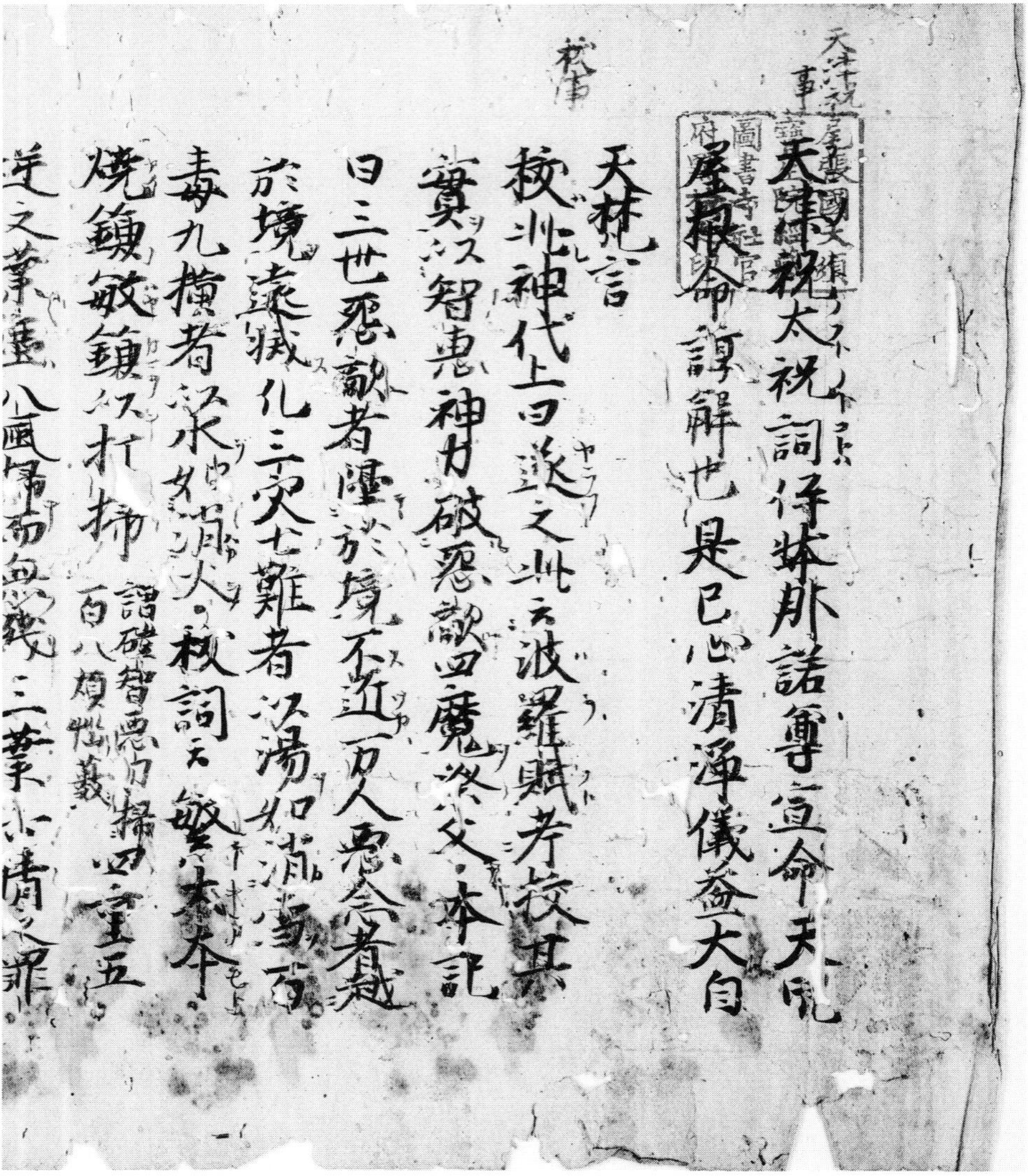

天津祝太祝詞伊弉那諸尊宣命天児
屋根命譚解也是巳心清淨儀益大自

天林祝言

救兆神代上曰遂之兆云波羅賦考按其
實以智恵神力破悪歒四魔怨父本記
曰三世悪歒者堕於境不近一切人悪念者越
於境遠賊化三灾七難者以湯如消一切
毒九横者以水如消火救詞云盤木本
焼鍾敏鍾以打掃 謂破智悪内掃四重五 百八煩悩歟
逆之葉遂八風帰而無残 三葉小清罪

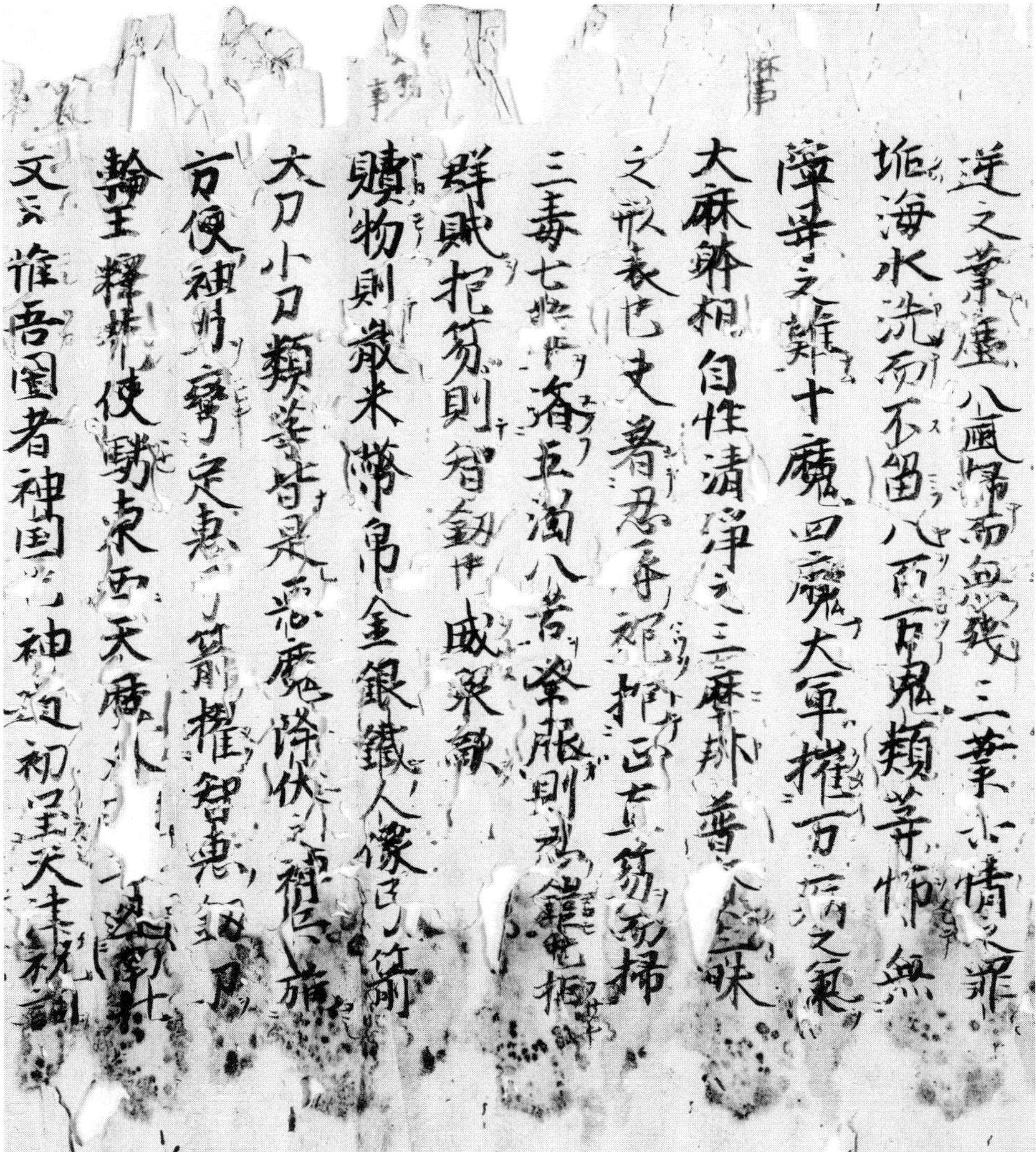
逆之業障八風吹而無残三業之情罪
垢海水洗而不留八百万鬼類并怖無
障并之難十魔四魔大軍摧万病之気
大麻幹相自性清浄之三摩耶普入三昧
之祓表也更着忍辱衣押立真筋而掃
三毒七断流五濁八苦登成則為鏡鞭振
群賊挹筋則智剣作威衆敵
贖物則散米幣帛金銀鐵人像以筋
大刀小刀類并皆是悪魔降伏之積以旗
方便神切斷定恵二箭摧智恵剱刀
輪王釈梵使駆東西天魔率土
文云惟吾国者神国也神道初呈天津祝詞

∟ 1紙

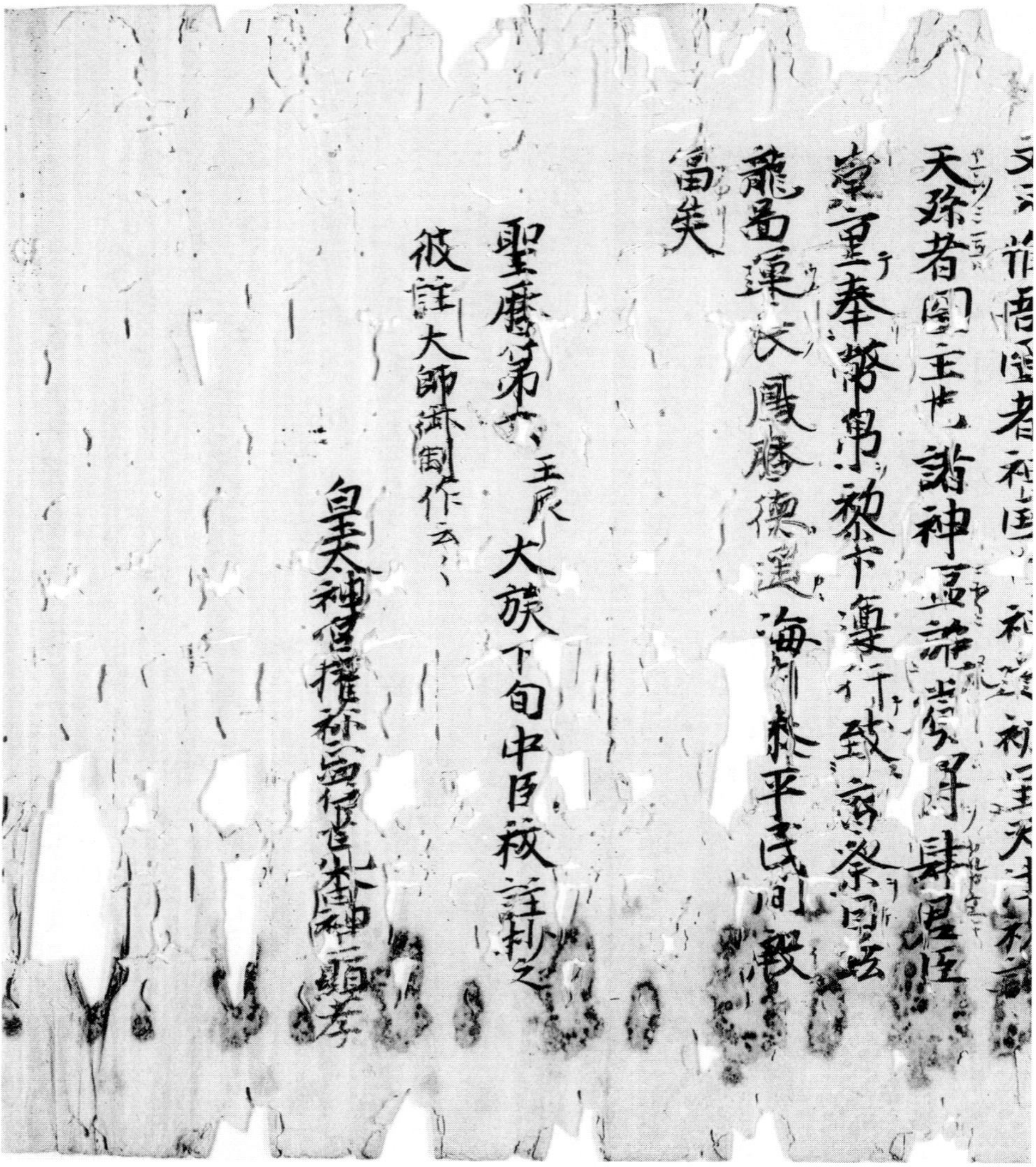

└─　2紙

天津祝詞　第六拾五合」端裏

『天津祝事』

天津祝 太祝詞《アマツノトノフトノトコトハ》、伊弉那諾尊宣命。天児屋根命諄解也。是己心清浄儀益、大自天梵言。

『秡(祓)事』

秡(祓)此《ハレ》神代上曰遂《ヤラフ》之。此云二波羅賦《ハラフト》一。考二校其実《ヲ》一、以二智恵神力一破《ル》二怨敵四魔《ヲ》一祭文《ナリ》。・本記曰、三世怨敵者、隔《テ》二於境一不近《スツカ》。万人悪念者、越二於境《ヲ》一遠滅《ス》。凡三一災七難者、以レ湯如消《カ》二雪《ヲ》一。百毒九横者、以水如《ヲ》三消《スカ》二火《ヲ》一。・秡(祓)詞云、繁木本《ケキカモトヲ》焼鎌敏鎌《ヤイノハヤカマヲ》以打《テ》一掃　謂磑智恵一刀掃二百八煩悩藪《ヲ》一　四重五逆之業塵、八一風掃《ハ》而無《テ》レ残《クリ》、三業六情之罪一垢《クハ》、海水洗《アテス》而不レ留《マラ》、八百万《ヤヲヨロツノ》鬼一類等怖《ハヲソレテ》無障碍之難《ナム》一、十魔四魔《ノ》大軍摧《ハクタク》二万病之気《ヲ》(二)□

『麻事』

大麻体相自性《ハ》清浄之三麻耶《マヤ》、普賢三昧之形表也。夫着《シテ》二忍辱袍《ノハウヲ》一、把《トテ》二正直笏《ヲ》一、而掃二三毒七難《ヲ》一、済《スクフ》二五濁八一苦《ヲ》一。祭服則忍鎧《ハスノヨロヒ》也。拒《フセキ》群賊《ヲ、》把笏《ハチ》則智剣也。威《ヲトス》衆敵《ヲ》一。

事□物(贖)

贖《アカ》一物《モノ》則《チ》散米・幣帛・金銀鉄《テノ》人一像、弓箭・」1紙大刀・小刀類等、皆是悪《ナレ》一魔降一伏之神兵。施《コシ》二方便神力《ノヲ》一、彎《ヒキ》二定恵弓箭□一、擢《ヌク》二智恵剣刀《ノヲ》一。輪王釈梵使《ハセ》二馳東西《ニ》□、天魔外道等逃二南北一。

事□祭(斎)

又云、惟吾国《コレワカ》者神国也。神道初呈《アラハシ》二天津祝詞《ヲ》一、天孫者《アマツミコトハ》、国主也。諸神 区《マチ〳〵ニ》 施《コシ》二賞罰《ヲ》(二)□肆《カルユエ》 君臣崇重奉《テリ》二幣帛《ヲ》一、黎下遵行致《テス》二齋祭《ヲ》一。因茲《テ》龍図運長《ウムク》、鳳暦徳遙《カニ》海内泰平民間殷《イン》富矣《フナリ》

聖暦第□壬辰大族(簇)下旬中臣秡(祓)註抄之。

彼註大師御制作云々。

皇太神宮権禰正四位下荒木田神主顕孝」2紙

解題

「神道古典」総説

岡田莊司

真福寺宝生院には、鎌倉時代、室町時代に書写された多くの中世神道資料が伝来してきた。これらのうち、主要典籍は『真福寺善本叢刊』において、『両部神道集』『中世日本紀集』『類聚神祇本源』『伊勢神道集』として刊行された。今回、『善本叢刊』の第三期・神道篇では、第二巻から第四巻まで、中世神道と神仏思想において重要な典籍・記録とされる『麗気記』『御流神道』『神道集・諸大事』を収録するとともに、第一巻には『神道古典』と題して、これまで漏れていた典籍のなかから「拾遺」したものである。

「神道古典」といえば、古代の典籍である『古事記』『日本書紀』『古語拾遺』などを指していうことが多いが、ここでは広く捉え、古代中世における神祇・神道に関係した典籍を収めた。

①『太神宮諸雑事記』（承暦三年〈一〇六九〉以後の院政期成立）
②『諸道勘文』〔長寛勘文〕（長寛二年〈一一六四〉以後の院政期成立）
③『神祇講私記』（鎌倉時代初期成立か）
④『御遷宮宮餝行事』（南北朝時代、貞和元年〈一三四五〉成立）
⑤『天都宮事太祝詞』（鎌倉時代末期～室町時代中期までの集成）

⑥『天津祝詞』（室町時代前期の書写）

以上の、①〜⑥の典籍は一括りにできる内容ではないが、その成立・書写年代は、平安時代末期から室町時代中期にかけて作られており、それぞれ時代性を含みながら、書写され後世に受け継がれてきた。その時代性として、神仏関係が色濃く反映していることでは共通しており、解題には詳しく、その事実が明らかにされるだろう。また、②③を除くと、伊勢が発祥、書写の地とされている。

①『太神宮諸雑事記』は神宮禰宜荒木田氏に伝来した記録に基づいて作成された神宮史であり、徳雄以前の記録については、荒木田氏二門の記録が使われたと推定されている。

『太神宮諸雑事記』の聖武天皇、天平十四年十一月条には、信憑性に是非の論議のある記事がある。天皇の御前に玉女が顕れ、「本朝ハ神国ナリ、可奉欽仰神明給ナリ、而日輪ハ大日如来也、大地《(本カ)》ハ盧舎那仏ナリ、衆生ハ悟之、当帰依仏法ナリト」託宣があり、神仏同体説の起源となる日輪大日如来本地説など、平安時代前期以降に展開していく神仏関係論が記録されている。神仏隔離の真っ只中にあるべき、神宮内宮の荒木田氏の内部において、貞観十七年（八七五）禰宜に就任する徳雄以降、神仏同体の意識が組み込まれていたことが理解できる。

平安時代後期の伊勢・熊野の論議は、②『諸道勘文』〔長寛勘文〕に詳細に記されている。学者清原頼業は学問的姿勢のなかで、伊勢・熊野の祭神、非同体説を論じたが、多くの勘文は、当時の熊野信仰の発展と後白河院らの権勢に影響をうけて、伊勢・熊野同体説を主張した。熊野信仰は神仏関係に深く依拠し、地理的関係から、伊勢とも信仰的世界を構築させていく。

③『神祇講私記』は、直接伊勢との関係はないが、鎌倉時代初期、南都僧侶と春日信仰との神仏関係のなかで製作された。

その背景には、藤原氏摂関家体制の論拠とされた伊勢・春日による二神約諾説があり、これに八幡を加えた三社は、中世神祇体制の核となっていく。南都における神仏世界は、東大寺東南院において、鎌倉時代後期から南北朝期にかけて、「三社託宣」に集成され、その発生源ともなった。

③『神祇講私記』の製作では、第六天魔王伝説や『中臣祓訓解』とその異本『中臣祓記解』の創作とが連携していった。『神祇講私記』は南都法相宗（貞慶）、『中臣祓訓解』と『記解』は伊勢周辺の天台園城寺派僧侶の製作になり、仏法側の神祇観において共有化が図られていった。この頃、伊勢における僧徒参宮は、重源いらい盛行していったが、その背景には、京・南都・伊勢・熊野をつなぐ信仰文化圏の形成とその共有化があげられる。

平安時代末期から、両部神道が伊勢周辺において展開し、その中心テキストとして、祓の信仰に特化した『中臣祓訓解』『記解』が成立していったが、伊勢においても祓の信仰は重視され、⑤『天都宮事太祝詞』⑥『天津祝詞』が記録・書写されていく。

⑤『天都宮事太祝詞』は、外宮度会行忠・常昌（常良）らによって、伊勢流祓本が集成され、室町時代に入ると、荒木田氏経など、内宮神主にも受け継がれた。それら祓本は、両部神道・仏法観に基づいており、伊勢外宮・内宮への伝播を具体的に知ることができる。また、⑥『天津祝詞』は、『中臣祓訓解』の抄録であり、これも室町時代になると、内宮荒木田氏に受け継がれ、伊勢から外へ出て真福寺に収められた。

このように伊勢を中心とした典籍は、真福寺に集積されていったが、その伝来ルートについては、諸説出されている。

これまで伊勢関係の真福寺神祇典籍は、伊勢からの伝来が有力視されてきた。真福寺本『古事記』『類聚神祇本源』は、度会家行本を祖本にしており、真福寺の開祖能信は伊勢国多気郡上野御薗の安養寺で修行していることから、伊勢の地から真福寺に典籍が伝来したと論じられてきた（『神道大系　伊勢神道・上』所収、平泉隆房「類聚神祇本源」解題、一九九三年）。

これに対して、度会行忠の『御鎮座伝記』は京都で執筆され、鷹司兼平の手に渡った可能性は高く、行忠所持の伊勢神道書は、鷹司家および鷹司家出身の僧侶から東大寺東南院に収蔵され、真福寺に伝来したことが明らかにされている（阿部泰郎「『類聚神祇本源』真福寺本と信瑜の書写活動」「付録『摂嶺院授与記』について」『真福寺善本叢刊　類聚神祇本源』二〇〇四年、阿部泰郎編『真福寺大須文庫神祇書図録』二〇〇五年）。

京の鷹司家→鷹司家出身僧侶→東大寺東南院→真福寺という、京・南都経由ルートとともに、伊勢からの直接のルートも、南北朝期から室町時代中期（応安～応永年間〈一三六八～一四二八〉）にかけて外宮度会氏、内宮荒木田氏らそれぞれの典籍が、複数回伝来していったことが想定される。

最後に、④『御遷宮宮餝行事』について触れておきたい。同書は外宮遷宮の記録であり、遷御の儀ではなく造営の過程における工匠行事において、仏教の礼文が唱えられるという記事が書かれていた。神宮に伝えられてきた神宮文庫本には、改竄・墨塗りは加えられていないが、本家本元の貞和元年（一三四五）真福寺本（原本）には手が加えられ（三二六頁参照）、意図的に切り剥がされた衝撃的事実が西田長男と伊藤聡氏の解題のなかで指摘されている。近世中期、尾張藩内の排仏論者の仕業であろうか。近世国学の勃興とともに、ここに中世神仏思想の流れは、高野山などの寺院の奥深くに閉ざされ、終焉期を迎えることになる。

『太神宮諸雑事記』解題

岡田荘司

『太神宮諸雑事記』（67合9号）は、袋綴装、紙捻《かみひねり・こより》で綴じられている。写本二冊。料紙は楮紙。無界。寸法は、縦二六糎、横二二糎。

第一冊（上冊）表紙の左肩上に「太神宮諸雑事記第一」と打ち付け書きの書名あり。第二冊（下冊）にも、「太神宮諸雑事記第二」と同様の書名あり。ともにその右下に異筆にて「第六十七合上」と所蔵番号が記されている。原装の表紙を除いた本文は、上冊は墨付四十三丁で、裏表紙見返しまで本文はつづく。下冊は墨付五十二丁で、裏表紙見返しに奥書が記されている。

上冊巻頭には「太神宮諸雑事記第一」、下冊巻頭には「太神宮諸雑事記第二」の書名あり。上・下冊巻首には、ともに「尾張国大須宝生院経蔵図書寺社官府点検之印」（朱方印）と「寺社官府点検印」（朱丸印）が捺されている。

一面行数、十一行。一行、十八字～二十一字詰め。双行注文あり。本文用字は漢文体と一部仮名交じり文、墨筆。頭書あり。

上冊は垂仁天皇二十五年の皇大神宮（内宮）鎮座に始まり、後一条天皇の長元八年（一〇三五）九月斎王参宮まで。下冊は後朱雀天皇の長暦元年（一〇三七）にはじまり、延久元年（一〇六九）十一月の伊勢公卿勅使参宮に至る、伊勢神宮に関係した諸事件・事項を編年体で記録する。

昭和初年の調査にもとづく黒板勝美編『真福寺善本目録』（一九三五年）によると、『諸雑事記』は「室町時代写本」とある。その書写年代は、中世まで遡る古体の文字を含むことから、室町時代中後期頃まで遡ることができる。諸本のなかでは、現存する最古本といえる。真福寺本『諸雑事記』は、空白文字の箇所が多数みられることから、その祖本は保存状態が悪く虫喰などが甚だしかったことが考えられ、『諸雑事記』は、この祖本を忠実に写しとったものと推定される。その脱落箇所は、上冊七十三箇所、下冊二十箇所、合計九十三箇所（塩川哲朗氏の確認による）に及んでいる。

下冊奥書には、『諸雑事記』伝来の過程が記されている。

①此古記文者、故従致士官長徳雄神主以往相伝来也。□(其)後故興忠官長、其男氏長長(官脱)、其男延利官長、其子延基官長相伝テ、各自筆日記、而延基神主男故延清四神主宿館シテ、外院焼亡之次、於㆓正文㆒者焼失已了。

②此記文、寛治七年官沙汰被㆓召上㆒之後、同八年所㆑被㆓返下㆒也。

奥書によると、『諸雑事記』成立に至る過程のなかで、①「此古記文」と②「此記文」との、二種の記録の存在が確認できる。

最初の①「此古記文」は、荒木田氏二門の内宮禰宜（神主）である徳雄が、以前から伝来してきた記録と、その後、（孫の）興忠、その子息氏長、その子息延利、その子息（実は孫）延基の「各自筆日記」を加えて相伝したもの。以往は已往とも書き、それ以前の意味が本来であるので、徳雄以前の二門伝来の記録に基づいて作成された。

【荒木田氏二門】

田長―男公―末成―徳雄―貞並―興忠―氏長―延利―僧院肇―延基―延清

禰宜職の在任期間は、『皇太神宮禰宜譜図帳』『禰宜補任次第』（『神道大系・大神宮補任集成・下』所収）によると、徳雄（貞観十七年〈八七五〉～延喜六年〈九〇六〉）該当記録は宇多天皇の条まで、興忠（応和元年〈九六一〉～天元元年〈九七八〉）は醍醐天皇条から冷泉天皇条まで、氏長（天元元年～長保三年〈九九九〉）は円融天皇条から一条天皇条まで、延利（長徳元年〈九九五〉～長元三年〈一〇三〇〉）は一条天皇条から後一条天皇条まで、延基（長元二年〈一〇二九〉～承暦二年〈一〇七八〉）は後一条天皇条から最後の後三条天皇条までが該当する。徳雄のあとは、興忠・氏長・延利・延基へ、「各自筆日記」は相伝されたとあるが、「自筆日記」がそのまま反映されているのは、延基からであり、上冊最後の長元四年（一〇三一）五月以後、記事は詳細になる。これは延基の日次の日記を基に編集されており、その信憑性は高い。

世に有名な長元四年の斎王神託事件は、朝廷側に衝撃を与えたことが『小右記』に詳細であるが、神宮側の対応については、延基の日記に基づいた『諸雑事記』の記述と比較することにより、事件の真相に迫ることができる。同書は祭主の管轄下にある伊勢在地の内宮禰宜の意識と立場を理解するには好史料といえる。延基は当時、六禰宜にあり、長元四年九月には、神託事件によって加階の対象とされている。祭主と一緒に斎王から発せられた神託を聞き取った人物であった可能性があり、延基の日次の記録を用いた『諸雑事記』の史料性は高いと考えられる。

①の奥書にはつづいて、延基の子である四禰宜延清（延久元年〈一〇六九〉～承暦四年〈一〇八〇〉）のとき、「外院焼亡」とともに延清の宿館に所蔵されていた「正文」も焼失したとある。これが『諸雑事記』のもととされる①「此古記文」とされる。

これに符合する記事は、『扶桑略記』承暦三年（一〇七九）二月二十一条に、祭主輔経から京に報告があり、去る二月十八日「大神宮内宮外院六十余宇」が焼失し、「印鎰幷累代文簿」が灰燼となったと伝えた。

①「此古記文」は承暦三年に失われたが、②「此記文」（すなわち現『諸雑事記』の祖本）は十四年後の、寛治七年（一〇九三）に朝廷に「召上」げられ、翌年返却された。この頃、祭主と大宮司・前宮司らによる「神宮重事」について、公卿僉議のための資料として提出が求められたと推定されている（『百錬抄』寛治七年二月・三月条）。

『兵範記』嘉応元年（一一六九）正月十二日条によると、前年（仁安四年）十二月、内宮正殿・殿舎が焼失したため、荒木田氏の禰宜らが上京した。この時、「件記文正本、承暦雖ニ焼失一、各持ニ参案文一、神宮雑事皆存ニ旧記一所レ行也」とあるとおり、『諸雑事記』の原本は承暦の火災で失われていたが、その「案文」副本は荒木田二門の神主たちが所持しており、持参した。『兵範記』には、火災焼失後の造営について、宝亀・延暦火災のときの先例が記載されているが、これらの文面は『諸雑事記』の同年条の記録と、ほぼ同文であることから、現『諸雑事記』は、承暦の焼失以後に副本を集めて成立したことになる。

徳雄以前の記録については、荒木田二門の記録が使われたと推定されており、神宮式年遷宮の創始と各遷宮、天平の橘諸兄参宮と「本朝ハ神国ナリ」の託宣、神仏同体説の起源となる日輪大日如来論、外宮御饌殿の創設など、六国史に記述のない神宮の重要事項が記載されているが信憑性に疑問が残されているところもある。このほか、「巽方太神」（伊勢天照大神）の祟りなど、秘匿性の高い情報も収められている。その文体については、平安時代院政期の粉飾が考えられるので、承暦の焼失後、文体を整えて現『諸雑事記』の祖本が作成されたとみられる。

真福寺本は中世まで遡る現存最古の写本であり、諸本との校合にも用いられている。諸本ではほかに、現存はしないが鎌倉時代後期書写の久志本家本を祖本とした近世の写本が神宮文庫に多数所蔵されており、これら諸本の系統については、井後政晏氏の詳細な研究がある。

【参考文献】
西田長男「伊勢の神宮と行基の神仏同体説」（『日本神道史研究』第四巻、講談社、一九七八年、初出一九五九年）
井後政晏「『大神宮諸雑事記』諸本分類の再検討」（『神道史研究』三〇巻一号、一九八二年）
井後政晏「『大神宮諸雑事記』真福寺本系の諸本」（『瀧川政次郎先生米寿記念論文集　神道史論叢』国書刊行会、一九八四年）
井後政晏「太神宮諸雑事記の成立」（『神道史研究』三六巻一号、一九八八年）
岡田莊司「伊勢斎王神託事件」（後藤祥子編『王朝文学と斎宮・斎院』竹林舎、二〇〇九年）

『諸道勘文』〔長寛勘文〕解題

岡田莊司

『諸道勘文』（65甲合1号）は、袋綴、四ツ目線装本、一冊。料紙は斐楮交漉の紙か。寸法は縦二十五・五糎、横十七・二糎。茶色表紙に「諸道勘文残缺」と打ち付け書きの書名と、その右下に同筆で「第六十五合」とある。内表紙は、原表紙と推定され、「諸道勘文」の書名が確認できるが、表紙と糊付けされているため、開くことはできない。以下、国立公文書館内閣文庫所蔵『諸道勘文』（享和二年〈一八〇二〉写本、和学講談所旧蔵、請求番号一四三―〇三六七号）を参考に、読み取るとつぎのとおり。

神道勘文也、諸ノ字書誤歟、栄順誌、
諸道勘文　自二諸道一勘へ上ル、故云、諸道勘文、宿珉誌、

書名「諸道勘文」の右傍に栄順の記があり、その右下には「第六十五合」とある。室町時代の写本とされている『御流神道灌頂内堂義式』（65甲合4号）の奥書には、「寛政第六甲寅十一月十五日　栄順誌」とあり、寛政六年（一七九四）にその名がある。また、見返しには「文政四年辛巳九月日令／修理畢／寺社奉行所（黒印）」という修理の記録がある。墨付二十八丁。一丁表の上部に「寺社官府点検印」（朱丸印）と「尾張国大須宝生院経蔵図書寺社官府点検之印」（朱方印）が捺されてい

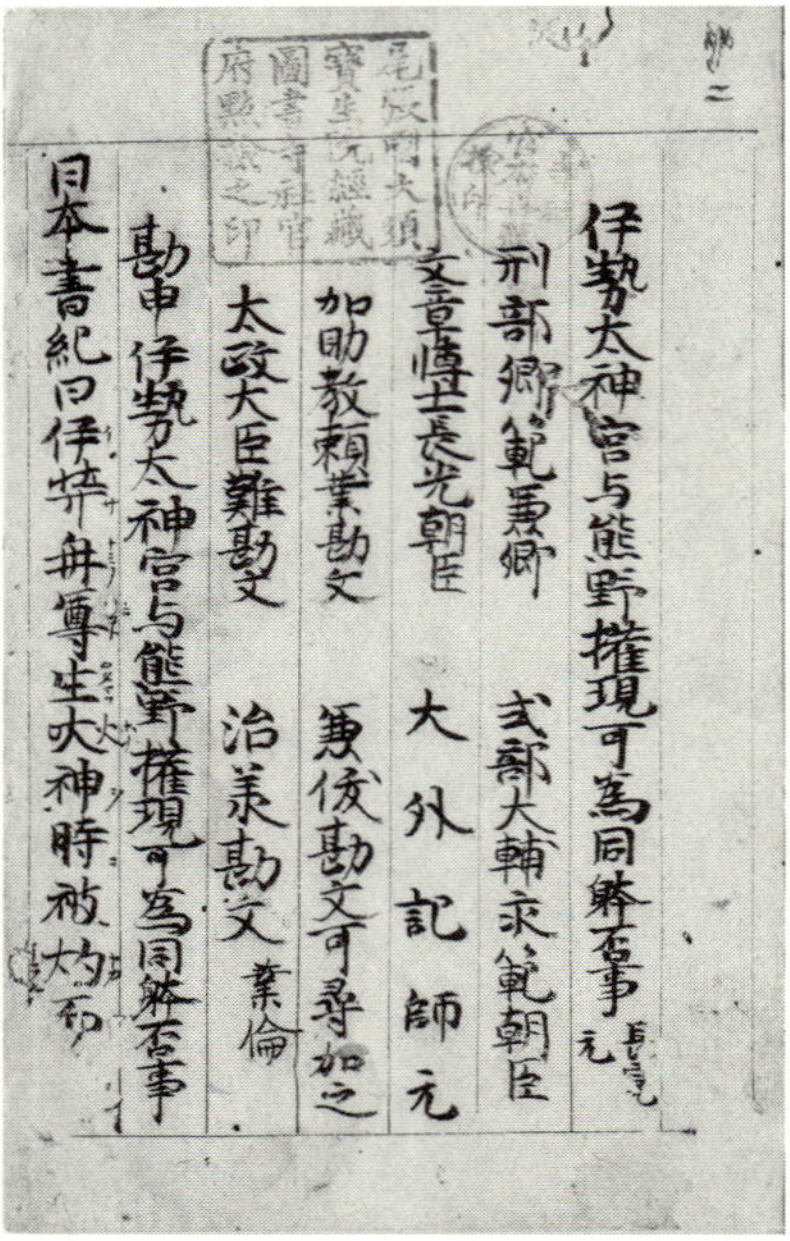
伊勢太神宮与熊野権現可為同躰否事　長寛元

刑部卿範兼卿　式部大輔永範朝臣

文章博士長光朝臣　大外記師元

加助教頼業勘文　兼俊勘文可尋加之

太政大臣難勘文　治兼勘文　業倫

勘申伊勢太神宮与熊野権現可為同躰否事

日本書紀曰伊弉冊尊生火神時被灼而

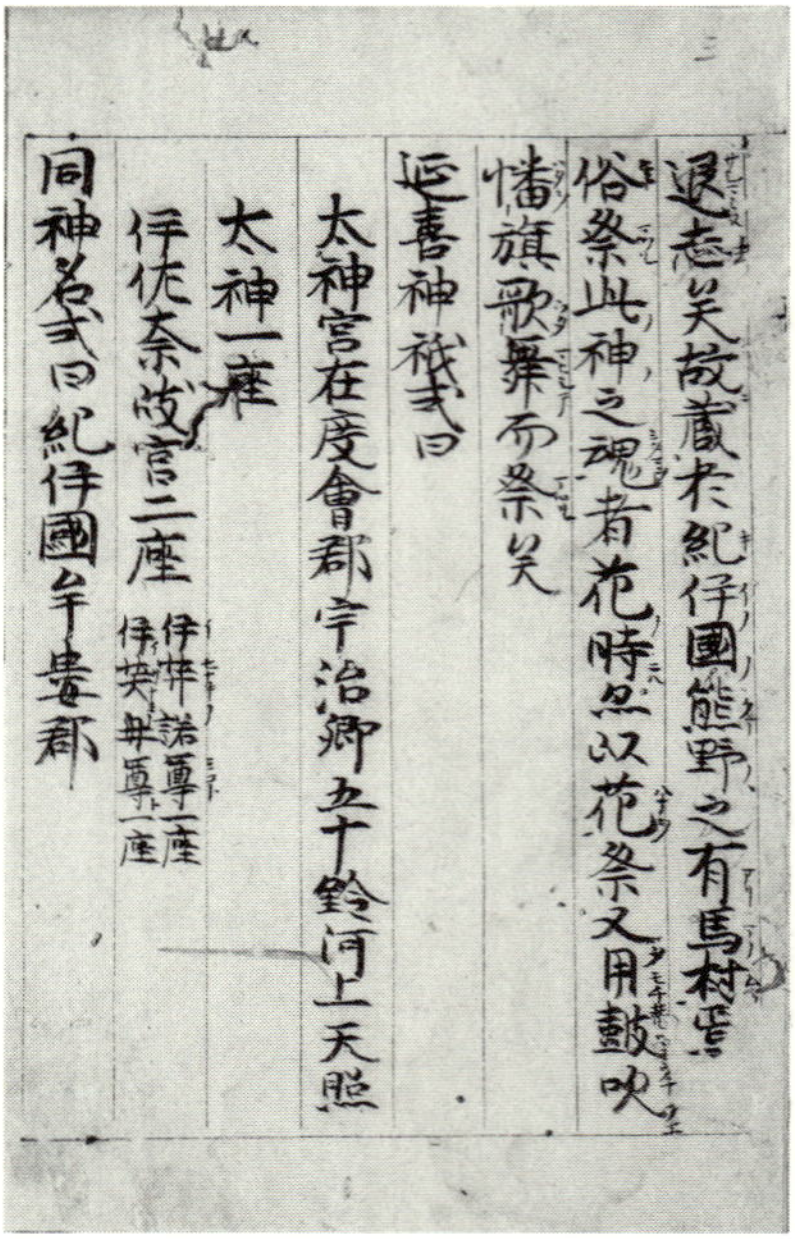
退去矣故葬於紀伊國熊野之有馬村焉

俗祭此神之魂者花時亦以花祭又用鼓吹

幡旗歌舞而祭矣

延喜神祇式曰

太神宮在度會郡宇治郷五十鈴河上天照

太神一座

伊佐奈岐宮二座　伊弉諾尊一座　伊弉冊尊一座

同神名式曰紀伊國牟婁郡

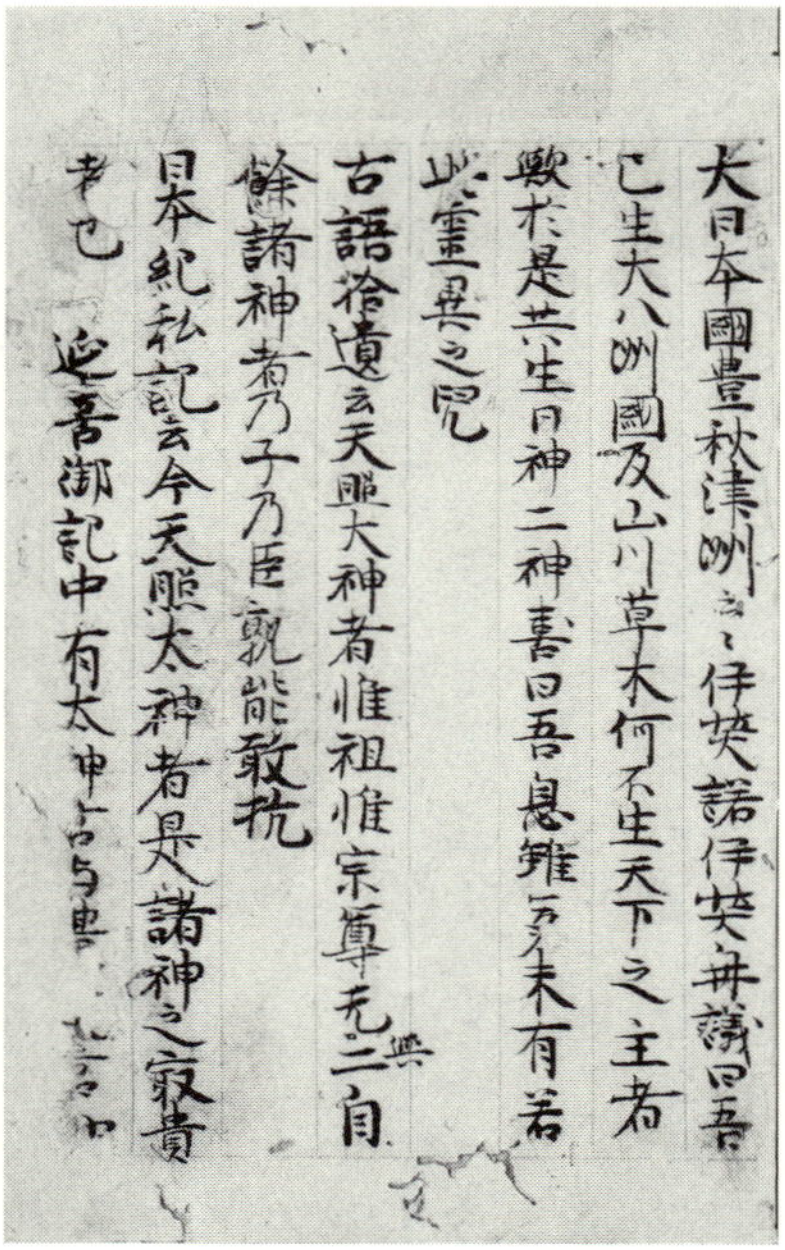
大日本國豊秋津洲云々伊弉諾伊弉冊議曰吾

已生大八洲國及山川草木何不生天下之主者

歟於是共生日神二神喜曰吾息雖多未有若

此霊異之児

古語拾遺云天照大神者惟祖惟宗尊無二自

餘諸神者乃子乃臣孰能敢抗

日本紀私記云今天照太神者是諸神之最貴

者也　延喜御記中有太神宮与豊

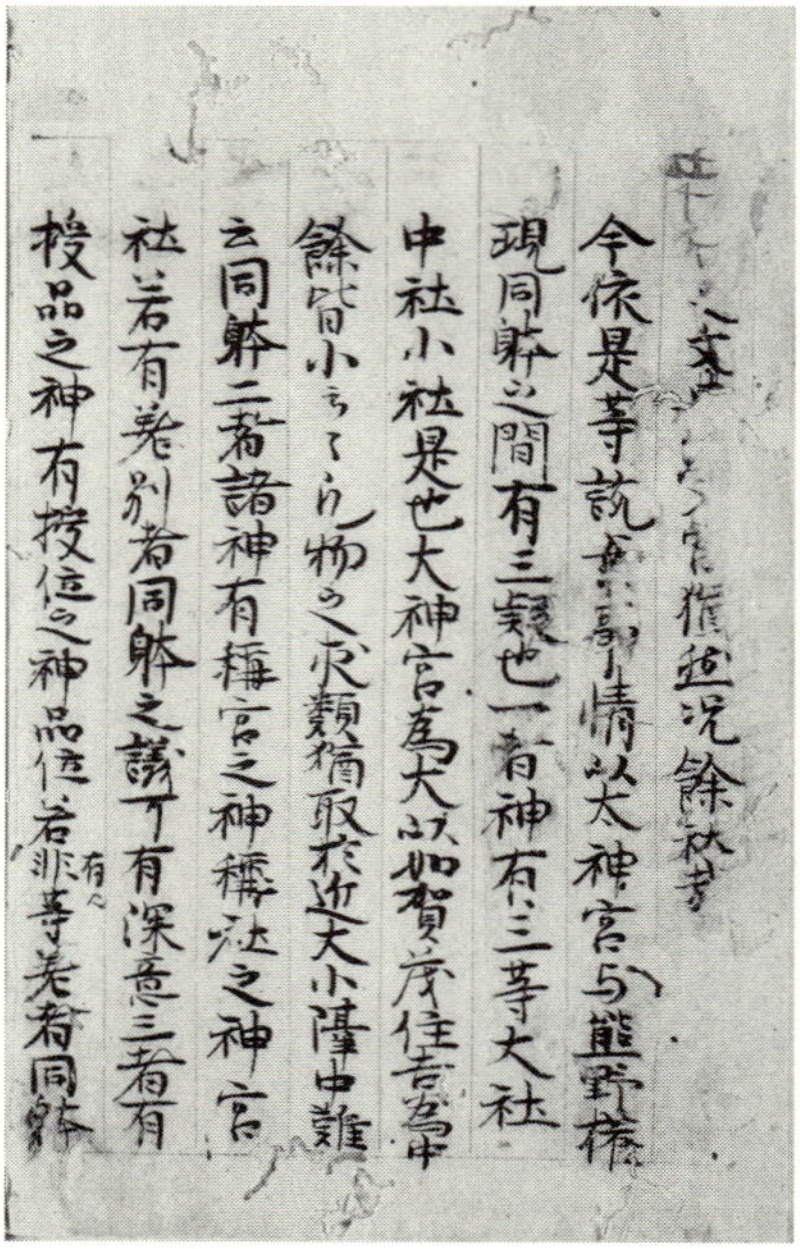
今依是等説無可異情以太神宮与熊野権

現同躰之間有三疑也一者神有三等大社

中社小社是也大神宮為大以加賀住吉為中

餘皆小云々以彼之大類猶取於近大小隆中難

云同躰二者諸神有権官之神稱社之神官

社若有差別者同躰之議可有深意三者有

授品之神有授位之神品位若非等差者同躰

真福寺蔵『諸道勘文〔長寛勘文〕』
初丁（上段）ならびに最終丁（下段）

る。

一面行数は毎半葉八行、有界、十六〜十八字詰。双行注文あり。界線は毎半葉四周単辺の匡郭、また毎半葉八行の界線。界高は二十一糎。界幅は十四・八糎。本文は墨筆、漢文体、一部漢字仮名交じり文。返り点、傍訓あり。

真福寺本の書写年代は、黒板勝美編『真福寺善本目録』（一九三五年）によると「鎌倉時代末期写本」とある。これまでも、文字の書体から見て鎌倉時代まで遡る古写本であると推定はされてきたが、確定したものではなかった。ところが近年、川崎剛志氏の紹介によって奥書が明らかにされた。

國學院大學図書館所蔵の『長寛勘文』（所蔵番号一七二‐七二）は、その奥書によると、享保十七年（一七三二）晩秋（九月）、「真野先生」（時綱）の自筆本をもって「宇都宮氏（朱方印）」が書写したとある。これは康暦元年（一三七九）の年紀をもつ流布本（群書類従系統）を書写したものであったが、これに加えて「同時以大須宝生院蔵本校合之、然彼本有落丁」とある。この時、真福寺本との校合が行われ、その当時から落丁があったことになる。流布本である群書類従本（雑部、巻四六三）との違いは大きく、落丁とは後欠部分のことであろう。ついで、真福寺本の奥書は、朱筆でつぎのように記録されている。

文保元年十月十三日午剋、書写了、文字之謬数箇所、後賢悉之、

法印権大僧都盛兼　在判

同年同月廿三日、校合訖、

これにより、鎌倉時代末期まで遡り、文保元年（一三一七）の書写本であることが確定した。

真福寺本冒頭には「伊勢太神宮与熊野権現、可為同体否事長寛元」と題して、

①「刑部卿範兼卿」②「式部大輔永範朝臣」③「文章博士長光朝臣」④「大外記師元」⑤「加㆓助教頼業勘文㆒」

⑥「兼俊勘文、可㆓尋加㆒之」⑦「太政大臣難勘文」⑧「治承勘文業倫」

以上、八項目の勘文の標目が記されている。本文に入り、これに対応しているのが、①～④の勘文である。

①「勘申、伊勢太神宮与熊野権現、可㆑為㆓同体㆒否事、……

右、依㆓宣旨㆒勘申如㆑件、／長寛元年四月十五日　従三位行刑部卿藤原朝臣□□（範兼）」

②「勘申、伊勢太神宮与熊野権現、可㆑為㆓同体㆒否事、……

右、勘申如㆑件、／長寛元年四月十六日　正四位下行式部大輔藤原朝臣永範」

③「勘申、伊勢大神宮与熊野権現同体否事、……

右、依㆓宣旨㆒勘申如㆑件／長寛元年四月廿一日　鎮守府将軍従四位上文章博士陸奥守藤原朝臣長光」

④「勘申、伊勢太神宮与熊野権現、可㆑為㆓同体㆒否事、……

右、依㆓宣旨㆒勘申如㆑件／長寛元年四月十六日　正五位上行掃部頭兼大外記博士越前権守中原朝臣師元」

勘文上申の根拠には、典籍が引かれており、①は『日本書紀』『延喜神祇式』『延喜神名式』、②は『日本書紀』『先代旧事本紀』『熊野権現御垂跡縁起』、③は『日本書紀』『延喜式』『古語拾遺』、④は『日本書紀』『延喜神祇式』『延喜神名式』に

拠って、伊勢・熊野同体説の論が立てられている。この内、②の『熊野権現御垂跡縁起』については、不審であり、信ぜられないとの見解が示されている。

真福寺本『諸道勘文』は、応保二年（一一六二）に熊野社領である甲斐国八代荘と甲斐守藤原忠重・目代・在庁官人らとの間で起こった相論のなかで、伊勢大神宮と熊野権現とが同体の神か否かを、長寛元年（一一六三）から翌年にかけて諸道の博士らが答申した勘文の集成記録である。数ある「諸道勘文」のなかで、長寛年間の記録であることから、流布本である群書類従本は『長寛勘文』と書名が付けられた。

応保二年の二年前、永暦元年（一一六〇）十月、後白河院（退位二年後）、初度の熊野御幸が行われ、このの ち三十四回の御幸が行われている。熊野社領保全のため、熊野権現は後白河院という庇護者を擁しており、その相論は優勢にすすめることができ、①〜④の勘申も、伊勢大神宮と熊野権現とは、祭神の名前は異なるが、同体・同神であるとの見解で一致している。相論では伊勢・熊野同体説が優勢とされ、この結果、熊野も伊勢と同様の大社であることから、熊野社領の押領を企てた甲斐守藤原忠重らには厳しい処分が下された。『尊卑分脈』によると、藤原忠重は伊予国に配流され、上京ののち出家した。

これにつづく、冒頭⑤〜⑧までの標目は、一字下げで記されており、明らかに④までの勘文と、⑤以降とでは扱いが異なっている。

⑤には、標目にあるとおり、「助教頼業勘文」を「加」えたもの。

「伊勢大神宮与熊野権現、難レ為二同体一事、……
仍言上如レ件／四月廿四日　助教清原頼業」

頼業は当時（四十二歳）、明経道の助教であり、若い頃から優秀な儒臣とされ、のちに「和漢の才」と称えられた（『玉葉』）。事書ごとに、『日本書紀』『延喜式』『日本紀私記』と国史・日記に基づいた神階が記され、非同体説が示される。

⑥の標目「兼俊勘文、可二尋加一レ之」にある「兼俊勘文」は不掲載であり、尋ね加えることになっていたのであろう。「石清水八幡宮文書」に収録されている建保三年（一二一五）書写になる現存最古本の『太神宮与熊野山同体否事諸家意見諸道勘文』（『山梨県史　資料編3』山梨県、二〇〇一年）に記載のある「五月三日、兼俊勘文」のことかと思われるが、明法博士坂上兼俊勘文は現存しない。

⑦は「後聞、頗有二取捨一云々、重不二尋申一、九条大相国令二注出一給云々」と注記がある太政大臣藤原伊通の勘文であるが、途中で終わっている。その欠落部分は、群書類従本によって補うことができる。事書のあと、『日本書紀』『先代旧事本紀』『延喜神名式』と国史などが挙げられており、⑤の清原頼業の形式に近い。記録の情報提供などにおいて、清原頼業の協力が想定できる。

⑧の標目にある「治承勘文業倫」は、群書類従本冒頭の中原業倫勘文と思われる。

「勘申、甲斐守藤原朝臣忠重幷目代右馬允中原清弘・在庁官人三枝守政等罪名事、……
仍勘申、／長寛元年四月七日　従五位上守大判事兼明法博士備前権介中原朝臣業倫」

ただし、「治承勘文」とあるので、年号の誤りか。または、長寛元年から治承元年（一一七七）まで、十四年の間隔があるので、治承に入って書き直されたものか、不明である。

写本の多くが流布している群書類従本『長寛勘文』は、康暦元年（一三七九）書写本をもとに、「弘文院本」（林家本）で校合したもの。

群書類従本は、「甲斐守藤原朝臣忠重幷目代右馬允中原清弘在庁官人三枝守政等罪名事」と題した中原業倫を筆頭に、真福寺本の標目にあたる①藤原範兼、④中原師光（元の誤り）、②藤原永範、③藤原長光の順に、伊勢・熊野同体説がつづく。ついで「非同体勘文」として、長寛二年四月二日「太政大臣殿御勘文」（藤原伊通）〔真福寺本の標目⑦〕と、「長寛二年四月二十四日　助教清原頼業」二通〔一通は真福寺本の標目⑤〕が掲載されている。なお、群書類従本につながる諸本調査は、川尻秋生氏によって進められている。

【参考文献】
植田彰「長寛勘文について」（『史学雑誌』五十二巻八号、一九四〇年）
高橋美由紀「伊勢神道の成立とその時代」（『伊勢神道の成立と展開』大明堂、一九九四年、初出一九七八年）
川尻秋生「『長寛勘文』の成立」（『山梨県史研究』第十一号、二〇〇三年）
川尻秋生「八代荘と『長寛勘文』」（『山梨県史』通史編Ⅰ原始・古代、二〇〇四年）
川尻秋生「『長寛勘文』を読み直す―君主権と熊野―」（大橋一章・新川登亀男編『「仏教」文明の受容と君主権の構築』勉誠出版、二〇一二年）
川崎剛志「『諸道勘文』の失われた書写奥書の発見」（阿部泰郎監修・真福寺大須文庫調査研究会編『大須観音　いま開かれる、奇跡の文庫』大須観音宝生院、二〇一二年）

『神祇講私記』解題

岡田莊司

『神祇講私記』（65甲合11号）は巻子本、一巻。無軸。料紙は楮紙。寸法は縦二十九・五糎、横一一〇糎（継紙三紙、第一紙は横三十一糎、第二紙は横三十九・五糎、第三紙は横三十九・五糎）。後欠。界線なし。

表紙に書名はなく、その下に「第六十五合」とある。本文首葉巻頭に「□祇講私記」とある。本文二・三行目上段に「尾張国大須宝生院経蔵図書寺社官府点検之印」（朱方印）が捺され、裏の継紙ごとに「寺社官府点検印」（朱丸印）が捺されている。本文用字は墨筆。一行、十七・十八字詰。返り点、傍訓あり。

書写年代は、黒板勝美編『真福寺善本目録』（一九三五年）によると「鎌倉時代末期写本」とあるが、紙質・書体などから室町時代まで降る可能性がある。

講式は仏神への帰依の作法・儀式であり、伽陀・啓白文のあと、「第一　讃諸神本地」の終わり近くまで記され、以後の「第二　讃垂迹利益」「第三　廻向発願」は欠落している。

右の①真福寺本と比較するために、鎌倉時代まで遡ることのできる写本として、書写年代が明らかな②醍醐寺三宝院所蔵の『神祇講私記』（所蔵番号二一五ノ一六、『醍醐寺聖教類目録』の史料名は「神祇講式」）一巻（前欠）がある。同書は巻頭部を欠き、「瑞相也、第六天魔王」から始まる。その講式本文の巻末には、「神祇講私記」とあるので、前欠巻頭部にも「神祇講私

記」の書名が存したと推定される。巻末に追加の奥書があり、「文永戊辰」五年（一二六八）に記したとあり、つづけて、

私云、以二所次一講二此式一、所レ禱二天下静謐、国土安穏一也、次祈二方々諸壇（檀）越一者也、

弘安九年正月三日、権長吏法眼晴弥（花押）

とある、鎌倉時代後期、弘安九年（一二八七）書写になる現存最古本である。②醍醐寺本については、これを底本に、①真福寺本をはじめとした諸本との校異を示した翻刻文がある（岡田、二〇〇一年）。

さらに、鎌倉時代末期まで遡る写本として、③宮内庁書陵部所蔵、伏見宮本『神祇講私記』断簡（後欠）がある。「神祇講私記」の書名があり、冒頭部のみが遺されている（縦三十三・五糎、横二十三糎）。①真福寺本は後欠、②醍醐寺本は前欠、③宮内庁本は冒頭部のみの後欠であり、ともに完本ではない。

つぎに冒頭部を比較していくと、はじめに「先惣礼」ののち、七字四句の偈文が唱えられる。

（①真福寺本・前）我此道場如帝珠　十方諸仏影□□　我身影現諸仏前　頭面摂足帰命礼

（①真福寺本・後）我此道場如帝珠　十方諸神影□□　我身影現神祇前　頭面摂足帰命礼

（③宮内庁本）我此道場如帝珠　十方三宝影現中　我身影現三宝前　頭面接足帰命礼

①真福寺本は、第二句に「諸仏」、第三句に「諸仏」とあるが、それぞれ「諸神」「神祇」に改めている。改訂の文字は、同筆のように感じられる。鎌倉時代の講式の第二句は、「諸仏」「三宝」とあるが、室町期に入ると「諸神」に、第三句も

「神祇」に変更していく。

承元三年（一二〇九）慈円が起草した神祇系の『山王講式』（「地主権現講式」、醍醐寺三宝院所蔵）と貞慶の「弥勒講式伽陀」（宗性編「弥勒如来感応抄」）には、①真福寺本・前と同文の、

我此道場如帝珠　十方諸仏影現中　我身影現諸仏前　頭面摂足帰命礼

を掲げる。これにより、伽陀文の祖型は、平安時代末期・鎌倉時代初期の慈円・貞慶の講式まで遡ることが可能である。

数多くの諸本のうち、製作者の名が記された写本を紹介しておきたい。書写年代は降るが、天理図書館吉田文庫所蔵『神祇講私記』、表紙に「神祇講私記」（巻首欠）、巻末に「神祇講私記」とある。奥書に、

右此式者、南都興福寺学侶解脱上人之御作也、
但後笠置寺上人

とあり、その後に、永正十二年（一五一五）と「永正十九年、書写也」の記がある室町時代の写本である。

つぎに、西大寺所蔵本『神祇講私記』は、表紙に「神祇講私記　解脱上人作」とあり、巻首に「神祇講式」とある。その奥書に、

右此式者、笠置寺解脱上人貞慶之製作也、始興福寺住居之時、為㆓春日大明神法楽㆒有㆓製作㆒云々、

とある近世の写本である。

ともに、「解脱上人」貞慶の製作とする伝があることは重要である。鎌倉時代の書名が「神祇講式」ではなく、①②③本ともに「神祇講私記」と書かれている。仏教系・神祇系では、すべて「講式」であるのに対して、「講私記」とあるのは、本書が神仏関係のなかで区別した意識のもとにあったことになる。

製作者に比定されている貞慶は、藤原氏南家出身、信西（通憲）の孫、少納言貞憲の子として久寿二年（一一五五）生まれる。解脱房・笠置上人とも呼ばれた法相宗の僧侶。八歳のとき、南都に下り、興福寺に入り三十年にわたり研鑽につとめ、建久四年（一一九三）笠置山に隠棲した。建保元年（一二一三）入寂。

啓白文の「天照太神、天児屋根等尊神、国家鎮守、諸社崇廟」とあるのは、平安末期に藤原摂関家を中心に流布する伊勢の天照大神と春日の天児屋根命との二神約諸神話の影響を受けており、南都興福寺と春日信仰との結び付きが背景にある。

「第一　讃諸神本地」の末に収められた伽陀に、

本体盧舎那　久遠成正覚　為度衆生故　示現大明神

とあるのは、貞慶かその周辺で初めて用いられ、『麗気記』「天照皇大神宮鎮座次第」に収められた両部神道の形成とも近しい関係にある。

「第二　讃垂迹利益」に「殊当社権現者、慈悲万行之名称、朝家無双之尊神也」とある「当社」とは春日権現、慈悲万行菩薩のことをいう（貞慶作の『別願講式〈春日講式〉』など）。室町時代以降、この「当社権現」は、天理吉田文庫本に「神名随所」とあるように、諸社の神祇に対応できるようになり、修験道などに広く流布することになる。

「第三　廻向発願」には、「殊別天照・豊受両大神宮」以下神名、とあるのは、貞慶自筆「修正神名帳」（海住山寺文書）の冒頭部「天照太神宮、豊受□□□」以下神名、と共通している。

以上のことから、貞慶製作説は有力である。「講私記」は、神祇への崇敬と仏法への帰依が一体となり、国内神祇は、大日如来を中心とした法身諸仏菩薩が仏法を擁護するために神明の身となって顕われたもので、この講を通して神護冥助を仰ぐことを願ったものである。

天理吉田文庫本奥書の「南都興福寺学侶」、西大寺本奥書の「始興福寺住居之時、為二春日大明神法楽一有二製作一云々」とある興福寺在住時を重視するならば、建久四年（一一九三）笠置山に隠棲した時以前ということになろう（佐藤、二〇〇一年）。なお、貞慶製作否定説もある（星、二〇一六年）。

「第三　廻向発願」には、もう一つ重要な記述がある。伊勢はじめ二十二社の神名のあと、「関東鎮守、二所権現、三島宮」とあるのがそれで、鎌倉幕府に意を用いた事項といえる。貞慶と東国との緊密な関係は、元久元年（一二〇四）に貞慶の使者が鎌倉に遣わされ、笠置寺礼堂建立の奉加を願い出て、将軍家実朝から援助を受け、再度、御礼の使者を遣わしている（『吾妻鏡』元久元年四月十日・十一月七日条）。こうした関係から「関東鎮守」が特記された。また、「講私記」の内容につながるのが、貞慶によって起草された『興福寺奏状』が元久二年に書かれており、『神祇講私記』も笠置寺籠居中の元久年間前後に製作された可能性がある。

さきの「第二　讃垂迹利益」にある、「殊当社権現者、慈悲万行之名称、朝家無双之尊神也」とは、南都僧はじめ貞慶が讃えた慈悲万行菩薩、すなわち春日権現であるが、「第三　廻向発願」にみえる二十二社には「春日」が入っており、その後にある「当社擁護」とは、笠置寺鎮守春日明神に充てられているとも考えられる。

『神祇講私記』は、神仏関係の神祇典籍として重要な『中臣祓訓解』と、その異本『中臣祓記解』とも関係は深く、鎌倉時代初期成立と推定される『神祇講私記』は、両部神道にはじまる中世神仏思想の座標軸に据えられる典籍といえよう。

【参考文献】

岡田莊司「『神祇講式』の基礎的考察」（『大倉山論集』第四十七輯、二〇〇一年）
佐藤真人「貞慶『神祇講式』と中世神道説」（『東洋の思想と宗教』第十八号、二〇〇一年）
星　優也「『神祇講式』の流布と展開」（『鷹陵史学』第四十二号、二〇一六年）

『御遷宮宮餝行事』解題

伊藤　聡

はじめに

真福寺蔵『御遷宮宮餝行事』（66合11号）は、貞和元年（一三四五）の伊勢神宮式年遷宮の際に、外宮（豊受大神宮）の本殿に施された飾りについて記録したものである。本書は『貞和御餝記』の書名で『群書類従』神祇部に収められている。真福寺本は、『群従』本の底本も含む諸伝本の祖本に当たる、貞和七年執筆の原本そのものであると考えられる点で、極めて貴重である。いっぽう、にもかかわらず、この本は江戸時代において、ある意図に基づいて毀損され、文言の一部の削除が行われているのである。本解題では以上の二点を中心に解説しておきたい。

書誌と成立

まず書誌事項を記しておく。写本一巻。形態は巻子本で、文政四年（一八二一）に尾張藩寺社奉行所によって、裏打ちされ新表紙が付されるなどの全面的な補修が施されている。新表紙は黄土色間似紙で表紙に「御遷宮宮飾行事　第六十六合」

と墨書される。表紙見返しには「文政四年辛己九月日／令修理畢／寺社奉行所〔印〕」と墨書する。本紙は料紙は厚手の楮紙で、縦二四・九糎。補紙を入れて一六紙より成り、全長五四三・二糎（各々紙ごとの法量は後掲）。裏打紙によっていささか見えづらいが、端裏には「せんくう行事」と墨書され、これが元の外題に相当する。内題は「御遷宮宮餝行事」である。筆致は一筆にて丁寧に書写されている。

本文は冒頭の内題の後に、餝物を装飾する作業のはじまりの手順を掲げる。沐浴の後衣冠装束を整えた神官らは、別宮に神拝の後、新本殿の南門より入り瑞垣門内に列居する。餝りの金物が入った辛櫃は北御門より本殿前の御池の橋の前に運びこまれる。物忌・出納所（祭具を出納する役）等が櫃を開け、作業する工人等に渡して作業が開始されるのである。

右の記述の後、一つ書きにて題を掲げ（但し、後半は直接内容に入る）、文章と図で餝りの金物を打つ場所を示す。金物は全て朱が点ぜられており、具体的である。各表題は、①「一、千木金物事」、②「一、御形金物事」、③「一、御板敷金物事」、④「一、御簀子金物事」、⑤「一、簀子持切口事」、⑥「一壁持蝉形金物事」、⑦「一、高欄金物事」、⑧「一、御橋敷板十一畳之／餔ハ三亘也東西中央」、⑨「一、天井組八子ノ数ハ十三色也。長八尺五寸四方等分」、⑩「一、御張柱長一丈四寸柱ノ上下木尻金物アリ」、⑪「一、正宮御床二脚也。一脚長八尺一寸、横四尺三分、高一尺」、⑫「一、同《正殿》御船代、長六尺一寸五分、横二尺四寸五分」、⑬「一、相殿御床、《一脚》長五尺、横三尺七寸、高八寸左右同」、⑭「同御船代、長四尺五寸、横一尺六寸」である。

書写年次については、本文中二箇所に特定する情報がある。まず、⑩「御張柱」条の末尾に、

貞和元年十二月御遷宮之時此土居外ヲ内ヘ被奉居
是ハ臨時失錯也

とあり、さらに巻末に以下の奥書がある。

貞和元年十二月御遷宮之時以此図書奉餝之

曾て、『群書解題』神祇部の『貞和御餝記』解説を担当した西田長男は、右二つの識語が後人の書き入れであろうと推断したが、真福寺本は首尾一貫して同一人物の筆になるものである。

真福寺本は紙質・筆体から見ても、鎌倉末頃の書写とし見て差し支えなく、貞和元年十二月以後のほど遠からぬ時期に書写されたものと思しい。しかも内容から見ても外宮祠官の手に成る原本そのものであることは疑いない。真福寺には度会行忠直筆『太田命訓伝』のほか、『往代希有記』、『高宮盗人闖入怪異事』、『元応二年高宮御事』『高庫蔵等秘抄』『三角柏伝記』等、伊勢外宮祠官関係者の書写になる神道書が多く残されている。これらは神宮から直接か、あるいは東南院を経由してもたらされた写本であり、真福寺本『御遷宮宮餝行事』も、同様の神宮伝来の一本といえる。

真福寺本と諸本との関係

『御遷宮宮餝行事』の伝本は、『群書類従』本のほか、『国書総目録』によれば一〇本が確認されるが、真福寺本のほかは全て近世以後の書写であり、これらはみな真福寺本を祖本としたものではないかと推察される。ただ、現時点で稿者は全ての伝本を点検していないので、ここでは管見に及んだ『群書類従』本（版本、国会図書館蔵）、岩瀬文庫本（元文四年〔一七三九〕写、享保十六年〔一七三一〕紀長親写本の写し）、蓬左文庫本（『度会宮秘記』所収、本奥書寛文元年〔一六六一〕に基づいて暫定的な考察を行うこととする（蓬左本は『国書』に指摘なし）。

真福寺本の冒頭の序には、二箇所に亙って大きな虫損がある。そこを以下に、字配りを含め忠実に翻刻しておく。虫損箇所は□で示す。

御遷宮宮餝行事
當日兼致沐浴相待案内參集例所木柴各衣冠□
神拜別宮□自新宮南門參入列居瑞垣門
内東上金物事辛□神宮下部自北御門拼參橋前
本宮物忌出納所等開辛櫃取出金物
頭工等面々受預之

同一箇所を『群從』本にて示す。空欄は（　）で示す。

貞和御餝記
御遷宮装束雜事
一當日兼致沐浴相待案内參集例所木柴各衣冠（　）
神拜別宮（　）自新宮南門參入列居瑞垣門
内東上金物事辛櫃神宮下部自北御門拼參橋前

本宮物忌出納所等開辛樻取出金物頭工等面々
受預之

すなわち、真福寺本での虫損箇所が、そのまま『群従』本では空欄になっているのである。『群従』本の底本は特定されていない。題号（貞和御餝記）及び冒頭に書き加えられた「御遷宮装束雑事」の条名から見て、直接の親本ではあり得ないが、その空欄部分が真本の虫損部分と一致することから、真福寺本を祖本とすると判定される。

岩瀬本は、その享保十六年識語に「右貞和御餝記以大須宝生院書写之……」とあり、親本が真福寺本を書写したものと分かる。冒頭箇所は次の通りである。

御遷宮宮餝行事
當日兼致沐浴相待案内參集例所（木柴○／各衣冠）
此間三四字虫食神拜別宮此間二三字虫食自新宮南門參入

「例所」の割書の一部から「神拝」の前まで、さらに「別宮」以下「自新宮」までは虫損で読めなかったことが示されており、享保十六年時点にはこの二箇所の虫損が既に生じていたことが確認できる。

蓬左本の該当箇所は次の通りである。

御遷宮宮餝行事

當日兼致沐浴相待案内參集例所木一字滅　柴各
衣冠本宮神拜別宮此間滅字也自新宮

蓬左本も他本と同じく「神拜別宮」と「自新宮」の間が不読となっている。つまり、同本もまた真福寺本を親本とすると判断されるのである。改行が真福寺本の通りでないのでわかりにくいが、二行目の虫損部分はここでも欠けるいっぽう、一行目の該当部分には「本宮」の字が見える。蓬左本の親本が書写された寛文元年には、二行目の虫損は生じていたが、一行目は判読できたと思しい（ただし、割書の一字は既に読めなかったらしい）。

真福寺本に加えられた意図的毀損

さて、真福寺本の三紙目は奇妙な状態になっている。①「千木金物事」の一部である。七糎あたり（四行目）で破れており、その後二七糎の紙が続く。前半の紙片の最終行は「奉餝付之時天地四方」までは判読できるが、以下が失われている。裏打ちされているので繋がってはいるが、前紙と後紙とでは破断した箇所が合わず、一・二行欠失しているようである。しかもその部分を観察すると、焼け焦げた跡が見える。このような焼損は本巻の他の部分には見えない。欠損箇所は岩瀬本及び蓬左本を参照することで復元できる（復元箇所をゴシック体で示す。字配りは岩瀬本に拠る）。

奉餝付之時天地四方**一礼**　**礼文**
南無帰命頂礼両部十方一切三宝天衆地類倍

増威光世々生々三大僧祇菩提道場云々

送官符云……

ここは千木に金物を施すときの天地四方の神々への礼文の文言である。このように南北朝期の遷宮においては、仏式の偈頌が唱えられていたのである。

なぜ、この箇所が欠損していたのか。その手がかりとなるのが『群従』本である。同本の該当箇所は次のようになっている。

………………奉餝付

之時天地四方一礼文云コヽニ両部ノ語アルユヘ不写之

送官符云

すなわち礼文は「両部ノ語」であるので、敢えて写さなかったというのである。かかる削除は『群従』収録時点に為されたのではなく、底本がこのようになっていたのであろう。右の注記については、既に西田長男の群書解題にも指摘されており、神宮文庫所蔵本によって同様の復元がなされている。

『群従』本での削除箇所と真福寺本の欠損箇所が一致することは偶然ではあるまい。欠損箇所の周辺に焼け焦げ跡から見て、線香などを使って意識的に切り取ったと推測される。このような措置がいつごろ誰によってなされたかは分からないが、文政四年の寺社奉行所の修補のときには生じていた。そして岩瀬本ではこの箇所が残っていることから、享保十六年段階においては、まだ焼取られていなかったことが確認できる（稿者は未見だが、神宮文庫に蔵する寛文元年本、元禄十五年本にも当該箇所があることを、西田が指摘している）。

真福寺関係者がこのような削除をする筈はない。とすれば、享保十六年以降に真福寺本を書写・閲覧に訪れた何者かによってなされた可能性が高い。おそらく伊勢神宮最大の儀礼たる遷宮において、過去においてすら「両部ノ語」が用いられたことを我慢できない排仏的指向の者の仕業である。『群従』本の記載との関係は不明だが、明らかに同じような心性を共有している。

真福寺本は、貞和の遷宮の際に製作された原本そのものである。かかる貴重なる伝本をその者は毀損し、史実の改竄を図ったのである。同本は、中世に行われた伊勢神宮の遷宮の実態を伝える貴重な文献であると同時に、神道と仏教とが対立しあう近世の宗教・思想状況を示す史料ともなっているのである。

各紙法量
表紙 17・6 ① 35・6 ② 37・4 ③ 35・2（7・0＋［1・5］＋27・0） ④ 37・8 ⑤ 38・8 ⑥ 29・0 ⑦ 38・0 ⑧ 16・0
⑨ 38・2、⑩ 38・2 ⑪ 38・0 ⑫ 37・8 ⑬ 38・0 ⑭ 37・8 ⑮ 37・4 補紙 10・0

【参考文献】

西田長男「貞和御餝記」（『群書解題』神祇部、続群書類従完成会、一九六二年）
真福寺善本叢刊『両部神道集』（臨川書店、一九九九年）
真福寺善本叢刊『伊勢神道集』（臨川書店、二〇〇五年）
真福寺大須文庫調査研究会編『大須観音　いま開かれる、奇跡の文庫』（大須観音宝生院、二〇一二年）

『天都宮事太祝詞』解題

大東敬明

『天都宮事太祝詞』（64甲合-17号）は、写本。巻子一軸（有軸）。楮紙。無界墨書。縦三〇・三糎、それぞれ法量の異なる五紙を貼りつぎ、全長二一〇・一糎。裏打ちがなされ、表紙外題（後補）は「天都宮事太祝詞」である。第一紙・二紙を中心に朱による書き込みが見られる。巻頭に「尾張国大須宝生院経蔵図書寺社官府再点検印」（朱方印）、縫印として「寺社官府再点検印」（朱丸印）あり。第三紙紙背に「君か代はつきしとそおもふ神風や御裳すそかはのすまむかきりは」とあるほか、紙背文書がある。

『天都宮事太祝詞』は、伊勢神宮の神職達が相承した祓詞などを集めた「祓本」である。神宮において祓は重要であり、延暦二十三年（八〇四）に神祇官へ上進された『皇太神宮儀式帳』からは、祓の法を祭神である天照大神が定めたこと、年間を通じて祓が行われていたことがわかる。(1) 平安時代末期以降、伊勢神宮の神職層が祓を用いた祈禱を行うようになる。この祈祷に用いた中臣祓の本文や祓詞は現在、「伊勢流祓」(2)と呼ばれる。ただし、「伊勢流」の呼称は、史料上はみえない。

鎌倉時代前中期に伊勢を中心に形成された神道書のうち、密教的な性格が強いものを「両部神道書」、伊勢神宮外宮（豊受大神宮）の神職であった度会氏によって形成された神道書を「伊勢神道書」と呼ぶ。このような思想的な活動が展開するなかで、同時期に成立していったのが、「伊勢流祓」である。鈴木英之氏は、現存する祓本を分析し、それらに収められた祓詞の種類を約一二〇とする。

伊勢神宮周辺において形成された祓詞は、伊勢神道の成立に関与した度会行忠（一二三六～一三〇五）や度会常昌（常良）（一二六三～一三三九）によって集成される。このなかには、彼らによって制作されたものもあっただろう。『氏経卿記録』裏書は、常昌は行忠の弟子であるとしており、両者で祓に関わる詞・情報の授受があったことも推定できる。

一方、鈴木英之氏が指摘するように、祓詞に多く用いられるのは仏典や両部神道書であって、伊勢神道書ではない点も注目される。

現存する祓本が多く書写されるのは、室町時代であり、

『氏経卿記録』（文明六年〈一四七四〉荒木田氏経書写）
『元長修祓記』（文明十五年〈一四八三〉・同十六年、度会元長書写）
『古代祝詞集』（『中臣祓』）（明応四年〈一四九五〉書写）
『守晨・御祓本』（『御祓本』）（明応五年〈一四九六〉、荒木田守晨書写）
『尚重解除抄』（明応六年〈一四九七〉、荒木田尚重書写）
『皇天記』（明応～永正年間〈一四九二～一五二一〉成立）(3)

ほかが知られている。

祓詞は、行忠や常昌をはじめ、度会氏を中心に相承されていたが、十五世紀に入ると、荒木田氏によって相承されていくようになる。

さて、本書に収められた祓詞は、①法言、②神言、③大和姫命祝言、④神馬咒、⑤大刀咒、⑥人像咒、⑦解縄咒、⑧別書

云（以上、第一紙～三紙）、⑨伊佐奈岐尊、⑩開ニ磐戸ノ太諄詞、⑪皇孫尊降臨天祝太諄詞（以上、第四紙）、⑫旧事本紀ノ三ニ曰ク（以上、第五紙）である。

このうち、①②③④⑧は『氏経卿記録』(4)に引用される「中臣祓天都宮事太祝詞祓詞祭文大殿祓加常祝言」と共通する。この部分は第一紙・第二紙（①～⑤、本紙　縦三〇・三糎）と第三紙（⑥～⑧、本紙　縦二六・二糎）に記される。前者と後者は紙・筆が異なり、第三紙のみ、後補と考える。ただし、本文は連続しており、何らかの事情で書き写したのであろうか。さらに裏打ちのため、見えづらいが第三紙右端の下部に「二」とある。

『氏経卿記録』は、荒木田氏経（一四〇二～一四八七）が文明六年（一四七四）に書写した祓本である。その祖本は室町時代中期の外宮の神職であった度会家尚によってまとめられた祓本であり、成立年代は永享四年（一四三二）から数年間が想定されている。家尚は、このころ六禰宜であった度会貞晴が所持していた常昌自筆本、七禰宜度会顕彦が所持していた行忠自筆「七種祓本」を書写した。『氏経卿記録』前半部には常昌の中臣祓（常良自筆本）、同（常昌卿本・祖父章尚書写本）、「略本」（内宮普通用祓本・常良卿本）、「中臣祓天都宮事太祝詞」（常良卿御本）が収められ、後半部には、行忠の祓本を用いながら、「中臣祓天神祝詞」七種祓、大刀咒、人像咒ほかが収められる。

『天都宮事太祝詞』本文の冒頭「一、天都宮事太祝詞」は、『氏経卿記録』に収められた「中臣祓天都宮事太祝詞」の冒頭と共通する。よって、本書の外題はこの冒頭の一文をもって付されているといえる。さらに「天都宮事太祝詞」の下の「祓言以後、拍手以前神供」について、『氏経卿記録』では「注朱書也」と注を付すが、本書ではそれを朱で記している。

『氏経卿記録』に依れば、「中臣祓天都宮事太祝詞」は、常昌が元亨元年（一三二一）に上洛した際、後宇多院・後醍醐天皇に奉り、神祇伯・資通王などにも書写して進めたものである。この上洛は、前年におこった外宮の別宮である高宮の神鏡が盗まれた事件（『真福寺善本叢刊〈第二期〉八　伊勢神道集』所収「高宮盗人闖入怪異事」を参照）に関連したものであった。

さらに『氏経卿記録』には、

此本常良卿御本也、私云、弘法大師御秘本歟、中程者、人像咒・大刀咒・解縄咒・御神号等之有二因縁一、此奥本ニ有之間略之

とある。ここで略したとして挙げられる「人像咒・大刀咒・解縄咒」は、『氏経卿記録』と一致しない⑤大刀咒、⑥人像咒、⑦解縄咒にあたるのではなかろうか。⑤⑥の本文は共通している。

『氏経卿記録』には「解縄咒」は記されないが、『御祓本』（「解縄解様」）、『尚重解除鈔』（「解縄解様」）、『元長修祓記』（「八足次第」の一部）などにみえる。特に『御祓本』は荒木田守晨が祖父である氏経の本を書写したものであり、「解縄解様」のほか「八足次第」「鬼病ヲ祈祷ノ様」「祓勤仕次第」「一切成就祓」「産祈祷時ノ次第」は常昌の御祓本を用いたとされる。『御祓本』「解縄解様」には、

解縄ヲ右手ニ取テ、索目ノ一方ヲ口ニクワヘテ可レ解、咒曰、
如二艫縄解放一、如二舳縄解放一、大海原ェ伊吹気放ツ、吽々比具礼、々々々、皆大礼、再拝々々

とあって、用字の違いなどはあるものの、波線部が概ね共通する。

以上、本書の前半部（①〜⑧）は、度会常昌が後宇多院・後醍醐天皇に奉った「中臣祓天都宮事太祝詞」に基づくものと推定できる。なお、本書は『真福寺善本目録』（黒板勝美編輯・発行、一九三五年）では鎌倉時代末期の書写、『真福寺大須文

庫神祇書図録』（阿部泰郎編、名古屋大学文学研究科・比較人文学研究室、二〇〇五年）では室町時代前期の書写とする。書写年代は紙によって異なるため、即断はできないが、一番古いと考える第一紙・第二紙の書写年代を鎌倉時代末期と考えた場合、度会常昌が存命していた時代と重なる。

次に第四紙・第五紙について検討する。

裏打ちのため見えづらくなっているが⑨〜⑪が書かれる第四紙の右端（冒頭）の紙背には、「祝言注」（上部）、「三」（下部）、左端（末尾）上部の紙背には「大神咒也」とある。前者はもとの端裏外題、後者は本文の続きと考える。

⑨は『大乗本生心地観経』巻三に基づく祓詞、⑩「開二磐戸一太諄詞」は『金剛界礼懺文』などにみえる清浄偈である。度会行忠『神名秘書』（広本・略本）や、度会家行『類聚神祇本源』「神道玄義篇」では、「開天磐戸之時」の呪文として、この清浄偈を挙げている。⑪「皇孫尊降臨天祝太諄詞」は『神皇系図』からの引用である（以上、第四紙）。

⑫「旧事本紀ノ三ニ曰ク」は第五紙に記され、『先代旧事本紀』巻三からの引用である。他の祓本では「十種神宝御祓」（『元長修祓記』）あるいは「十種神宝事」（『守晨・御祓本』）としてみえる。

第四紙末尾の紙背に書かれた「大神咒也」は、現在、第五紙冒頭にも書かれ、第四紙・第五紙は連続しているように見える。しかし、第四紙の紙背にも書かれていることからすれば、もとは第四紙のみで「祝言注」と題して、伝わっていたとも想像される。このように考えれば、第四紙、第五紙は、本来連続するものではなく、両者の関係は今後の課題である。

さらに、第三紙、第四紙の紙背にある「二」「三」の漢数字が付された年代、第一・二紙、第三紙、第四紙、第五紙が一巻となった年代が、見返しにある文政四年（一八二一）であるのか、それ以前かはあきらかではない。

以上のことから、『天津宮事太祝詞』は

①「中臣祓天津宮事太祝詞」
②「祝言注」
③「旧事本紀ノ三ニ曰ク」

より、構成されているといえる。

このうち、「中臣祓天都宮事太祝詞」は、度会常昌が元亨元年に後宇多院・後醍醐天皇へ奉った祓本の一端を窺わせる史料として重要であると言える。

（1）以下、祓の展開については岡田莊司「解題」（『神道大系　古典註釈編八　中臣祓註釈』神道大系編纂会、一九八五年）、同「陰陽道祭祀の成立と展開」（『平安時代の国家と祭祀』続群書類従完成会、一九九四年）、同「私祈祷の成立―伊勢流祓の形成過程―」（『神道宗教』一一八、一九八五年）、『祓の信仰と系譜』（國學院大學学術資料センター編集・発行、二〇一九年）を参照した。中臣祓については、「『天津祝詞』解題」を参照。

（2）伊勢流祓については、鈴木英之氏の「伊勢流祓考―中世における祓の特色―」（『早稲田大学大学院文学研究科紀要』四八（第一分冊）二〇〇三年）、「中世伊勢神宮における祓本の伝授」（『論叢アジアの文化と思想』一一、二〇〇二年）に多くの部分を依拠した。

（3）『大祓詞註釈大成』上（宮地直一・山本信哉・河野省三編、内外書籍、一九四一年）、『神宮古典籍影印叢刊3　神宮儀式　中臣祓』（神宮古典籍影印叢刊編集委員会、皇學館大学、一九八三年）、『神道大系　古典註釈編八　中臣祓註釈』（岡田莊司校注、神道大系編纂会、一九八五年）を用いた。

（4）『氏経卿記録』については、岡田莊司「解題」（『神道大系　古典註釈編八　中臣祓註釈』）に依拠した。

『天津祝詞』解題

大東敬明

『天津祝詞』（65甲合-19号）は、写本。巻子一巻（無軸）。楮紙。押界。墨書。法量は縦三〇・四糎、二紙を貼り継ぎ、全長七六・八糎。外題は「天津祝詞」。

巻頭に「尾張国大須宝生院経蔵図書寺社官府点検之印」（朱方印）、縫印として「寺社官府再点検印」（朱丸印）あり。

『天津祝詞』は、初期両部神道書・中臣祓注釈として知られる『中臣祓訓解』（以下、『訓解』と表記する）、あるいはその異本である『中臣祓記解』（以下、『記解』と表記する）から六カ所を抜き出し、再構成した書である。『記解』の特徴である、文頭の「遺文云」をはじめとする独自の記述が見られないため、『訓解』からの抄出か、『記解』からの抄出か判然しない。

本稿では、『訓解』からの抄出として考察する。

『天津祝詞』の奥書に

聖暦第□（六カ）壬辰大族（簇）下旬中臣秡（祓）註抄之
彼註弘法大師御制作云々
皇太神宮権禰正四位下荒木田神主顕孝

とあるが、「聖暦□」「荒木田神主顕孝」については明らかにできておらず、いつ、誰が著した、あるいは書写したのかは今後の解題としたい。

本資料は室町時代前期の書写とされ、「壬辰」の干支が正しいとすれば、称光十九年（一四一二）、文明四年（一四七二）、正平七年／文和元年（一三五二）の一月（大簇）あたりが想定されようか。

また、「荒木田神主顕孝」とあることから、伊勢神宮内宮（皇大神宮）に奉仕した荒木田氏によって書写、あるいは制作された書と推定できる。

伊勢神宮において祓は重要であり、年間を通じて祓が行われていた[1]。

一方で、平安時代中期、陰陽師たちは、河臨祓や七瀬祓をはじめとする祓儀礼により、個人祈願を行っていた。『紫式部日記』に「陰陽師とて世にあるかぎり召しあつめて、八百万の神も耳ふりたてぬはあらじと見え聞こゆ」とあり、これが中臣祓の結句（祓戸乃八百万乃御神達ハ、佐乎志加乃御耳ヲ振立天、聞食セト申……『朝野群載』「中臣祭文」）を連想させることから、陰陽師たちは中臣祓を用いていたと推定できる。

中臣祓は、大祓に用いられた祓詞を宣読する形式から、神々へ奏上する形式に改めたものと考えられている。大祓に用いられた祓詞は、『延喜式』巻八に「六月晦日大祓十二月准此」として収められており、中臣祓の最も古い本文は『朝野群載』に収録されている「中臣祭文」である。密教僧達は陰陽師たちの祓を取り込み、「六字河臨法」が成立した。これは「呪詛反逆」「病事」「産婦」のために行われるもので、中臣祓を読み上げる作法をともなっている（『阿娑縛抄』）。このような環境の中、中臣祓の注釈が成立していったようで、『阿娑縛抄』には、「注中臣祓」という中臣祓の注釈も引用される。

『訓解』は、建久二年（一一九一）以前に成立したとされ、その後、加筆などもされながら鎌倉時代中期に現存の本文が成立したとされる。この過程で、後述する伊勢神宮外宮（豊受大神宮）の神職・度会行忠（一二三六～一三〇五）などの関与も想定されている。[2]

また、同書は弘法大師（空海）に仮託された。『天津祝詞』の奥書に「彼註弘法大師御制作云々」とあるのは、このためである。

平安時代後期から鎌倉時代前期にかけて、伊勢神宮の神職たちや、各地の神職たちは、祓を用いて個人祈禱も行うようになる。先述の通り、神宮においては祓が重視され、やがて私祈祷でも用いられたため、祓の注釈も受容した。度会行忠は、彼自身が所持していた『訓解』を乾元二年（一三〇三）に頼位（仁和寺僧）に授け、また、弘安八年（一二八五）、鷹司兼平に奉った『伊勢二所太神宮神名秘書』には『訓解』を引用している。

行忠と同じく外宮の神職であった度会常良（一二六三～一三三九）は、永仁三年（一二九五）から元徳二年（一三三〇）の間に『記解』を書写し、「最極秘本也」としている。行忠や常良は『訓解』や『記解』を相伝する一方、祓に用いる詞を集めた「祓本」をまとめている（「天都宮事太祝詞」解題参照）。祓本を含め、度会氏が集めた神祇書はやがて内宮の荒木田氏にも伝わる。『天津祝詞』の成立及び書写については、明らかではない点も多いが、神宮における『訓解』の受容や、祓の理論化と関わりながら、成立・書写されたのであろう。

『天津祝詞』の本文は、頭注に従えば、「天津祝事」「祓事」「麻事」「贖物事」「齋祭事」の五つに分類できる。また、これらは左に示す『訓解』の六ケ所からの引用である。

天津祝詞

①天津太祝詞、伊弉那諾尊宣命～大自天梵言。　『神道大系　古典註釈篇　中臣祓注釈』三頁

祓事

②祓ハ此レ神代上、曰遂之。～以水ヲ如三消スカ二火ヲ一。　『同』四頁

③祓詞云、繁木本～万病之気(二)□ヲ。　『同』一一頁

麻事

④大麻体相ハ、自性清浄～威《ヲトス》衆敵一ヲ。　『同』四頁

贖物事

⑤贖物則チ散米、幣帛、金銀鉄人形～逃二南北一。　『同』四頁

齋祭事

⑥又云、惟吾国者神国也。～海内泰平民間殷富矣。　『同』一二頁

『天津祝詞』本文を、『訓解』（金沢文庫本）と比較すると、「大自在天梵言」が「大自天梵言」となっているように脱字などは見受けられるものの、本文を大きく変えている箇所はない。

また、概ね、冒頭より、本文の順に沿って述べているといえる。一方で、中臣祓本文の注釈部分については、「繁木本焼鎌敏鎌以打払」を「祓詞云」として用いる以外、用いていない。この箇所も本文の注釈としてではなく、祓の意味を記す箇所として採られたのであろう。

よって、本書は祓（天津祝事、祓事）、祓に用いる用具（祓具）（麻事、贖物事）、祭祀（齋祭）についてまとめたものであるといえる。

「麻事」で挙げられた袍・笏・祭服は神事あるいは祓に用いられ、大麻は祓の用具である。「贖物」の散米・幣帛・人形（金・銀・鉄）・大刀・小刀・弓は、祓に用いる用具であり、『氏経卿記録』の後半には「祓贖物具」として「金人　銀人十六枚」（人形）、「大麻」、供物の中に「幣帛八本案上」、祓詞に「大刀咒」「人形咒」などとある。なお、この『氏経卿記録』の後半には、度会行忠の祓本も用いられたとされる。

神事・祓で用いられる用具を「正直」の語などと結びつけて説明する点の『訓解』の中で位置づけは別に考えるとして、ここで抄出しているのは『訓解』から文章を抄出して再構成した人物が、自身が用いる祭祀や祓の用具などを説明するものとして重視したためであろう。また、「齋祭」についても引用している点からすれば、おそらくは神職、より限定すれば伊勢神宮の神職達の間で形成された書であると想定したい。

よって、『天津祝詞』は、神宮における『中臣祓訓解』受容の一端を示し、かつ祓儀礼との関わりを示しているといえる。

（1）以下、祓の展開については岡田荘司「解題」（『神道大系　古典註釈編八　中臣祓註釈』神道大系編纂会、一九八五年）、同「陰陽道祭祀の成立と展開」（『平安時代の国家と祭祀』続群書類従完成会、一九九四年）、同「私祈祷の成立―伊勢流祓の形成過程―」（『神道宗教』一一八、一九八五年）、『祓の信仰と系譜』（國學院大學学術資料センター編集・発行、二〇一九年）を参照した。

（2）岡田荘司「『中臣秡訓解』及び『記解』の伝本」（『神道及び神道史』二七、一九七六年）。

＊本書刊行に際しては、北野山真福寺宝生院（大須観音）に多大なるご協力を賜りました。謹んで御礼申し上げます。
＊本叢刊には、科学研究費基盤研究（S）「宗教テクスト遺産の探査と綜合的研究——人文学アーカイヴス・ネットワークの構築」課題番号26220401の研究成果が用いられています。
（臨川書店編集部）

＊本書はJCOPY等への委託出版物ではありません。
本書からの複写を希望される場合は、必ず当社編集部
版権担当者までご連絡下さい。

真福寺善本叢刊〈第三期〉神道篇
第一巻　神道古典

二〇一九年七月三十一日　初版発行

監修者　名古屋大学人類文化遺産テクスト学研究センター
編者　岡田莊司
発行者　片岡敦
印刷製本　亜細亜印刷株式会社

発行所　606-8204 京都市左京区田中下柳町八番地
株式会社 臨川書店
電話(〇七五)七二一-七一一一
郵便振替 〇一〇七〇-二-八〇〇

落丁本・乱丁本はお取替えいたします
定価は函に表示してあります

ISBN978-4-653-04471-0　C3314　〔セット ISBN978-4-653-04470-3〕

真福寺善本叢刊 〈第三期〉神道篇 全4巻

名古屋大学人類文化遺産テクスト学研究センター 監修
岡田莊司・伊藤聡・阿部泰郎・大東敬明 編

■菊判・クロス装・平均500頁　予価各巻本体 24,000円

真福寺（大須観音）は、仏教典籍と共に、鎌倉・南北朝時代に書写された数多くの中世神道資料が所蔵されており、研究上比類ない価値を持つ。先の『真福寺善本叢刊』以降に発見された写本をはじめとして構成される本叢刊は、中世神道研究のみならず、日本中世の宗教思想・信仰文化の解明にとって多大な貢献をなすものと期待される。

〈詳細は内容見本をご請求ください〉

《各巻詳細》

＊第１巻　**神道古典**（岡田莊司 編）　本体 24,000円
太神宮諸雑事記・諸道勘文〔長寛勘文〕・神祇講私記・御遷宮宮餝行事・天都宮事太祝詞・天津祝詞

＊第２巻　**麗気記**（伊藤聡 編）　本体 24,000円
麗気記〔正本〕・神体図・麗気記〔副本〕・釼図・宝釼図注・法釼図聞書・麗気血脈・麗気制作抄

第３巻　**御流神道**（伊藤聡 編）
神祇秘記・御流神道父母代灌頂・御流神道内堂儀式・神道遷宮次第・神祇灌頂大事
神道灌頂指図・神道曼荼羅・神道印信類・神道口決類

第４巻　**神道集、諸大事 その他**（阿部泰郎・大東敬明 編）
諸大事・神一徳義抄・神道集・諸大事〔國學院大 宮地直一コレクション〕・大神宮本地事

（収録内容は変更になる場合があります）
ISBN978-4-653-04470-3〔19/3～〕
〈＊印は既刊〉

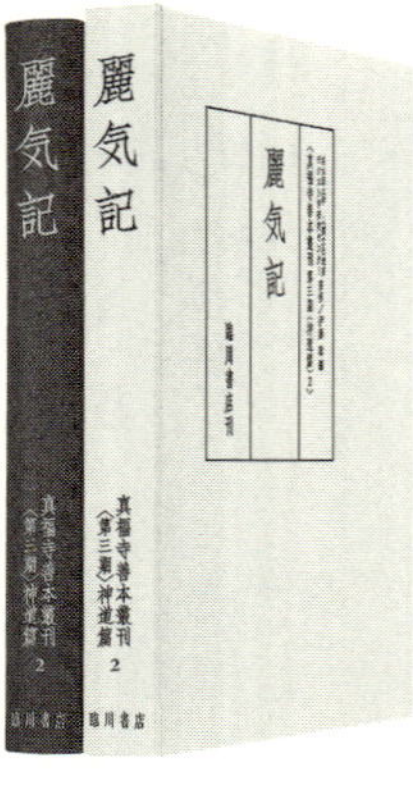

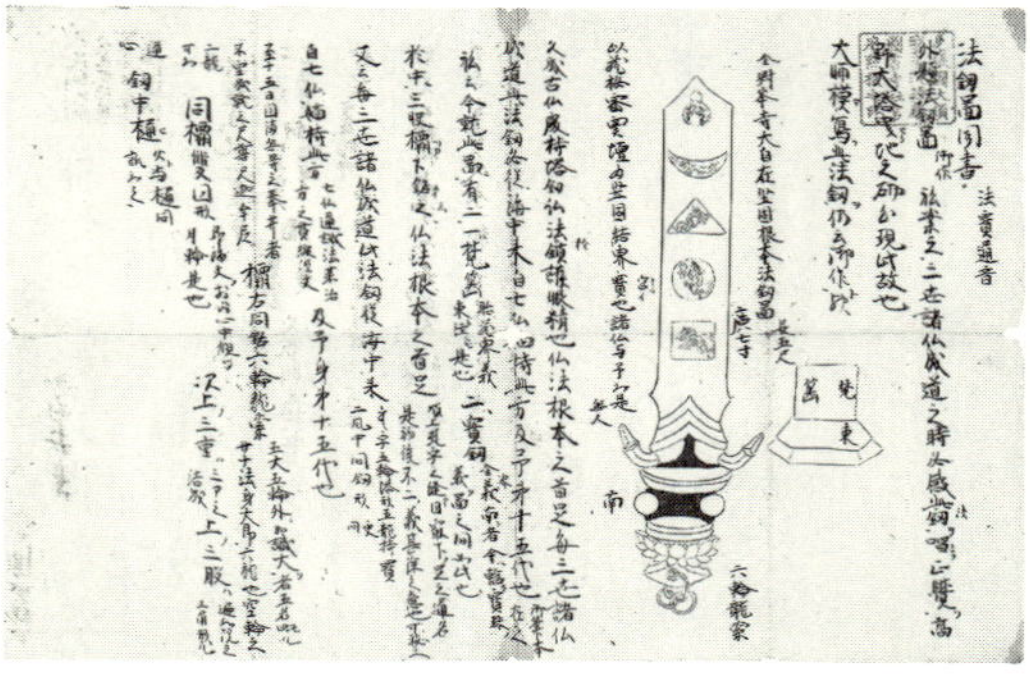

「法釼図聞書」（第2巻収録）